**Marga Swoboda**
Mitten ins Herz

# Marga Swoboda
## Mitten ins Herz
### Die »Tag für Tag«-Kolumnen

Herausgegeben von Christoph Dichand

Mit einem Vorwort
von Conny Bischofberger

AMALTHEA

Besuchen Sie uns im Internet unter: www.amalthea.at

© 2014 by Amalthea Signum Verlag, Wien
Alle Rechte vorbehalten
Umschlaggestaltung: Elisabeth Pirker, OFFBEAT
Umschlagfoto: © Martin Jöchl
Satz: VerlagsService Dietmar Schmitz GmbH, Heimstetten
Gesetzt aus der 11/13 Minion Pro
Printed in the EU
ISBN 978-3-85002-894-3

# Inhalt

# Vorwort

8339 Kolumnen, abgelegt in 25 Bene-Ordnern. Der Gedanke, sie zu lesen, hat mir das Herz zugeschnürt. Ihr erster Text und ihr letzter Text: Was könnte deutlicher machen, dass Marga tot ist? Warum durfte sie nicht einmal 60 Jahre leben? Zappen durch Jahre, in denen die »Krone« noch schwarzweiß war. Erinnert werden an 9/11 und an den Tag, an dem Natascha Kampusch frei war. An Falcos Tod in der Dominikanischen Republik und den Sprung von Felix Baumgartner durch die Schallmauer.

Eintauchen in Margas Welt, die so weit und bunt und mächtig war wie ihre Gedanken. Und immer wieder: berührt werden von ihrer Poesie.

Wenn sie über den ersten Schnee schreibt oder den Moment, in dem eine Mutter ihr vermisstes Kind wieder in die Arme schließen kann, dann ist es meine Glückseligkeit, meine Dankbarkeit, die sie wie geheimnisvolle Saiten zum Schwingen bringt. Der Abschied von einem geliebten Menschen, die Wucht des Tsunamis, die Rettung der Bergleute in Lassing oder die Geburt einer kleinen Prinzessin – Marga Swobodas Worte können trösten und wärmen bis in die Zehenspitzen. Mitunter sind sie scharf wie Pfeile. Den Wahnsinn auf den Straßen, die Gewalt in den Familien, die Abgründe von Menschen, die das Leben anderer auslöschen, beschreibt sie hart und unmissverständlich und lässt niemals Zweifel aufkommen, auf wessen Seite sie steht. Immer aber treffen ihre Texte mitten ins Herz.

»Sie war die Golden Gate Bridge zwischen Boulevard und Literatur«, sagte eine Schauspielerin einmal über die »Krone«-Journalistin und Bachmann-Preisträgerin. Marga Swoboda bezeichnete sich selbst provokant als »Boulevard-Schlampe« – sie schreibe gerne für ein Publikum, über das manche Kollegen die Nase rümpfen …

Dieses Millionenpublikum hat ihre Texte geliebt. Manchmal schrieb sie für die Fröhlichen, manchmal übte sie Toleranz, wo andere Gift versprühten, manchmal legte sie mit eigenen und fremden Traurigkeiten den Finger in unsere Wunden.

Die »Zeit«, die im Juni 2013 ein hinreißendes Porträt der Susie Haneke unter Marga Swobodas Mädchennamen Margarethe Mark veröffentlichte, schrieb, dass man sie »förmlich Wienerisch sprechen hörte, so weich und voller Schmäh« seien ihre Texte gewesen, »eine Mischform aus Philosophie und Gossenslang«.

Aber Marga Swoboda war alles andere als eine Wienerin. Sie lebte und dachte und schrieb alemannisch. Allein diese Melodie klingt aus ihren Texten. Schmäh? Nein. Ihre Sprache hat nichts Verschnörkeltes, Doppelbödiges, Süßes ...

Ihr privater Kosmos war zwischen Wien, Liechtenstein und Paris gespannt. Meistens saß sie irgendwo dazwischen im Zug. Ihre Leser wussten von Marga Swoboda nicht viel, außer dass sie eine Löwenmutter sein musste, dass sie auch Katzen und Lena, diesen ganz besonderen Hund, zu ihrer Familie zählte und dass sie rauchte.

Manchmal schrieb sie ihre Kolumne kurz vor Andruck nach einem Café au Lait in St. Germain. Ein anderes Mal kam sie gerade noch rechtzeitig aus dem Wiener Café Korb nach Grinzing zurück, um die Geschichte aus ihrem Kopf auf Papier zu bringen. Dann lag sie mit 39 Grad Fieber und ihrem Heilkater »König« im Bett ihres Hauses in Planken oberhalb von Vaduz und faxte *trotzdem* ihren Text. Jeden Tag zwischen 15 und 15.45 Uhr, mehr als 21 Jahre lang.

Ihre letzte Kolumne (Sie können sie auf Seite 255 als Abschluss dieser Sammlung lesen) schickte sie für die Ausgabe des 17. November 2013 aus dem Wiener AKH – sie stand bereits unter dem Einfluss von Morphium. »Wenn ich einmal nicht mehr schreibe, bin ich tot«, hat sie einmal gesagt.

Vier Tage später starb sie.

»Es ist, als hätte man der ›Krone das Herz‹ herausgerissen«, schrieb uns eine Leserin nach Marga Swobodas Tod.

Mit ihrem Abschied ist auch eine Verbindung abgerissen, die sie Tag für Tag hergestellt hat. Die Verbindung mit ihren Leserinnen und Lesern, mit der Welt draußen, mit dem, was man Leben nennt.

Conny Bischofberger
Herbst 2014

# 1 | Gott & die Welt

*»Der höhere, der schönere Gedanke über den Worten* Zufall *und* Schicksal *heißt* Gott.«

## Mein T-Shirt fährt nach Afrika

Altkleider-Container. Da kann ich reinsten Gewissens meine Klamotten aus der abgelaufenen Modesaison entsorgen. Die Farben, die waren doch nicht so lässig wie im ersten Moment beim Spontankauf gedacht. Und daheim, da merkst du dann vielleicht, dass in den hinteren Reihen noch Zeug lagert, das auch ein modischer Irrtum war. (Manchmal sagen Männer: »Aber du hast doch schon sieben grüne T-Shirts.« Manchmal haben sie recht.)

Altkleider. Ich tue Gutes und kann das schlechte Gewissen über seltsames Kaufverhalten wieder ins Lot bringen. Irgendjemand auf der Welt wird eine große Freude haben mit meinem grünen T-Shirt. Nur einmal getragen! Wenigstens war es nicht teuer.

Dann fährt mein T-Shirt, mit Tonnen von anderen Klamotten, nach Neapel. Dort wird sortiert, frisch verpackt, umgeladen, was weiß ich. Man begleitet ja sein T-Shirt nicht.

Weiter geht es nach Afrika. Klingt gut. Dort leben doch so viele arme Menschen. Dort wird vielleicht irgendjemand eine Freude damit haben, dass ich hier im europäischen Schlaraffenland wieder einmal einen Fehlkauf tätigte.

Aber Achtung. Dort irgendwo in Afrika, in Tansania zum Beispiel, dort kommt mein T-Shirt um drei Euro auf den Markt. Dort muss eine Frau viele, viele Stunden arbeiten, bis sie sich den Fetzen leisten kann.

Aber die Container für Altklamotten sind doch für den guten Zweck, nicht? Ja, schon, teilweise. Der Rest ist ein Milliardengeschäft. Danke an das Fernsehteam »Am Schauplatz«. Mir wurden die Augen geöffnet. Vielleicht lerne ich endlich, mein Kaufverhalten zu ändern.

Das ist ja der pure Wahnsinn: In unsere Modestraßen schwemmt es die Billig-T-Shirts, genäht von ausgebeuteten Frauen und Kindern, und danach verdient das T-Shirt noch Geld an den armen Leuten in Afrika. Einfach irre.

*26. Juli 2013*

## Frau Zadrazil und Herr Putin

Was geht die Frau Zadrazil der Herr Putin an?

Nix, dachte sie, und die Weltpolitik ist sowieso nicht ihr Hobby. Aber die gute Frau Zadrazil hat mit dem Wladimir Putin mehr zu tun, als sie möchte.

Frau Zadrazil hat es nämlich im Winter gern schön warm, wenigstens in der Wohnküche, im Schlafzimmer spart sie eh. Frau Zadrazil kocht auch gerne, für sich allein, mit über 80, und einmal in der Woche kommt die Frau Tochter zum Essen. Bescheidenes Glück in der kleinen Gemeindewohnung, die sie mit den Erinnerungen an ihren Mann mit der Katze teilt. Die Katze ist der Luxus ihrer späten Jahre, auf den sie nicht verzichten möchte. Katzenfutter und gelegentlich ein Tierarzttermin müssen sich einfach ausgehen von der Rente.

Frau Zadrazil hat gehört, dass das Gas wieder teurer wird, das gefällt ihr gar nicht. Und dann hat sie noch gehört, dass der Herr Putin, eben der aus dem fernen Russland, ihr womöglich diesen Winter das Gas abdrehen könnte, und das gefällt ihr noch viel weniger.

Wie kann denn *das* sein, hat die Frau Zadrazil ihre Nachbarin gefragt. Die ist eine, die immer alles weiß, was in der Welt so geschieht, die schaut immer »ZIB« und liest Zeitungen wie ein gefräßiger Professor, also muss sie Bescheid wissen, die Nachbarin.

Was, das könnte wirklich passieren, dass mir der Putin das Gas abdreht, fragt Frau Zadrazil. Weil das Gas durch die Ukraine fährt und die Ukraine vielleicht den Russen das Geld schuldig bleibt, und dann dreht der Putin den Hahn ab für Europa, damit die Ukraine davon nichts abzapfen kann? Frau Zadrazil ist schockiert. Jetzt weiß sie, dass sie mit dem Herrn Putin mehr zu tun hat, als sie für möglich gehalten hätte. Ein unbehagliches Gefühl.

*12. November 2009*

## Woran ich glaube

Tausende Schäfchen verlassen die Kirche wie ein sinkendes Schiff. Du nicht auch, fragt mich der Freund, der schon lange mit dem Gedanken gespielt hat, und jetzt, sagt er, hat er endgültig genug. Du nicht auch, fragt er mich. Nein, ich nicht. Wenn ich wegen dem, was jetzt offenbar unrund läuft, austreten müsste, dann hätte ich schon früher austreten müssen. Und wenn ich das alles aufzähle, was mir an der katholischen Kirche respektive an manchen ihrer Vertreter nicht gefällt, dann sitzen wir heute noch lange beisammen, Freund.

Aber ich bin und bleibe ja nicht wegen der Nachteile, sondern wegen der Vorteile Mitglied der katholischen Kirche. Wegen der Idee des Glaubens, die manchmal besser und manchmal schlechter gelingt.

Ich mag die Stille und den Geruch eines Gotteshauses, den Versuch, ein Zwiegespräch zu führen mit Gott, wo auch immer er wohnt. Ich mag den Trost eines stillen Vaterunsers, den Versuch des Gedankens und den Wert des Gefühles, wenn ich mir vorstelle, dass irgendwann ein paradiesisches Licht sein wird.

Die Kerze, die ich in der Muttergottes-Grotte anzünde, kann mir an manchen Tagen meine kleinliche menschliche Angst nehmen, und an manchem Tag ist sie ein Trost. Oder eine Bitte.

Ich besuche die Menschen, die nicht mehr da sind, auf dem katholischen Friedhof, und ich erinnere mich an die grausamen Abschiede, die durch die religiösen Rituale und den Trost des Priesters ein wenig gemildert wurden.

Ich bin katholisch, ich versuche, an Gott zu glauben, und der eine oder andere Bischof, der mir nicht passt, wird mir das nicht nehmen können. Ich glaube auch an die Kraft des Papstes, selbst wenn im Vatikan seltsame Dinge geschehen. Jedenfalls glaube ich daran lieber als an die Wall Street, die Autoindustrie oder das Götzenglück der wackligen Wirtschaft.

*12. Februar 2009*

## Untergang und Auferstehung

Damals haben sie es mit Gott aufgenommen und verloren. Sie sagten, nicht einmal der Herr aller Zeiten und Gezeiten könne die Titanic sinken lassen. Und dann sind die Leute elend ersoffen.

In einem Meer aus Tränen und aus Dollars badet nun der Film zur Katastrophe. Weltweites Phänomen, dass alle beim da capo des Todes dabeisein wollen. Leonardo DiCaprio ist der Held des Untergangs; Tausende Teenies würden für ihn ins Wasser gehen.

Die Mode, eine alte Frevlerin, die weder Hungersnöte noch Drogenelend als Trendmacher auslässt, kommt dieses Jahr mit dem Titanic-Look: Nobel geht die Welt zugrunde. Damals haben sie geweint und geschrien in ihren wunderbaren Roben, die alle Totenhemden wurden. Nun liegt der Kick darin, den ganzen Pomp in süßer Décadence auferstehen zu lassen.

Aber das reicht noch nicht wirklich. Die Jungfernfahrt des Todes will man nicht nur virtuell, in der Mode und beim Tischdekor nachvollziehen. Celine Dions Lied vom Tod in seinem unerträglichen Triefgang ist nicht das Ende der Manie.

Nun wollen Piraten der Gefühle das Schicksal der Titanic absolut gefühlsecht wiederholen. Titanic II; 2002, wenn das Unglück Geburtstag hat, soll sie in Southampton vom Stapel laufen. Echt wie damals bis auf den letzten silbernen Löffel.

Und: Natürlich wieder unsinkbar. Elektronische Eisberg-Überlistung, Rettungsboote für alle. An der Stelle des Untergangs Champagner-Laune mit leichter Gänsehaut. Drunter das eisige Grab. Der kranke Kick der Auferstehung. Vielleicht auch nur ein größenwahnsinniger PR-Gag.

Es wird schon alles gut gehen. Gott wird doch nicht zweimal an derselben Stelle zuschlagen. Gott liebt die Auferstehung; drum ist ja heute Ostern. Für die einen ist Auferstehung halt eine Frage des Glaubens, für die anderen eine Lustreise und Goldgrube. Ohne Genierer und ohne Pietät.

*12. April 1998*

## Ein Tanz auf brüchigem Eis

Annähernd so alt wie dieses Jahrhundert und so klar und so mutig und deshalb jung in den Gedanken. Wenn es wahr ist, dass der Geist und die Seele und der Körper den göttlichen Funken ausmachen, dann lebt dieser Funke in Kardinal Dr. Franz König, und dieses charismatische Licht leuchtet in Liebe und Wärme und Klugheit.

Wer könnte sich entziehen? Da stand dieser große alte Mann am Rednerpult bei der Salzburger Festspiel-Eröffnung; Worte der Demut und des Mutes zugleich. Worte, die jeden, der sie hörte, auf die eigentlichen Fragen des Lebens zurückwarfen. Der Sinn des Lebens; wie verblendet von falscher Sehnsucht und Sucht.

Das Eis, auf dem wir uns bewegen, ist dünn geworden, zitierte der Kardinal Friedrich Nietzsche. Bilder und Selbstbilder weckte die Mahnung: wie wir alle so verrückt tanzen auf dem dünnen, brüchigen Eis.

Wie unmodern der Glaube geworden ist. Blindes Vertrauen in die Macht der Wissenschaft und der Forschung, und alles zeigt doch wieder nur die menschlichen Grenzen an. Der große Horizont: die bedrohlichen Konturen des Atomzeitalters. Weltumspannendes Internet und das Böse, das der Kardinal beim Namen nannte.

Wie unmodern der Glaube geworden ist. Alle Rätsel der Welt – lösbar bis auf das eine große Rätsel des Lebens. Den Sinn. Woher wir kommen, wohin wir gehen.

Das Gesicht des Kardinals, das mit so unbeschreiblicher Weisheit und solchem Mut ins neue Jahrtausend blickt. Ein charismatisches Licht. Was für ein Licht gegen den Nebel und die Stumpfheit eitel gesteckter und verfolgter Ziele. Wie man die tiefe Ergriffenheit des Auditoriums spürte. Und wie selbst vor dem Fernsehschirm Empfindungen geweckt wurden, die über den Tag und das Jahrtausend hinaus wirken.

*25. Juli 1998*

## Würdig und schlicht

Er hatte es sich verbeten, dass nach seinem Tod ein Staatsbegräbnis inszeniert wird. Aber die Form des Abschieds hatte der Altbundespräsident noch selber bis ins Detail testamentarisch festgelegt; wie einen letzten Gruß an Familie und Volk.

Würdig und schlicht wie sein Leben war die Zeremonie. Frühling auf dem Zentralfriedhof; eine milde Sonne über aller Trauer. Die Witwe musste stark sein; sehr stark, das hatte sich Kirchschläger wohl auch so gewünscht.

Im kommenden Sommer hätten die beiden die diamantene Hochzeit gefeiert; sechzig Jahre Ehe durch alle Stürme der Zeit. Es war den beiden nicht mehr vergönnt, einander an diesem Tag die Hände zu reichen.

Aber in Gedanken und in dem, was man Liebe nennt, bleiben sie einander ewig verbunden; das spürte man, wenn man die Witwe in ihrer stummen Trauer sah.

Während der Zeremonie des Abschieds wird das Leben mit Kirchschläger noch einmal durch den Kopf der Witwe gegangen sein. Bilder aus jungen Jahren und von glücklichen Augenblicken. Bilder, die einen Menschen nie verlassen, auch wenn einer den anderen verlassen musste.

Wie schön ist das, wenn jemand im ganzen Schmerz noch denken kann, dass man das gemeinsame Leben in Treue gelebt und über alle Hürden hinweg gemeistert hat. Dann ist der Abschied in Liebe gebettet.

Und trotzdem kommt dann dieser ganz schmerzhafte Moment, wenn der Sarg der Erde übergeben wird. Das ist der Augenblick, in dem der Abschied so sichtbar und so endgültig wird.

Viele Menschen brauchen Gott ihr Leben lang nicht. Aber dann, im Angesicht des Todes, ist diese Hoffnung, dass es eine Auferstehung im Licht geben könnte, doch ein großer Trost. Herma und Rudolf Kirchschläger haben ihr Leben lang in dieser Hoffnung Kraft geschöpft.

*11. April 2000*

## Wahnvorstellung oder Magie des Glaubens

Der Papst kommt nach Deutschland, ich stelle mir vor, Schutzengel reisen mit ihm. Obwohl für manchen Blödsinn braucht kein Mensch und schon gar nicht der Papst Schutzengel: *Menschen bei Maischberger* redeten über den Papst, als wäre er eine Modemarke. Braucht jemand die Kirche? Braucht jemand den Papst? Die einen sagen so, die anderen so. Der Schauspieler Mathieu Carrière spielte den total Ungläubigen so gut (»Religion ist nur eine Wahnvorstellung«), dass man schon dachte, gleich würde er kippen. In den Glauben.

Im deutschen Bundestag sind auch nicht mehr alle ganz sauber. Linke Brüder und Schwestern in Bewusstseinsspaltung. Die einen werden dem Papst zuhören, wenn er seine Rede hält. Die anderen machen Benedikt-Demo vor dem Haus.

Für so was braucht man keinen Schutzengel mehr. Braucht man überhaupt einen? Und vor allem: Gibt es diese Gestalten überhaupt? Ich fühle da mit der bequemen großen Mehrheit. 58 Prozent aller Österreicher glauben an die Existenz solcher Wesen, die Menschen behüten, beschützen. 15 Prozent überlegen noch. 27 Prozent sagen: Blödsinn. Gibt's nicht. Wer hat denn jemals einen solchen Schutzengel gesehen? Wie sieht er oder sie überhaupt aus? Haha.

Klar, ich habe auch noch nie einen gesehen. Aber es gab schon Momente, da fühlte ich, hmm ... mich seltsam beschützt. Oder noch wichtiger, die Kinder. Wahnvorstellung oder Magie des Glaubens?

Als Kinder sammelten wir früher Schutzengelbilder statt Pocahontas-Pickerln. Vor dem Schlafen machte mir der Vater immer ein Kreuz auf die Stirn ... Der Schutzengel soll dich behüten ...

Daran glaube ich. Es tut mir gut. Ich wünsche jedem Kind der Welt, dass es gleich mit einem Schutzengel geboren wird. Warum, leider, nicht jedes Kind einen Schutzengel hat: Ich weiß es nicht.

*22. September 2011*

# Willkommen, kleiner Mensch!

Bist du schon da oder noch in Mamas Bauch? Bist du ein Kind aus China, aus Indien oder vielleicht aus Liechtenstein? Möglich ist alles. Man weiß ja nicht genau, wer du bist und wo. Erdenbürger Nummer 7 000 000 000, von der Statistik dieser Tage erwartet. Die Statistik sagt: *er* (oder *sie*) müsste jeden Moment eintreffen oder ist schon gelandet. Nie wird man den Namen dieses Kindes kennen, dazu ist die Statistik zu ungenau. Menschen zählen ist einfach nur ein Nummernspiel. Wir sind jetzt sieben Milliarden Menschen auf der Welt.

Würde man dich kennen, Kind Nummer 7 000 000 000, du wärst auf allen Titelseiten und in den Hauptnachrichten. Fast-Food-Firmen würden dich für die Werbung schnappen, Doku-Filmer deinen Lebensweg begleiten. Nie müsstest du hungern oder Durst haben, selbst wenn dich deine Mutter in einem Auffanglager in der Todeszone der Dürre-Katastrophe geboren hätte. Und wärst du ein Kind aus der reichen, angeblich heilen Welt: Du wärst ein Talkshow-Star, noch bevor du selber reden und stehen kannst.

Wir sind jetzt sieben Milliarden Menschen. In einer Familie würde das bedeuten: zusammenrücken. Teilen. Aber die Welt ist leider keine Familie. Die Welt hat einen Stacheldraht zwischen Arm und Reich, zwischen Schön und Kaputt, zwischen Alt und Jung, zwischen Erfolgreich und Hartz IV. Die Welt ist hundsgemein. Und sie wird nicht besser. Sorry, Kind.

Willkommen, Kind Nummer 7 000 000 000 auf dieser ansonsten superschönen Welt. Essen wäre genug für jeden da. Sonne, Mond und Sterne gehören allen. Ich wünsche dir, unbekanntes Wesen, dass du auf der Butterseite gelandet bist. Und nicht im Elend, ohne Zukunft, ohne Chance.

*30. August 2011*

## Große Söhne, kleine Menschen

Ein Kind schleppt sich daher. Das Kind torkelt. Das Kind versucht ein paar Schritte aufrecht. Geschafft. Das Kind fällt den Rettern fast in die Arme. Dann fällt das Kind um. Tot. Ein Vater trägt seinen Sohn durch die Hitze. Eingehüllt in Tücher, der Sohn. Tot. Eine Mutter mit ihrem Kind liegt auf dem Boden. Wasser. Nahrung. Sie sind durchgekommen. Es könnte sein, dass sie überleben.

Das sind die Bilder. Die Bilder von der großen Dürre in Ostafrika. Schon gegoogelt, wo das ist? Weit weg ist das. Elf Millionen Menschen sind das. Ganz Österreich und noch ein kleines Land dazu, wenn man sich die Summe des Elends vorstellen möchte.

Das ist die Welt. Die arme und die übersatte. Das ist die Welt, in der die einen Kinder in Designer-Wiegen hineingeboren werden, und bei den anderen steht der Tod parat. Das ist die Welt, in der du Millionen machen kannst mit Luxus-Kindermode und in der Millionen Kinder sterben wie die Fliegen. Das ist die Welt, in der die UNO-Rettungsleute schreien: Wir können nicht mehr warten. Das ist die Welt, in der solche Schreie und solche Nachrichten lang nicht so wichtig sind wie südafrikanische Schmarren-Geschichten von fürstlichen Flitterwochen. Das Badewetter im nächsten Schwimmbad ist auf jeden Fall wichtiger als das Sterbenswetter in Afrika.

Und in der Mittags-»ZIB« war gestern selbstverständlich das Wichtigste, ob jetzt die großen Töchter in die Bundeshymne dürfen. Bei so viel politischer Brisanz kommen die sterbenden Kinder an zweiter Stelle. Im Übrigen geht mir das Pathos um große Söhne und Töchter wahnsinnig auf die Nerven. Es sind die *kleinen* Menschen, die Österreich groß machen. Und es sind die *kleinen* Menschen, die wegsterben wie die Fliegen. In Ostafrika, zum Beispiel.

*14. Juli 2011*

## Zufälle, schrecklich oder schön

Einfach in die Luft geflogen, das Haus. Früher Feiertagsmorgen, Fronleichnam. Um 7 Uhr 55 ist es passiert. Eine Explosion, so gewaltig, dass augenblicklich alles in Schutt und Flammen war. Die Fensterstöcke hat es aus Nachbarhäusern gerissen. Die Menschen im Haus der Katastrophe, die hatten keine Chance. Eine unterirdische Gasleitung könnte es zerrissen haben. Erste Spekulationen über die Ursache. Ein Unglück, das überall hätte passieren können. Der Zufall, der mörderische, hat diesen Ort ausgesucht. Und diese Menschen.

7 Uhr 55 an diesem Regen-Feiertag. Ein bisschen länger schlafen als sonst. Nicht aus dem Haus gehen müssen. Aus dem Schlaf oder aus den ersten Morgen-Gedanken heraus in den Tod gerissen werden. Nichts, was man im ärgsten Albtraum für möglich halten würde.

Und dann noch ein Zufall, der zumindest *einem* Menschen das Leben gerettet hat: Die Frau, die sich um ein Ehepaar in diesem Haus kümmerte. Seit Jahren verlässlich wie ein Uhrwerk. Seit Jahren in liebevoller Verbundenheit mit dem Opfer-Ehepaar.

An diesem Regen-Feiertagsmorgen hat die Frau, die Helferin, verschlafen. An diesem Morgen kam sie zu spät. Zu spät, um zu sterben.

Alles, alles ist Zufall. Das ganze Universum, die schlimmsten und die schönsten Sachen. Der höhere, der schönere Gedanke über den Worten *Zufall* und *Schicksal* heißt *Gott*. Wäre ich die Frau, die an diesem Regen-Feiertagsmorgen verschlafen hat und nicht sterben musste: Ich würde mich nicht beim *Zufall* bedanken, sondern bei Gott. Und ein Gebet für die Opfer sprechen! Auch wenn es Menschen gibt, die sagen, das nützt jetzt auch nichts mehr.

*4. Juni 2010*

## Kann man beweisen, dass es Gott gibt?

Ein ziemlich durchgeknallter Physiker hat zu erforschen und errechnen versucht, ob es Gott gibt oder nicht. Dann hat er die Weltöffentlichkeit mit folgendem Ergebnis beglückt: Gott gibt es zu 67 Prozent. Also mit einiger Wahrscheinlichkeit.

Die These entstand aus einer Art Weltrechnung, wie viel Böses und Gutes auf dem Planeten schon passiert ist, ob also das Unheil stärker ist als das Heil. Wenn es einen Gott gibt, muss ja das Gute gewinnen, dachte der Physiker und rechnete und rechnete.

Ein anderer Gottesbeweis geht so: Allein die Tatsache, dass Menschen sich überhaupt fragen, ob es Gott gibt, sei ein Gottesbeweis. In allen Religionen, auf der ganzen Welt. Albert Einstein wiederum, und das hat vermutlich nicht so sehr mit Physik zu tun, glaubte mehr und mehr an Gott, je näher es dem irdischen Ende zuging.

Der starke alte Papst auf dem Kreuzweg am Karfreitag, wenn das kein Beweis war für göttliche Kraft. Wie er das Kreuz aus den Händen einer jungen Spanierin übernahm, einer Frau, die beim Anschlag von Madrid Angehörige, aber nicht den Glauben verloren hatte.

Ostern in Rom, das schönste und schaurigste Fest seit Gedenken. Terrordrohungen und Terrorangst. Ein Papst, der die Kraft hat, der Welt zu zeigen: Glaube ist stärker als alle Angst.

Angst ist die große Krankheit der Zeit. Angst macht Menschen so klein. Die Angst, die von außen kommt, als terroristische Bedrohung. Die Angst, die von innen eitert: Angst vor Misserfolg, vor Einsamkeit, vor Krankheit und sogar vor dem Älterwerden. Das traut sich doch kaum noch jemand, einfach nur älter zu werden.

Glaube, Liebe und Hoffnung sind stärker als Hass, Angst und Tod. Wenn das keine göttliche Botschaft ist. Der Papst auf dem Kreuzweg. Das Kreuz, das er von dieser jungen Frau aus Madrid in seine Hände nahm. Es ist wieder leichter geworden, an Gott zu glauben. An Gott zu glauben ist das Gegenteil von Angst.

*11. April 2004*

## Spenden statt Silvesterkrach

Die Welt ist verwundet. Die Welt mit dem ganzen Reichtum, den Wolkenkratzern, der Gier, dem Glück. Auf der Welt kann man kein Haus bauen, das stark genug ist. Auf der Welt kann man kein Glück finden, das nicht gläsern ist. Tausende Kilometer von der Katastrophe entfernt, durch das Fernsehen mit dem Leid verbunden, erreicht die Katastrophe die innersten Gefühle und Ängste. Das verloren gegangene Bewusstsein: Nie wird der Mensch stärker sein als die Natur. Nie.

Das Christentum, die Weltreligionen versuchen es den Menschen begreiflich zu machen. Wie klein und arm das ist, dieses Erdendasein. Ständig übertönt von Eitelkeit und trügerischer Sicherheit. Von einer Sehnsucht nach Glück, die so leicht zu zertrümmern ist.

Auf den Weltkarten die Eintragungen, wo die Welt am gefährlichsten ist, wo die Erdplatten zu bersten drohen, wo die Berge explodieren könnten. Ein seltsames Gefühl, sich an einem eher sicheren Ort zu befinden. Sicherheit; immer wieder liefert die Natur den Beweis, dass Sicherheit nichts als eine arrogante Einbildung ist. Wir sind nur Gast.

Alles dort, so weit weg, ist zerstört. Alles? Es wird Liebe überleben. Es wird Erinnerung überleben. Ganz vage nur, aber doch macht die große Flut auf der ganzen Welt etwas begreiflich. Dass nur Gefühle, nur die Liebe nicht zerstörbar sind.

Es ist nur eine Welt. Es ist immer nur ein einziges, kleines Leben. Es zahlt sich nicht aus, für falsche Gefühle zu leben. Es lohnt sich nicht, dem falschen Glück nachzurennen. Der Boden unter den Füßen ist überall unsicher. Sicher ist, dass jetzt statt glotzendem Mitleid stille Hilfe fällig wäre. Spenden statt Silvesterkrach.

*30. Dezember 2004*

# Beten und beten lassen

Das Geheimnis des Glaubens, beinahe geknackt. Wissenschafter gingen der Frage nach, ob Beten wirklich hilft. Sie fanden heraus: Ja, es hilft.

Ein Versuch mit knapp vierhundert Herzpatienten: Für die Hälfte von ihnen ließen die Ärzte beten. Innig, aber auf Kommando. Das Ergebnis, angeblich erzielt in einem Krankenhaus von San Francisco: viel weniger Komplikationen und Beschwerden bei den Menschen mit der frommen Fernmagie. Der Glaube, sagen die Ärzte nun, ist wie ein Antibiotikum.

In der Stunde des Todes lässt ein Gebet die Hirnstrahlung ins Euphorische hinaufschnellen. In den Stunden der Dunkelheit ein Licht aus dem Glauben. Sagen nicht nur die Pfarrer, das sagen jetzt auch Mediziner, die Depressionen behandeln.

Beten und bitten soll man wie ein Kind. Darf man Gott um einen Lotto-Sechser bitten oder wenigstens um einen kleinen Fünfer? Darf man. Wie ein Kind. Nur, man kann halt nicht alles haben. Und: Man darf Gott nie böse sein. Gott weiß schon, wofür es gut ist, keinen Lotto-Sechser zu haben.

Der Glaube kann Berge versetzen. Alter Spruch, aber gut. Beten ist reden mit einem, den man nicht kennt, an den man nur glaubt. Seine Antworten sind stark und klug. Aber nur dann zu hören, wenn einer ganz tief in sich selber hineinhört. Dort, wo Gott wohnt. Hört Gott immer zu? So viele beten zurzeit um ihr Leben und um das von anderen; zu welchem Gott auch immer. Wenn Gott sie alle hört, warum hilft er dann nicht allen?

Das weiß kein Mensch, auch kein Wissenschafter. Das allerletzte Geheimnis werden wir wohl nie knacken. Aber dieser Glaube an die Auferstehung, der hält ein bisschen aufrecht. Der nackte Tod allein, der ist doch überhaupt nicht zu verkraften.

*3. April 1999*

# Macht euch die Erde untertan!

Tsunami, Hurrikans, Erdbeben. 330 000 Menschenleben ausgelöscht. Es werden noch größere Katastrophen kommen, sagen die Klima- und Umweltforscher. Jahrhunderthochwasser heißen dann nicht mehr so. Weil sie jedes Jahr kommen. Die Sommer werden nicht mehr schön sein, sondern dürr und glühend. 40 Grad, wie Fieber.

Das Erdbeben von Pakistan wäre nicht zu verhindern gewesen. Klar. So stark ist der Mensch nicht, dass er sich die Erde wirklich untertan machen kann. Stark genug aber, um den Klimakollaps aufzuhalten. Nicht länger alles hemmungslos in den Himmel feuern. Treibhausgase um achtzig Prozent reduzieren. Mindestens. Ölverbrauch drastisch senken, umsteigen auf die Kraft des Wassers, des Windes und der Sonne. Sofortige Notbremsung im Energiesystem.

Dann könnte die Erde noch ziemlich lange unsere Mutter sein. Aber wen interessiert das? Gier ist stärker als Überlebenstrieb. Den Bauch der eigenen Mutter kaputt machen und das himmlische Dach über der Erde ruinieren. Sehr schlau.

Was interessiert es den Börsenhai auf seiner Luxusyacht, wie lange Himmel und Erde noch halten? Was interessiert es den Einzelnen, ob er am Desaster mitbeteiligt ist? Die Welt zumüllen, die Welt kaputtheizen. Eine ganze Menschheit ist dabei zu vermüllen. Auch in der Seele.

Wenn ich meine Geräte nicht standby rennen lasse, helfe ich, die Welt zu retten. Bin ich dazu zu faul, zu blöd oder zu ignorant? Kommt es auf den einzelnen Lichtschalter und den persönlichen Müll an? Ja. Macht euch die Erde untertan!

Zur Gattung Mensch hätte Gott diesen Satz nicht sagen sollen.

*11. Oktober 2005*

# Einkaufen oder beten

Wir haben das Thema alle Jahre, und wir haben es jedes Jahr noch schärfer: Der achte Dezember – soll man beten oder einkaufen? Kardinal Schönborn, der weise Mann, dessen Geist und Gefühl nicht nur in Gott, sondern auch in der himmelsnahen Seelen- und Berglandschaft des Montafons herangereift sind, hat sich gegen die Offenhaltung der Geschäfte an diesem Marien-Feiertag ausgesprochen. Man könne und solle nicht alles den Gesetzen der Marktwirtschaft unterwerfen, sagte er sinngemäß.

Das würde ja eines Tages dazu führen, dass unsere Herzen restlos verloren gehen in den trügerisch belichteten Einkaufspalästen. Den Marien-Feiertag am achten Dezember, den haben die Österreicher ja zum Zeichen und Dank der Freiheit gewählt. Da wäre es ein bitterer Erfolg, diese Freiheit dem Kaufzwang, dem Kaufrausch zu opfern. Das hört man in den Geschäften nicht gerne. Gewiss, man schätzt Schönborn, den hohen Mann Gottes, sehr, man kämpft aber auch mit wachsender Verzweiflung gegen die sogenannte Kaufkraft-Abwanderung. Das sind die Karawanen, die im Stau und Winternebel über die Grenzen ziehen, der Seligkeit nach, die Sonderangebot und Konsumglück heißt. Man versteht die Geschäftsleute sehr, wenn sie also offenhalten wollen, auf dass die Schäfchen, um nicht zu sagen die Konsum-Lemminge, nicht verloren gehen. Wahrscheinlich versteht das sogar Gott, denn sicher weiß er, wie schwer es die Geschäftsleute haben.

Es können also nur die Kunden, nicht der Kardinal und nicht die Händler, die richtige Entscheidung treffen. Sich die Freiheit nehmen, *nicht* zu kaufen an diesem heiligen Tag. Sich eine kleine Besinnlichkeit zum Geschenk machen. Das wäre doch schöner als diese kranke Einkaufsrallye, die nur Geld und Nerven kostet.

*23. September 1995*

## Gute Nacht, schöne Welt

Es scheint niemanden besonders aufzuregen. Den Wall-street-Börsianer juckt es nicht. Dem Politiker ist es ein paar betroffene Satz-Schachteln wert. Der sogenannte Konsument wirft sein kleines schlechtes Gewissen weg und greift zum Sonderangebot. Alle werden so lange unschuldig und tatenlos und ein wenig beunruhigt sein, bis wirklich Grund zur Beunruhigung herrscht. Alarmstufe Rot ist aber jetzt schon. Wenn das stimmt:

Bald ein Drittel aller von Menschen verursachten Treibhausgase stammt – aus der Landwirtschaft. Ab ins Museum mit den schönen Bildern vom braven Sämann und der Nahversorgung aus dem Bio-Garten. Ins Reservat mit den glücklichen Hühnern und Kühen, solange es noch ein paar davon gibt. Spätere Generationen werden staunen, wie sich die Menschheit einst ernährte. (Falls spätere Generationen noch überleben können auf diesem Planeten.)

Die Böden sind überdüngt. Der Humus fehlt. Die Wälder werden gerodet, dass die Erde nur so raucht. Falls es Außerirdische gibt: Die werden sich wundern, was das für Wesen sind, die sich die eigene Überlebenswelt kaputt machen.

Tiere mästen ohne Rücksicht auf Tierleid und die Folgen für den Menschen. Hauptsache, Schnitzel auf dem Tisch, so billig, dass irgendwann noch der letzte Bio-Bauer aufgeben muss.

Eine Greenpeace-Studie, die aufhorchen lassen müsste. Alles schwarz auf weiß im Weltklima-Bericht. Die Lebensmittel schamlos versaut mit Chemikalien. Geht übrigens nicht nur der Boden kaputt davon, sondern auch der Bauch. Wurscht. Die Welt hat eben andere Sorgen als das Überleben des Planeten und der Kindeskinder. Zum Beispiel, ob Nicole Kidman schwanger ist und ob Boris Becker wieder eine neue Alte hat. Unsere Sorgen möchte man haben. Gute Nacht, schöne Welt.

*9. Jänner 2008*

## Wertes und unwertes Leben

Das Gespräch mit Kardinal Schönborn, sein Entsetzen darüber, dass Abtreibung zum Kaufhaus-Angebot wird. Man muss kein besonders katholischer Mensch sein, um das Entsetzen zu teilen. Schrecklich schöne neue Konsumwelt. Du kannst alles haben, und du kannst alles entsorgen. Du kannst dir jede Sorte Glück kaufen, legal oder illegal. Hoffnung, Liebe, Anerkennung, alles den Marketing-Mechanismen unterworfen. Nie sagt jemand in der Werbung: Das Leben kann ziemlich traurig, ziemlich gemein, ziemlich hart sein. Generalbotschaft: Glaub nicht an das Glück im Himmel, glaub nur an deine Kreditkarte. Es ist nicht Gott, der den Takt des Lebens vorgibt, es ist der Mastermind der Industrie. Was sollen einen ethische Fragen noch scheren. Abtreibung, so unkompliziert wie möglich, so schonend wie möglich. Und bitte preiswert. Das entsorgte Kind – schon gesehen, ab wie viel Euro? Es muss jemand nicht unbedingt an die zehn Gebote glauben. Es kann jemand den Sinn dahinter auch ohne Frömmelei erkennen: Regeln, die das Zusammenleben unter Menschen verbessern sollen. Die Menschen schützen sollen. Das Leben schützen sollen. Auch das ungeborene.

Und das *Unwerte*. Es ist inzwischen leicht, ein möglicherweise behindertes Kind auszusortieren. Welche Kriterien sind die nächsten, um *wertes* von *unwertem* Leben zu unterscheiden? Zu wenig schön/nützlich/angepasst, um auf dieser Welt zu leben? Zu alt, zu schwierig, zu langsam?

Vielleicht gibt es eines Tages nicht nur Abtreibung im Kaufhaus, sondern man kann dort gleich unnütz gewordene Angehörige loswerden. Apropos Abtreibung: Es gibt eine ziemlich gute Alternative. Adoption statt Abtreibung. Es muss ein gutes Gefühl sein, sein Kind leben zu lassen.

*5. Februar 2007*

# Als würde eine neue Welt nachwachsen

Mit dem *ewigen Eis* ist es jetzt auch nichts mehr. Das hatte schon einen schönen tröstlichen Klang. *Ewiges Eis.* Kann also passieren, was will auf der Welt. Das Eis hält. Ewig.

Oder doch nicht, leider. Das Eis am Nordpol schmilzt dahin, und zwar rassig. Dreimal so schnell wie auf dem Computer errechnet. Den hatte man mit den bösen Umweltsünden und Klimadaten gefüttert. Aber die Umweltsünden sind offenbar noch viel böser und viel schneller wirksam als erwartet. Der Internationale Klimarat ist auch auf die falschen Berechnungen hereingefallen. Die Wirklichkeit, nämlich die sommerliche Schmelzquote in der Arktis, ist dem Computer um dreißig Jahre voraus. Es schaut dort also jetzt schon so aus, wie es erst etwa 2040 ausschauen dürfte.

Aufgrund der von der Wirklichkeit überholten Prognosen wurden nun neue Prognosen aufgestellt. Schon ab 2050 könnte man live dabei sein beim eisfreien Sommer am Nordpol. Vielleicht schon früher, falls diese Hochrechnungen auch wieder zu optimistisch waren.

Und was dann 2100 alles sein wird! Man möchte es vielleicht gar nicht so genau wissen, und man wird es eh nicht erleben müssen. Wer jetzt kein Kind mehr ist, hat die besten Chancen, allen weiteren denkbaren Klimakatastrophen auf natürlichem Weg zu entgehen.

So gesehen geht's einen eigentlich eh nichts an, ob am Nordpol die Sahara ausbricht oder sonst was. Aber die Kinder, die eigenen und die fremden, dürfen einem schon leidtun. Wie diese Welt herabgewirtschaftet wird. Als würde eine neue nachwachsen.

*3. Mai 2007*

# 2 | Helden & Verlierer

*»Und wie still und leise so ein Sieg sein kann …*
*Demut und Dankbarkeit statt Gebrüll*
*und Überschwang.«*

# Nerven habt ihr! Danke.

Das war einmal ein Traumberuf: Verkäuferin. Fast so cool wie Friseurin. In meiner Volksschule wollten fast alle Mädchen beim Bäcker Gruber an der Theke stehen oder beim einzigen Figaro des Ortes die Lehre machen. Die ganz Coolen, also die Gabi, die Hermine und ich: Wir wollten Stewardessen werden. Ich, ausgerechnet, mit meiner Flugangst. So super ist der Job aber heute eh nicht mehr.

Und erst Verkäuferin. Lang vorbei, die Kaufladen-Romantik wie in der Puppenstube. So viele kleine Geschäfte, die längst entschlafen sind. In den großen Geschäften ein Druck wie an der Börse: Der Mensch ist kein Mensch mehr, nur noch ein Kostenfaktor, der den Umsatzschlüssel erfüllen soll. Muss. Weil wenn der Umsatz nicht passt, wird gefeuert. Schon einmal in die angstmüden Augen einer Verkäuferin geschaut in einem Supermarkt, der nicht gut läuft? Trauriger Anblick.

Anderswo kommen Verkäuferinnen kaum zum Durchschnaufen, und dafür sind sie dankbar. Man sagt ja, es geht den Menschen gut, wenn die Wirtschaft brummt und summt. Immer schön freundlich und fröhlich bleiben! Auch wenn die Kundschaft, fallweise, ein Benehmen wie ein durchgeknallter Affe hat. Wer zahlt, befiehlt, und dazu kann man sich allerhand anhören.

Besonders im Luxusbereich sind die Businessleute sehr zufrieden. Handtaschen, für die eine Verkäuferin drei Monate arbeiten muss. Accessoires um den Preis eines Monatsbudgets einer Durchschnittsfamilie. Was sich wohl das Personal so denkt, wenn benehmensverarmte Damen die Kreditkarte glühen lassen? Am besten gar nichts.

Traumberufe sind auch nicht mehr das, was sie einmal waren. Und die Verkäufer und Verkäuferinnen sind echte Helden. Insbesondere zur Weihnachts-Wahnsinns-Zeit. Nerven habt ihr! Danke.

*12. Dezember 2012*

## Sein Bruder, der Held

Florian Lauda sah man selten in der Zeitung und an den Theken. Wenn ihn Reporter irgendwo erwischten, dann fragten sie ihn: Wie ist das, der kleine Lauda zu sein? Wie lebt es sich im Schatten von Niki? Sind Sie neidisch auf Nikis große Erfolge? Florian Lauda. Sieger sehen anders aus. Florian Lauda. Ein komischer Kauz. Und jetzt die Geschichte mit der Niere. Niki Lauda, der seine Krankheit so perfekt geheim hielt wie die Hochzeit mit der AUA und die Scheidung von seiner Frau. Niki Lauda, der aus dem Wiener AKH melden ließ: Transplantation gelungen. Patient wohlauf. Er hat jetzt drei Nieren. Und diese dritte Niere ist ein Geschenk des Bruders. Und diese dritte Niere rettet ihm vielleicht ein langes Leben. Und das verdankt er seinem kleinen Bruder.

Man sagt sehr leicht: Ich würde alles tun für meinen Bruder, meine Schwester. Und dann steht man vor der Frage: Geb ich ein Stück meines Lebens, meines Körpers her?

Florian Lauda hat es getan. Hat sich diese Niere aus dem Leib schneiden lassen für Niki.

Die Welt kennt den großen Bruder, den Weltmeister, den Tausendsassa. Man hat den kleinen sogar das schwarze Schaf genannt. Und jetzt ist plötzlich Florian der Weltmeister unter den Laudas. Weltmeister in der schwierigsten Disziplin: Mut zur Liebe. Kleiner Bruder, großer Held. Auch wenn es keine Lorbeerkränze und keine Fanclubs dafür gibt. Zwei Brüder, so verschieden wie Tag und Nacht. Der aus dem Schatten hat vielleicht doch das hellere Licht. Gute Besserung und ein langes Leben den beiden.

*27. April 1997*

## Der Krüppel Zilk

Vor acht Tagen halb verblutet und gestern eine Stunde Infotainment vom Feinsten gegeben. Besser als Gottschalk und Schreinemakers zusammen. Dieser Bürgermeister ist einfach unfassbar. Seine drastischen Schilderungen von der Briefbombenexplosion. Vom Blut, das in Fontänen aus dem Körper schoss. Von Fleischklumpen, die auf dem Teppich lagen oder noch an dem baumelten, was vorher eine Hand gewesen war. Dagmar Koller, die danebensitzt und sich nur mühsam beherrschen kann, als sie das alles noch einmal in solchen Worten miterleben muss. Zilks mutige Sätze über Gewalt, Demokratie und über die Nazis, die damals nicht anders begonnen haben. Damals, als Zilk noch ein Kind war.

Der schwarze Humor, mit dem Zilk die entscheidenden Minuten seines Überlebens schildert: die Minuten, als man diese gottverdammte Schnur suchte, um den Arm abzubinden. Und wie das beinahe noch schiefgegangen wäre, wegen dieser Unordnung in diesem Künstlerhaushalt, und wie ihn das beinahe das Leben gekostet hätte.

Das Bekenntnis des Bürgermeisters, nun für immer ein Krüppel zu sein. Er sagte Krüppel, nicht Behinderter. Er sagte, er wolle dieses Wort. Er wolle ein Krüppel sein, um solidarisch zu sein mit allen, die man mit diesem Wort je gedemütigt hat. Seit gestern ist jeder Krüppel ein Held.

Und schließlich, am Ende der Sondersendung, die sich Pressekonferenz nannte und die alle Journalisten zu Stichwortgebern degradierte: am Ende die rührende, ehrliche und mediengeniale Nummer mit dem Ehering. Der Ehering, gerettet aus dem blutigen Inferno und nun von Dagmar Koller mit bebenden Händen erneut auf den Ringfinger der gesunden Hand gestreift.

Noch dem härtesten Hund musste da eine Träne ins Knopfloch tropfen.

*14. Dezember 1993*

# Der stille Augenblick des Siegers

Wir haben seine nassen Augen gesehen. Eine stille Träne, in der alles drin war: die Angst von damals, dass er sein kaputtes Bein verlieren könnte. Die Schmerzen und die eiserne Disziplin auf dem langen Weg zurück. Die Zweifel und die depressiven Gedanken, dass es vielleicht nie mehr so sein wird wie früher. Warum nicht alles hinwerfen? Nein, weitermachen. Kämpfen. All das war drin in dieser stummen Träne von Hermann Maier. Die Summe daraus ist Glück, pures Glück. Der schönste Augenblick des Lebens vielleicht. Der Maier hat schon alles gehabt. War im Olymp und hat alle anderen und alles hinter sich gelassen. Siegen war Routine. Das ist doch kein Mensch mehr, das ist eine Siegermaschine, sagten die Leute.

Alles bisher Dagewesene übertroffen mit diesem Sieg gestern in Kitzbühel. Kitsch und Rührung überfallen einen als Zuschauer, wie ein Spruch aus dem Poesiealbum: Sich selbst bekriegen ist der schwerste Krieg, sich selbst besiegen ist der schönste Sieg.

Und wie still und leise so ein Sieg sein kann, sah man gestern. Demut und Dankbarkeit statt Gebrüll und Überschwang. Wie ein kleines Kind sah der Riese einen Moment lang aus.

Jetzt können wieder Siege in Serie kommen. Das ist sicher drin. Aber nie mehr wird dieses Gefühl zu stoppen sein: Ich habe es geschafft, mit dem kaputten Haxen. Es hat sich ausgezahlt, nicht aufzugeben. Es hat sich gelohnt, durch die allerdunkelsten Stunden zu gehen.

Kann noch jemals irgendwas Schöneres kommen im Maier-Leben? Aber sicher. Irgendwann, wenn eine kleine Maierin oder kleiner Maier den ersten Schrei tut. Dann wird er vielleicht wieder nasse Augen haben vor Glück. Und sagen: Das war der schönste Augenblick meines Lebens. Schöner noch als damals in Kitzbühel das Comeback am 27. Jänner 2003.

*28. Jänner 2003*

# Zerschmetterte Helden

Zufallsgespräch mit einem Mann von der Bergrettung. Er hat schon mehr als sechzig Sommer in der Höhe verbracht. Seine ersten Schritte machte er auf der Alm. Und die Winter dort oben, die kennt er auch, und er fürchtet sie. Aber nicht so, wie man ein Ungeheuer fürchtet. Eher wie man Gott fürchtet.

Die Nachrichten aus den letzten Tagen haben den Mann zornig gemacht. Jeden Tag fallen ein paar herunter, weil sie verrückt sind, und jeden Tag wollen neue Verrückte hinauf. Hinauf wollen sie alle. Wir waren auch jung und stürmisch, sagt der Mann, der noch lange nicht alt ist. Aber wir haben gewusst: Gegen den Berg ist kein Duell zu gewinnen. Du bist der Verlierer in dem Moment, wo du glaubst, dass du der Größte bist.

Die Nachrichten aus den letzten Tagen klangen immer ungefähr so: Nicht ausgerüstet für den Gipfelsturm. Selbstüberschätzung. Alle Gebote des Berges missachtet. Heruntergefallen. Tot.

Der Mann, den diese Nachrichten so aufregen, hat schon Hunderte Bergsteiger geborgen. Manche nur erschöpft und unterkühlt, manche schwer verletzt, manche nicht mehr zu retten. Er hat sein eigenes Leben nicht nur einmal aufs Spiel gesetzt.

Vor ein paar Tagen erst, da hat der Mann von der Bergrettung eine Gruppe gewarnt, bei diesem Wetter und mit dieser Ausrüstung aufzusteigen. Der Mann von der Bergrettung hatte Glück: Alle sind unversehrt wieder ins Tal gekommen. Er hat seinen Kopf nicht riskieren müssen.

Wie Helden haben sich die Idioten dann noch aufgespielt, sagt der Bergführer. Das ist genau die Sorte Helden, die fast jeden Tag Schlagzeilen macht. Lesen können sie von ihren Heldentaten nichts mehr. Denn sie liegen zerschmettert in der Schlucht.

*6. August 1997*

## Weicheier und Kaltduscher

So, jetzt muss sich wenigstens niemand mehr aufregen, nicht einmal künstlich. Das Fußballspiel Israel gegen Österreich abgesagt. Alle bleiben daheim. Nicht nur die Weicheier. Auch die harten Hunde.

Weicheier. Ein recht beliebtes Wort. Auch Warmduscher sagt man gerne. Zu Leuten, die nicht wirklich cool sind. Die neun Fußballspieler, die sich schon vor dem mysteriösen Flugzeugabsturz über dem Schwarzen Meer geweigert hatten, das »Risiko Israel« einzugehen, die waren die Weicheier der Nation. Ein Kompliment wie faule Tomaten ins Gesicht.

Seit dem Terrorkrieg in Amerika ist vielen Menschen sehr mulmig. In brenzlige Gegenden fährt man nicht mehr, wenn man nicht unbedingt muss. Angeblich hat die Tragödie außer Angst und Panik auch noch das bewirkt: dass Menschen umdenken. Also irgendwie kapiert haben, was wirklich wichtig ist und was nicht. Karrieredenken und Gier ein bisschen hinterfragen. Besinnung.

Schon irgendwie armselig, wenn dann die Fußballer zu Weicheiern erklärt werden. Von Maulhelden am Biertisch oder im Fernsehen, die nichts, einfach gar nichts begriffen haben.

Mit Wörtern wie »Weichei« und »Warmduscher« wird man schnell einmal beworfen. Schon im Kindergarten, wenn ein Bub kein richtiger Mann ist. An der Theke, wenn einer nicht Bier bis zum Abwinken säuft. Im Beruf, wenn einer nicht stählerne Ellbogen hat.

Weicheier können auch richtige Helden sein. Zum Beispiel die neun Fußballer. Die einfach ihre Entscheidung getroffen hatten. Da gehörte Mut dazu. Sich hinzustellen und *Nein* zu sagen. Vor diese ganzen Kaltduscher. Denen dann aber doch noch der A… auf Grundeis ging. Aber zuerst musste natürlich ein Flugzeug explodieren.

*6. Oktober 2001*

## Die Herren Helden

Zum Wochenende rüsten wieder rudelweise Wehrdiener ab, und man darf Gift drauf nehmen, dass es hoch hergehen wird. Die jungen Herren wollen nach dem drögen Kasernendasein endlich die Säue rauslassen, und das gelingt, wie selbst noch der Trottel jeder Kompanie weiß, am Besten, wenn man ausgiebig Schnaps in sich hineinschüttet.

Bei ihren seltsamen Übungen haben die Soldaten gelernt, was ein richtiger Mann ist. Nur nicht zimperlich sein ist die Devise, und das will beim Abklopfen zufällig vorbeikommender Damenhintern ebenso beherzigt sein wie beim standesgemäßen Wettsaufen.

Die staatlich verordneten Kriegsspiele sind sehr geeignet, aus vormals scheinbar ganz normalen jungen Männern tumbe Lackeln zu machen. Dem Rudelunwesen entsprechend, fallen selbst Burschen, die noch innere Widerstände gegen gruppenweises Getöse haben, zurück in pubertäre Trottelei. Ist auch klug von ihnen, denn wer nicht mitmacht, ist erstens ein Feigling und kriegt zweitens Saures. Der Countdown läuft ja bereits in zahllosen Wirtshäusern, und es wird heftig trainiert für das große finale Besäufnis. Ein Todesopfer hat eine dieser berüchtigten Abrüster-Vorfeiern bereits gefordert: Der unglückselige Wehrdiener Herbert Maritschnik schüttete einen halben Liter Tequila in sich hinein und war nicht mehr zu retten.

Das wird aber viele der frisch dressierten Teufelskerle nicht davon abhalten, sich gegenseitig unter den Tisch und eventuell ins Grab zu saufen. Ein echter Austro-Indianer kennt bekanntlich weder Schmerz noch Promillegrenze.

Wäre nett, wenn die Herren Helden nach ihren Feiern wenigstens zu Fuß heimgehen würden, sofern sie noch können.

Man lässt sich auch von einem echten Haudegen nur ungern niedermähen.

*27. August 1992*

## Hannelore Kohls todtraurige Krankheit

Sie war eine Heldin, sagen jetzt die Leute. Eine Heldin für Deutschland, still und klein, an der Seite des Kanzlers. Hannelore war noch von dieser Generation und von diesem Schlag: Die Frau bleibt im Hintergrund, duldet leise, agiert mit eiserner Disziplin, hält dem Mann den Rücken frei für Größeres.

Unsagbar muss ihr Leid gewesen sein. Niemals darf man sich aufgeben, hatte sie noch vor Kurzem gesagt. Und dann die letzte Kraft verloren.

Ihre Krankheit war wie ein Spiegel der Seele: Lichtallergie. Ausgelöst durch Medikamente, verstärkt vielleicht durch das Schattenleben, das sie als Frau führte.

Was für eine todtraurige Krankheit, wenn die Sonne zum größten Feind wird. Wenn nur die Nacht noch Leben hat; Schattendasein und Gefängnis.

Dieses kontrollierte Lächeln bei öffentlichen Auftritten, wenn der Kanzler aus Gründen der Etikette seine Frau neben sich brauchte. Diese Einsamkeit mitten im Spektakel der Weltpolitik. Zuerst allein mit den Kindern, dann allein mit ihren karitativen Aufgaben.

Wie groß war die Bedeutung von Hannelore Kohl für den Aufstieg ihres Mannes, fragte gestern ein Fernsehmoderator einen Kommentator. Immens groß, gigantisch. Er verdankt ihr alles, was er ist.

Ein einziges Mal hat Hannelore Kohl über die Einsamkeit ihres Lebens geredet: dass sie oft ins Fell ihres Hundes weinte, weil sie so allein war.

Aus der Dunkelheit ist sie jetzt in den Tod gegangen. Die Kinder sind lang erwachsen, alle Verantwortungen und Pflichten erfüllt. Der einsamste Mensch, den sie hinterlässt, ist jetzt Helmut Kohl. Er hat ihr nicht helfen können.

*7. Juli 2001*

# Trotz allem ein Held

Im tiefen Schock, beim ersten Interview nach der Tragödie von Schönbrunn, passierte dem stellvertretenden Direktor ein Versprecher, den er selber gleich korrigierte: Er sprach vom »Tatort« Jaguar-Gehege. Nein, Tatort darf man nicht sagen, sagte er. Mörder hinterlassen einen Tatort. Aber nur Menschen können Mörder sein. Ein Tier ist niemals ein Mörder. Ein Tier ist niemals schuldig.

Die Jaguare haben nur getan, was in ihrer Natur ist, sagte ein Zoologe. Ihr Revier verteidigt. Die Jaguare konnten nicht anders.

Wenn Menschen grausame Verbrechen begehen, nennt man sie manchmal Bestien. Aber die einzige Bestie, die es gibt, ist vermutlich der Mensch. Der grausame Tod der Pflegerin, die die Tiere so liebte, war kein Mord. Ein schreckliches Unglück.

Die Tränen müssen einem kommen, wenn man an das Opfer denkt und an die Menschen, die das Opfer hinterlässt.

Aber Wut, nein, Wut kann man nicht empfinden. Wut, das ist ein Gefühl, das man kriegt, wenn irgendwo ein Raser einen Menschen umbringt. Wenn ein Mensch ausrastet und zum Mörder wird. Jeden Tag passiert es. Als Einzelfall und in Massen. So grausam, so unmenschlich, wie Menschen sein können, kann ein Tier niemals sein.

An den Zoodirektor Pechlaner muss man jetzt auch denken. Er hat noch sein eigenes Leben aufs Spiel gesetzt, um ein Leben zu retten. Er hat vielleicht verhindert, dass noch mehr Opfer zu beklagen sind.

Es geht ihm, vor allem psychisch, furchtbar schlecht, hieß es gestern. Er fühle sich verantwortlich für den Tod seiner jungen Kollegin. Dabei ist er, mitten in dieser traurigen Geschichte, ein Held. Auch wenn ihm das Wunder der Rettung leider nicht gelungen ist.

*7. März 2002*

## Der Müllmann ist tot

Es war im Morgengrauen. Noch nicht ganz hell. Die meisten Menschen haben noch geschlafen. Der Müllwagen war schon unterwegs, den Abfall vom Wochenende einzusammeln.

Der Müllmann stand auf dem Trittbrett. Man kennt das Bild, im Sommer und im Winter: Sehr flink müssen die Müllmänner sein. Höllisch aufpassen. Stop and go. Stop and go. Vorne die unberechenbare Verkehrssituation, auf die der Fahrer reagieren muss. Hinten die Autofahrer, die ungeduldig sind. Immer diese Staus mit den Müllwagen. Immer diese auf- und abspringenden Müllmänner.

Der Müllmann stand auf dem Trittbrett. In Wolfsberg in Kärnten. Dann ist das Schrecklichste passiert. Der Müllmann wurde vom Trittbrett gegen eine Wand geschleudert. Der Müllmann ist tot.

Es wird untersucht, warum das passieren konnte. Der Fahrer des Müllwagens steht unter Schock. Er hat einen Arbeitskollegen verloren. Vielleicht haben sie noch einen Kaffee miteinander getrunken vor dem Einsatz.

29 Jahre alt war der Müllmann. Ein Leiharbeiter. Einer, der offenbar keine Chance auf ein besseres Leben, einen besseren Beruf hatte. *Leiharbeiter* ist ein demütigender Beruf.

Er ist ganz früh aufgestanden, er hat seinen Job gemacht. Den Dreck wegräumen, den die Menschen machen. Ein gefährlicher Beruf. Spring auf, spring ab, Müllmann, dalli, dalli. Die Menschen, die in die Büros und zu ihren wichtigen Terminen müssen, haben es wahnsinnig eilig.

Helden des Alltags sind das. Jetzt ist so ein Held ums Leben gekommen. Ich möchte dem unbekannten Helden ein ehrendes Andenken bewahren. Und ich möchte nie mehr ungeduldig sein, wenn vor mir ein Müllauto fährt.

*25. Oktober 2011*

## Zum Geburtstag eines Helden

Als sie ihn, nicht zum ersten Mal, in die Intensivstation des Krankenhauses brachten, sagten die Ärzte, viele Hoffnungen soll man sich nicht mehr machen. Er war im Wald verunglückt, beim Holzfällen. Kein richtiger Arbeitsunfall. Der Mann war stockbetrunken gewesen. Lebensgefährlich die Verletzungen, lebensgefährlich die Überdosis Alkohol.

Der Mann war mit Alkohol praktisch aufgewachsen. Er hatte gelernt, dass richtige Männer Schnaps trinken, viel Schnaps. Als der Mann noch ein Kind war, wurde er mit Most und Bier belohnt, wenn er tüchtig war. Mit siebzehn, nach der Musterung, gewann er sein erstes Kampftrinken. Damals, lallte er später manchmal stolz, seien die anderen wie die Fliegen unter dem Tisch gelegen, und er selber habe noch mit dem Moped heimfahren können.

Er hat dann auch den Alkoholunfall im Wald überlebt. Das war am 22. März vor 20 Jahren. Die Narben von der Motorsäge sieht man noch an seinem Arm. Zwei Finger sind stumpengroß.

Jetzt feiert der Mann den zwanzigsten Geburtstag. Geboren ist er vor sechzig Jahren im November, davongekommen im Frühling 1978. Er hat seit diesem Unglück damals nie mehr einen Tropfen Schnaps getrunken. Auch sonst keinen Alkohol.

Zuerst haben ihm die Ärzte geholfen. Damit er langsam wieder auf die Beine und zur Besinnung kam. Dann hat er diesen Entschluss gefasst. Leben! Das kann kein Arzt für mich beschließen, sagte er. Das muss ich selber tun.

An jedem Geburtstag geht er in dieses Wirtshaus, aus dem sie ihn früher manchmal tragen mussten. Er trinkt einen Kaffee und macht sich nichts draus, wenn ihn einer hänselt. Sie stellen ihm Schnaps hin, er lässt ihn stehen. Wahrscheinlich ist er ein Held. Aber das sehen seine Kumpels nicht so. Sie saufen noch immer. Sofern sie nicht gestorben sind.

*21. März 1998*

## Gesichter nach der Hochrechnung

Lange Gesichter, kurze Gesichter, Grinse-Fratzen, Frust-Beulen, verlogenes Lächeln, Sieger-Smile, alles da. Ganz großes Theater, viel menschliche Komödie, in diesem magischen Moment, wenn die Wahl geschlagen ist. Manche können dir leidtun, andere möchte man mit nassen Fetzen vom Bildschirm verjagen: Das sind die, die nicht anders können, als aus ihrer Niederlage einen Triumph zu machen. Und wenn ihnen neunzig Prozent der Wähler davongelaufen wären: Schau mich an, schreit das Loser-Ego, so sehen Sieger aus. Wie Fred Feuerstein, der sich auf die Brust klopft.

Gestaunt hat man, nicht, bei der ersten Hochrechnung. Diese Wahl war die letzte Wahl, bei der ich mich auf depperte Wetten eingelassen habe. Wurscht, ob man einen Bundespräsidenten oder den schönsten Jungbauern wählt: Ich verliere immer. (Wenigstens kein Geld, nur die Ehre.)

Dabei hätte ich ein Rezept, so sicher wie der Elchtest, wenn es darum geht, voll den Wahlsieger heraushängen zu lassen. Die Gewinnerpartie, bei der absolut nichts schiefgehen kann. Man muss nur den Wählern mit Brief und Siegel die besten Versprechungen machen. Ein paar Angebote, die der mündige Bürger auf keinen Fall ablehnen kann. Beispiele?

Zehn Wochen Urlaub Minimum. Siebzehn Gehälter, einen Jahresbonus für Sprit für einen Mittelklassewagen. Modegutscheine für die Teenie-Töchter und ein Moped für den Herrn Buben. Kuraufenthalte in eleganten Sonnenzonen und noch viel originellere Sachen. Sonnenklar, dass diese Partei gewinnt. Ansatzweise hat der Schmäh eh schon öfter funktioniert. So, und alles Gute noch, Österreich, mit den frisch gefallenen Würfeln.

*30. September 2013*

# Eine Heldin von heute

Wie lang muss eine Putzfrau arbeiten, bis sie 10 400 Euro beisammen hat? Fast ein Jahreseinkommen, für viele Menschen. Für andere, die das Geld für sich arbeiten lassen, ein Klacks. Für schlaue Berater im politischen Lobbying-Milieu auch. Und dann findet eine Putzfrau 10 400 Euro. Auf der Toilette einer Autobahnraststätte im Pongau. Bei der Arbeit findet die Frau das Geld. (Irgendjemand muss ja die Häusln putzen.) 10 400 Euro. Ein Busfahrer hat seinen Gürtel samt dem Geld liegen lassen. Groß waren die Chancen nicht, das Geld jemals wiederzusehen. Hoch frequentierte Toilette. Einfach nur zugreifen und in der Anonymität verschwinden auf die Autobahn. Kaum ein Risiko. Und ein solcher Gewinn.

Die Putzfrau hat das Geld gesehen und dem Chef gebracht. Vielleicht hat sie kurz daran gedacht, was man mit *so viel Geld* alles machen könnte. Die alte Waschmaschine ersetzen eventuell. Ein neues Sofa. Einmal Urlaub machen. (Viel Urlaubsbudget haben Putzfrauen ja nicht. Obwohl sie Urlaub bestimmt dringend brauchen können, bei ihrem Job.)

Die Putzfrau von der Autobahnraststätte. Eine echte Heldin von heute. Eine Frau, die nicht in Versuchung zu führen war. Eine Frau, die ganz klar unterscheiden kann zwischen *Dein* und *Mein*. (Nicht wie manche Politiker.)

Es steht ihr kein Finderlohn zu. Weil sie im Dienst war. Das Gesetz sieht so was nicht vor, wenn jemand im Rahmen seiner Tätigkeit beim Häusl-Putzen einen Schatz findet.

Aber der Busfahrer, der sein Geld wiederhat, wird sich erkenntlich zeigen. Und einen Luftsprung machen oder zwei. Wahrscheinlich auch ein Mensch, der ziemlich lange arbeiten muss für so viel Geld.

*11. April 2011*

# Eine schöne, kluge Entscheidung

Man hat die Wahl getroffen, und es ist eine kluge, gute Wahl. Es wird dem Publikum ein langes, kreischendes Hin & Her erspart, und in den Zeitungen muss man nicht monatelang diesen hysterischen Wahnsinn durchblättern: Wer schafft es in die Vor-Vor-Vor-Entscheidung, welcher völlig unbekannte Hiasl ist zu Recht/ zu Unrecht hinausgeflogen, welche Pieps-Blondine ist jetzt schon wieder berühmt geworden dafür, dass sie *nicht* singen kann? (Ja, man kann inzwischen auch berühmt damit werden, dass man etwas *nicht* kann.)

Die Entscheidung ist gefallen, das spart Unmengen Geld, Nerven und Zeitungspapier. Song Contest 2014 – der ORF verzichtet auf das ganze Countdown-Kasperltheater und schickt einfach die Beste/den Besten. Das hätte man schon einmal haben können, aber bitte, es musste damals unbedingt in mühsamen Wahlgängen und mit viel Krawall die schlechtere Entscheidung getroffen werden.

Jetzt aber, endlich, *bravo* & Tusch: Frau Wurst fährt 2014 für uns zum Song Contest. Conchita Wurst, der süße Damenbart mit der ganz großen Stimme. Frau Wurst kann ihr Handwerk, und sie kann noch viel mehr: Sie hat auch gelernt zu verlieren. Ist wieder aufgestanden und hat sich nicht unterkriegen lassen.

Mit diesen Qualitäten müssten die Wetten für Frau Wurst jetzt schon sehr gut stehen. Alles Gute, Darling, und danke an den ORF, dass er einem diese ganzen Quietsch-Abende mit all den seltsamen Kandidaten erspart. Frau Wurst wird alle niedersingen, man muss sie nur lassen.

So ein Zaubervogel wie Frau Wurst, den viele noch unter dem Namen Tom Neuwirth kennen, hat natürlich nicht nur Freunde: dieser Bart! Dieser Tussen-Alarm! Dieser ganze Wahnsinn, motzen viele Leute. Na und? Frau Wurst ist trotzdem kein falscher Fuffziger, sondern eine, die alles ernst meint, sich aber schlapplachen kann über sich selber. Was man nicht von allen schrägen Promi-Vögeln behaupten kann.

*11. September 2013*

# Bravo, Herr Pfarrer!

Viel hat man nicht gehört von Kirchenseite zum Schicksal von Arigona. Einmischung ist nicht erwünscht, und Vorsicht ist die Mutter der Porzellankiste. Christliche und politische Werte können halt sehr widersprüchlich sein. Auch bei Politikern mit Heiligenschein beim frommen Kirchgang. Aber dieser Pfarrer. Pfarrer Friedl aus Ungenach. Er hat nicht mehr und nicht weniger getan als das Vertrauen von Arigona zu gewinnen. Ein Mann wie ein ganzer Krisenstab: psychologisch, menschlich, mutig.

In seiner Gegend kennt man den Pfarrer Friedl als einen, der nicht nur den direkten Draht nach oben, sondern zu Menschen in den schwierigsten Situationen hat. Problemkinder, im Stich gelassene Familien. Aus den »Seitenblicken« kennt man ihn nicht.

Sein kurzer Auftritt im Fernsehen war keine glamouröse eitle Show, wie man sie rund um Natascha Kampusch erleben musste. Pfarrer Friedl hat Arigona vor den Kameras beschützt und sich selber vor der Wichtigtuerei.

Er sagte einen Satz, der mehr Gewicht hatte als eine Sondersitzung im Parlament: Solange Arigona bei ihm sei, sagte der Herr Pfarrer, brauche sie keine Angst zu haben. So stelle ich mir einen Pfarrer vor. Menschlich sein statt menschlich schwafeln. So wünsche ich mir viele Pfarrer: christliche Werte in Form von Zivilcourage und nicht nur als Sonntagspredigt.

Schön, das verlorene Mädchen jetzt in der Obhut von Pfarrer Friedl zu wissen. Bestimmt gibt es viele Pfarrer wie ihn, man kennt sie halt nicht aus dem Fernsehen. Und immer mehr Menschen gibt es, die so einen Pfarrer brauchen könnten. Weil sie von der Politik im Stich gelassen werden.

*11. Oktober 2007*

# Kleine Kinder, große Helden

Da muss ich dann schon aufpassen, dass ich nicht nasse Augen bekomme. Die kleine Geschichte vom großen Bruder, der seine zwei Geschwister vor dem Feuer rettete. In einem Haus im Burgenland, niemandem ist etwas passiert. Die Kleinen geweckt und in Sicherheit gebracht.

Kleine Helden, Tausende jeden Tag. Was Kinder alles für ihre Geschwister tun. Durchs Feuer gehen, wenn es sein muss. Die Mama und/oder den Papa ersetzen, wenn die Mama und/oder der Papa nicht da sind oder nicht zu gebrauchen sind.

Hüten und schützen und hegen. Das sag ich meinem großen Bruder, sagte ich immer, wenn mich die Buben in der Schule verhauen wollten. Obwohl ich gar keinen großen Bruder in der Nähe hatte. Aber sehr gewünscht habe ich mir einen. Oder wenigstens eine große Schwester. Große Schwestern sind eh genauso stark.

Tausende kleine Helden jeden Tag. Der große Bruder, selber noch so klein, der in der U-Bahn das heulende Baby tröstet. Die große Schwester, selber noch so klein, die mit der kleinen alles teilt. Und die zum Geburtstag kein Geschenk will, wenn die kleine nicht auch eines bekommt.

All die Kinder, die ihre kranken Geschwister trösten, und all die Kinder, die ihre Geschwister vor Papas Wut und Mamas Zorn beschützen. All die Kinder, die sich aufpflanzen wie David gegen Goliath, wenn irgendjemand sich etwas Gemeines sagen oder tun traut gegen Brüderlein oder Schwesterlein.

Kinder sind so gute Menschen. Kinder sind ganz große Helden. So viel Zivilcourage und so viel Gerechtigkeitssinn. Kinder gehen für ihre Geschwister durchs Feuer und lassen sich lieber schlagen, bevor ein Kleinerer geschlagen wird. Warum verlernt man das meiste davon, wenn man groß ist?

*10. März 2007*

## Da hast du wirklich Glück gehabt

Darf ich noch *du* sagen, junger Mann? Du bist schon dreizehn, oder erst dreizehn, aus Salzburg, mehr weiß ich nicht über dich. Du hast Mist gebaut, das ist normal in dem Alter und kommt später auch noch vor, das weiß ich von mir selber und von vielen anderen.

Du hast Mist gebaut, alle Leute, die Kinder haben oder Kinder mögen, zucken zusammen bei solchen Meldungen: Autoschlüssel geschnappt (die Eltern werden schon nichts merken), nachts davongefahren (das wird schon gut gehen).

Ist aber nicht gut gegangen. Du bist durch Gastein gebrettert, ein Stück jedenfalls, dann hat das Auto mit dir gemacht, was es wollte. Peng, Hausmauer, du verletzt und das Auto auch nicht mehr gesund.

Du hast, trotzdem, wirklich Glück gehabt. Das Glück, dass du keinen Menschen über den Haufen gefahren hast. Das Glück, dass man dich nicht im Sarg von der Unfallstelle abholen musste. Großes Glück. Alle Menschen, die Kinder haben oder Kinder gern haben, freuen sich für dich und für deine Eltern. Dass nichts *ganz Schlimmes* passiert ist.

Aber ich gönne dir auch die Scherereien, die du jetzt hast. Mit den Eltern, mit der Polizei, mit der Versicherung. Wenigstens so viel Stress und Ärger sollst du jetzt haben, dass du *nie* mehr so einen Quatsch machst. Klar, so was macht ein Bub, weil er ein Mann sein will. Aber das geht genau in die falsche Richtung. *Mann* sein bedeutet, dass einem die Männlichkeit nicht über den Verstand wächst. Möchtest du dich hinstellen und sagen: Das bin ich, und ich habe Mist gebaut? Dir glauben die Gleichaltrigen sicher mehr als mir. Vielleicht könntest du ein paar junge Leben retten.

*12. November 2006*

47

# 3 | Papst & Promis

*»Nur das Leben alleine zählt. Egal, ob du Angelina Jolie bist oder einfach nur die Frau von nebenan.«*

## Angelina Jolie. Nur das Leben zählt.

Schönheit, Allüren, Charity, Hauptwohnsitz roter Teppich. Das alles ist ihr Kapital. Weltmarke Angelina Jolie, jeder Quadratzentimeter Haut ein Vermögen wert. Ziemlich sicher gibt es bessere Schauspielerinnen als sie. Aber sicher keine, die all diese Nebengeräusche, die Glamour ausmachen, besser kann. Angelina Jolie hat sich die Brüste amputieren lassen. Entfernen. Weiblichkeit löschen. Schmerzen. Die seelischen noch schlimmer als die physischen. Bin ich danach noch ein Star, bin ich danach noch eine Frau? Ich stelle es mir unerträglich vor, diese Entscheidung treffen zu müssen. Und auch auszuhalten.

Es ist eine Entscheidung für das Leben und gegen den Tod, hat Angelina Jolie die Welt wissen lassen. Diese Angst, diese Angst. Der verdammte Krebs. Die Mutter ist daran gestorben. Die Mutter hat zehn Jahre damit gekämpft und hat dann verloren. Todesurteil Krebs, mit 56 Jahren.

Den Risikofaktor für Angelina Jolie haben Ärzte dramatisch definiert. Risikofaktor: 87 Prozent. Eine Prognose, mit der man verrückt werden muss. Angelina Jolie hat die Entscheidung getroffen, sich diesem Risiko nicht auszusetzen. Die Kinder sollen nicht Angst haben müssen, dass die Mutter genauso sterben muss wie die Großmutter.

Schönheit, Allüren, Charity, Hauptwohnsitz roter Teppich. Das alles ist Angelina Jolies Kapital. Weltmarke, zu der auch gehört, in einer Familien-Karawane mit Brad Pitt und den Kindern um die Welt zu reisen. Der nächste Film. Der nächste Oscar. Die schönen Beine und das Dekolleté.

Das ist alles nicht so wichtig. Überhaupt wenn es um Leben und Tod geht. Nur das Leben alleine zählt. Egal, ob du Angelina Jolie bist oder einfach nur die Frau von nebenan.

*15. Mai 2013*

## Bushido, ein Typ zum Vergessen

Bushido, das ist so ein Nadelstreif-Rapper, ein Goldjunge auch, er hat in Deutschland den Bambi bekommen. Dauernd liest man über ihn. Böser Bub, guter Bub, der Bub hat geheiratet, der Bub hat ein Kind bekommen, der Bub ist mit einem seltsamen Clan auf Achse und im Business.

Seine Texte sind böse, das müssen sie ja, sonst kannst du dir nicht Rapper auf die Stirn schreiben. Dieser Spagat immer! Zwischen rotem Society-Teppich und rappertauglichem Hinterhof. Muss ein ziemlich zerrissenes Lebensgefühl sein.

Jetzt aber diese Aufregung. Jetzt ist es genug. Ein Video, in dem Politiker zum Abschuss freigegeben werden und/oder zum Foltern. Ich habe das Zeug nicht gesehen, nur die Zitate gelesen, nein, danke, ich muss nicht alles gesehen haben. Man hat die Gewalt-Ergüsse eine Million Mal angeklickt, bevor sie endlich vom Netz genommen wurden. Für ein bisschen PR hat es also gereicht.

Und dass der Typ Bushido weiterhin deutsches Tagesgespräch ist, dafür reicht es auch. Staatsanwaltschaft, Zeitungskommentatoren, der Sänger Heino, alles ist eingeschaltet. Wird Bushido nicht unrecht sein. So viel Aufmerksamkeit gibt's sonst niemals umsonst.

Darf man Killer- und Gewaltfantasien an Menschen/Politikern austoben? Ist das jetzt die Debatte »Freiheit in der Kunst«? Bushidos Texte sind circa so ekelhaft wie Abertausend anonyme Postings. Absolut Zeitgeist, dieser kranke Hass. Der eine oder andere verdient auch noch Geld damit. Woher kommt dieser Hass? Diese Lust auf Gewalt? Darüber müsste man reden, nicht über Bushidos durchsichtige PR-Gags. Ich fürchte mich vor Menschen, die auf Menschen schießen mit Worten. Zuerst mit Worten, und dann …?

*16. Juli 2013*

## Den falschen Frosch geküsst

Wir träumen so gern den unmöglichen Traum. Dass Liebe ein ewiges Wunder ist. Wir sind schon ein paarmal aufgewacht aus diesem Traum. Gehört uns das Paradies doch nicht? Gemein. Dann sollen es wenigstens Prinzessinnen besser haben. Aus der Ferne seufzen wir ihnen zu, wenn sie Traumhochzeiten haben. Wie damals, in der Geschichte vom Froschkönig.

Später haben wir gelernt, dass man viele Frösche küssen muss, bis ein Prinz von der Wand krabbelt. Einer, der nichts tut als dich lieben, lieben, lieben. Und ganz arm sollte er halt auch nicht sein. Die wahre Liebe kennt keinen Standesdünkel und keinen Kontoauszug. Ja. Doch es schadet nicht, wenn für Kaviar gesorgt ist.

Manchmal ist es die Dame, die für den Kaviar sorgt. Das kann eine edel verheiratete Geldtochter sein, die sich schöne Stunden mit einem hübschen armen Hund gönnt. Wir kennen ähnliche Beispiele auch aus dem englischen Königshaus. Es wird in anderen Adelshäusern nicht anders, aber diskreter zugehen.

Eher selten wird der eher arme banalblütige Liebhaber tatsächlich geheiratet. Dann ist das Märchen besonders schön. Die Geschichte von Monacos Stéphanie fanden wir doch alle komplett herzergreifend: Liebe ist stärker als der gewöhnliche Geruch eines Fischhändlers. Zwei wunderbare Enkelkinder versöhnten dann auch noch den kaltherzigen Fürstenvater.

So. Und jetzt treibt sich dieser Fischhändler mit einer Stripperin herum, und alles, was sie getrieben haben, steht samt Inflagranti-Fotos in der Zeitung. (Der Seelenstrip der Ehe-Einbrecherin hat bestimmt mörderisch viel Geld gebracht.)

Stéphanie hat schon wieder den falschen Frosch geküsst. Willkommen im Club, Prinzessin!

*12. September 1996*

# Arnie, verzeih mir

Manchmal habe ich auf diesem meinem Plätzchen schon den großen Arnold Schwarzenegger angegiftet. Das hat mir nicht gutgetan. Nicht, dass die große starke steirische Eiche persönlich zurückgeschlagen hat – dann wäre ich ja sowieso schon ausradiert. Aber viele, viele Fans haben mich mit Flüchen belegt, einer, er muss um die acht Jahre sein, schrieb, dass ich noch blöd schauen werde, wenn er selbst einmal groß und so stark wie Arnold sei. Wumm.

Zu Hause straften sie mich einen Tag lang mit Verachtung, und in der Steiermark waren viele alte Freunde des nunmehrigen Superstars sauer wie nur was.

Naja, ganz geheilt von meinen Bedenken gegen die Kraftfilme des Hollywood-Giganten bin ich noch immer nicht. Als weiblicher Mensch tut man sich immer schwerer mit Ramba-Zamba und Gewaltgeschichten als die Männer, denen bekanntlich das Kriegs- und Kampfgen einfach innewohnt und die drum immer wieder gerne zuschauen, wenn sich Leute die Schädel einschlagen.

Das muss man offenbar zur Kenntnis nehmen, und vielleicht haben Schwarzenegger-Filme sogar den heilsamen Nebeneffekt, dass sie den großen und kleinen Buben ein Ventil zum Dampfablassen bedeuten. Könnte ja sein.

Arnold Schwarzenegger jedenfalls weilte bekanntlich vorgestern in Graz, um seinen neuen Film »True Lies« in der Oper (!) zu präsentieren. Er nahm ein Bad in einer tobenden, jubelnden Menge aus glücklichen Steirern, und er selbst war so selig dabei, dass er plötzlich wieder fast akzentfrei Steirisch konnte. Hollywood kehrte in die österreichische Heimat zurück. Da konnte sogar ich mich nicht mehr dagegen wehren, ein bisschen stolz auf Schwarzenegger zu sein. Verzeih mir, Arnie, dass ich so garstig war.

*18. August 1994*

## Warten auf Baby Bruni

Alles wartet auf das Baby von Carla Bruni und Präsident Sarkozy. Lese ich im Teletext und im Internet. Es ist alles sehr aufregend. Die einen sagen, das Kind ist schon da, die anderen sagen, Madame Sarkozy-Bruni habe noch nicht einmal die Suite ihrer Klinik bezogen.

Wie schaut zum Beispiel *Paris* aus, wenn es auf Baby Bruni wartet? Der Sonntag war träg, grau, kühl, mit ein paar Regentropfen zwischendurch. Die Raucher saßen rauchend und lesend unter den Heizpilzen vor den Cafés, fast alle Amerikaner hatten Stadtpläne in den Händen und große Fragen auf den Lippen. Japaner und Chinesen gern ausgestattet mit großen Paris-Büchern und dem Ehrgeiz, Paris in Rekordzeit zu begreifen.

Nicht einen einzigen Menschen sah man, der so aussah, als würde er ungeduldig bebend auf Baby Bruni warten. Die Busfahrer nicht, die Kontrolleure im Louvre nicht, die Obdachlosen und ihre Hunde hinter der Oper nicht.

Monsieur le Président und die große Élysée-Familie werden gewartet haben, das schon. Wo auf der Welt gäbe es eine Familie, die nicht in aufgeregter Vorfreude der Geburt eines neuen kleinen Menschen entgegenfieberte.

Paris aber tat gestern so, als ob es ein Tag wie jeder andere wäre. Auch an den Tagen davor keine Anzeichen, dass es bald *Habemus Baby Bruny* heißen würde. Donald Sutherland sah man im Olympia bei einem grandiosen Konzert von Charles Aznavour. Den Dichter Peter Handke sah man im Café de Flore. Der Eiffelturm sah aus wie immer, schön wie bei Woody Allen.

Die Welt wartet auf Baby Bruni? Das ist vielleicht übertrieben. Aber die Medienwelt, die jagt dem Familienereignis hinterher, als wäre es die erste Geburt der Welt. Schön, wenn Mama Carla Bruni es schafft, die Medienwelt auszutricksen. Mon Dieu! Stell dir vor, Baby Bruni ist schon da, und du weißt es nicht.

*10. Oktober 2011*

## Stell dir vor, man kennt dich nicht

Zufällig gehört von dieser kleinen Geschichte? Diese deutsche Wirtin, die grad alle vier Hände voll zu tun hatte und keinen Tisch und keinen Teller mehr frei hatte für dieses nette Ehepaar. Sie hat die beiden in die nächstbeste Pizzeria geschickt. Sie hat das schwedische Königspaar *nicht* bewirtet!

Carl Gustaf & Silvia. Müssen übrigens recht kommode Leute sein. Wenn die wie Hinz & Kunz einfach auf einen Braten oder so was gehen. Haben auch keinen Tanz gemacht, als man kein Tischlein für sie hatte.

Die Wirtin ist dann für ein paar Tage ziemlich berühmt geworden. Familie Schwedenkönig abweisen! Und das Allerbeste: Die Frau hat die beiden Royals nicht einmal erkannt.

Man fragte die gute Frau, wie es denn so was geben könne. Alter Schwede! Berühmteste Leut! Also, sagte die Wirtin: Sie habe nicht die Zeit, dauernd Illustrierte zu lesen. Sie rennt sich die Haxen ab von früh bis spät, und dann braucht sie keine Glamour-Hefte und keine RTL-Promi-Dokus mehr zum Einschlafen.

Die »Bild«-Zeitung war sehr gerührt. Franz Josef Wagner schrieb dort fast unter Tränen von dieser rechtschaffenen Frau, die nix mit Promis am Hut hat und einfach nur ihr eigenes Leben arbeitet und lebt. Ja, es ist wirklich rührend.

Und ich glaube, es ist kein Einzelfall. So viele Menschen, denen der ganze Society-Quatsch aber so was von nicht wehtut. Weil sie ihn nicht einmal registrieren.

Ich bin sicher, dass es in Österreich ganz viele Leute gibt, die keine Ahnung haben, wer Katrin Lampe ist oder Mike Galeli oder Missy May. Das macht auch gar nichts aus. Außer vielleicht den Genannten. Stell dir vor, du bist ein Promi, und man erkennt dich nicht. Brutal.

*24. April 2011*

# Baby-Face Berlusconi

Berlusconi von Italien hat sich ein neues Gesicht machen lassen. Ein offizielles Geständnis des Regierungschefs liegt nicht vor, aber die Bilder sprechen für sich. Vorher: Stirnrunzeln und Augenringe wie ein Siebenschläfer und ein Hals, an dem man die Jahresringe zählen konnte. Nachher: wie frisch gebügelt, poliert und imprägniert. Allerdings ist ein Augenlid offenbar ein wenig verrutscht. Wenn man genau schaut.

Ja, es erwischt immer mehr Männer mit dem Schönheitswahn. Gar nicht lange her, da waren sie noch stolz auf ihre Furchen auf der Stirn (Weisheit), trugen ihre Hamster-Hängebacken mit Grandezza, trauten sich mit jeder Wampe an den Strand (Churchill). Ein richtiger Mann ist echt und ehrlich, sagten die Männer.

Zuerst hat es die Fernsehmoderatoren erwischt. Wie Pin-up-Boys mussten die plötzlich aussehen. Lieber ein bisschen blöder und dafür ein bisschen schöner, das ist längst Casting-Kriterium. Man könnte jetzt Beispiele nennen, auch aus dem ORF, aber muss man so gemein sein?

Dann haben es die Politiker kapiert. Was das für Zeiten sind: einen Holler reden oder nicht, Hauptsache: telegen. Wenn einer heute nicht einigermaßen etwas gleichschaut oder wenigstens einen genialen Styling-Berater hat, braucht er bei keiner Wahl antreten. Fernsehprodukt Politiker. Und wie an denen herumgedoktert wird.

Eine erschütternde Fernsehdokumentation habe ich unlängst gesehen. Männer aus der Wirtschaft, die ihr Elend klagten. Leumund und Ausbildung genügen nicht mehr. Konzerne casten ihre Spitzenkandidaten auch nach Chic und Schönheit. Manche müssen unters Messer. Manche nur zur Runderneuerung in den Beauty-Salon.

Arme Püppchen, diese Männer. Früher hat man gesagt, das Schlimmste, was einem Mann passieren kann, sei, das Gesicht zu verlieren. Jetzt lassen sie sich vom Poker- zum Baby-Face umbauen. Dafür geht übrigens, das find ich gut, bei Frauen der Trend zum wahren Gesicht.

*25. Jänner 2004*

# Ein ekelhaftes Spektakel

Nun ist das Gericht seine Bühne: Michael Jackson kämpft um seine Freiheit. Noch schnell in ein gigantisches Hollywood-Schloss gezogen, bald hinter Schloss und Riegel vermutlich. Und alles, alles eine große, erbärmliche Show. Erste Interviews mit möglichen zukünftigen Zellengenossen: Sie werden ihn quälen und vielleicht auch totmachen. Gekaufte Knastis, um Mitleid für den Popstar zu schüren? Welches Gericht lässt solche Interviews überhaupt zu? Hunderte Fans am Schauplatz der Verhandlung. Von Michael Jackson gekauft, melden amerikanische Sender. Die Welt und die Richter sollen dem »unschuldigen Pop-Knaben« kein Leid antun und keine Strafe.

Ein Bub, der nun gegen Michael Jackson alle Details aussagen soll. Alle Details, wie er von Michael Jackson missbraucht worden sei. Erste Details sind bereits der Öffentlichkeit bekannt gegeben worden.

Potenzielle und tatsächliche Kinderschänder werden entzückt sein von der Sache. Und die anderen, das sogenannte angeekelte Publikum, das so viel Abscheu hat vor Kindesmissbrauch, kann sich in allen Details ekeln. Auch eine Art von Kick.

Wenn es denn wahr ist, und offenbar deutet vieles dahin, dass der Popstar Michael Jackson ein Kinderschänder ist, dann soll er seine Strafe kriegen, und vor allem sollen Kinder für immer von ihm ferngehalten werden. Krank ist der Kindmann sowieso, erbarmungswürdig samt Ruhm und Geld.

Und all der Rummel, der jetzt anrollt, der ist unanständig. Grausiges Spektakel, das die Perspektiven verzerrt. Ich will keine intimen Details aus Jacksons Kindersex-Keller wissen. Ich werde mich bemühen, alle Geschichten dazu zu überblättern und ihnen im Fernsehen davonzuzappen. Ja, das will ich. Ob das gelingt? Sensationslust, auch eine Krankheit.

*17. Jänner 2004*

## Das Kind aus der Besenkammer

Nun auch das Leben von Boris Becker zwischen zwei Buchdeckeln. Immerhin ein großer Tennisheld. Ein Mann, der was erlebt hat und der was zu sagen hat. Wimbledon-Sieger mit siebzehn. Aber darum geht's ja gar nicht. Wie soll sich das Buch verkaufen, nur mit Sport. Sex. Sex. Sex. Wir haben andere Sorgen als meine Sex-Geschichten, sagte Boris Becker in einem Interview. Aber Thema Nummer eins ist trotzdem: Boris und die Frauen. Warum ein Mann nicht für die Treue geboren ist. Wie das mit seiner Frau Barbara schiefging. Und das Allerwichtigste: die Besenkammer-Geschichte. Sex in der Besenkammer eines Londoner Establishments, oder war es die Wäschekammer, jedenfalls hatte Boris neun Monate später ein drittes Kind.

Es war der Jagdtrieb, der einem Mann einfach so innewohnt. Er war schlecht drauf, er hatte Streit mit seiner Frau, die war mit Wehen im Krankenhaus, da musste der Jäger einfach noch um die Häuser ziehen. Fünf Minuten hat es gedauert, die ganze Geschichte, aus der dann das dritte Kind wurde.

Eines Tages, das wünscht sich Boris, sollen alle Kinder gemeinsam um den Christbaum sitzen. Die Kinder aus der Ehe, das Kind aus der Besenkammer und eventuelle weitere Kinder. Fünf Minuten hat es nur gedauert. Boris sorgt toll für das Kind. Genauso gut wie für die Kinder aus der Ehe.

Das Buch musste einfach geschrieben werden. Boris tut das nicht wegen Geld und nicht wegen Ruhm. Er hat das Buch für die Kinder geschrieben. Die sollen die ganze Wahrheit über ihren Vater kennen. Die sollen ihn verstehen.

Wie war das genau in der Besenkammer? Die Kinder sollen es wissen. Und alle anderen Leute auch. Bis ins Detail.

Schau, das Boris-Kind aus der Besenkammer! Er ist bestimmt ein toller Vater. Und reich ist er auch. Trotzdem, wer möchte schon das Boris-Kind aus der Besenkammer sein? Wenn alle Leute mit dem Finger auf dich zeigen.

*4. November 2003*

# Das war sehr uncool, Arnie!

Ja sicher. Er ist unser Held, größte steirische Eiche aller Zeiten. Terminator, Gouvernator, eigenes Heimatmuseum zu Lebzeiten. Alles bestens. Aber. Bitte. Dieses T-Shirt. Mein Gott, Arnie. Musste das sein. Ich überlebte Maria, steht auf diesem T-Shirt. So weit, so witzig. Angeblich ein Geschenk aus Zeiten, die noch lustiger waren. Party-Gag zum Abschied aus der Gouverneurs-Ära. Ich überlebte Maria! (*I survived Maria!* Was ist dagegen das höchste politische Amt im Schuldenland Kalifornien. So war der Gag damals wohl gemeint.)

Jetzt ist Schwarzenegger wieder mit diesem T-Shirt unterwegs. Ganz sicher nicht, um *nicht* fotografiert zu werden. Ich überlebte Maria! Dazu die Jahreszahlen einer langen Liebe. Ätsch, Maria. Die Amerikaner, denen nichts über eine Kennedy kommt, fanden es nicht lustig. Als PR-Gag ist die Sache, wenn man das milieukonform so ausdrücken darf, ein Rohrkrepierer. Aber wenn es nur das wäre!

Maria, nicht aus weichem Holz geschnitzt, wird es verkraften. Arnies Eigentor nützt ihr nur. Aber. Bitte. Arnie. Die Kinder. Die haben es, wie alle Scheidungskinder, schwer genug.

Promi-Kinder haben es noch viel schwerer. Muss einer dann unbedingt noch die Mutter seiner Kinder mit so einem seltsamen Gag desavouieren? Arnie, Maria ist die Frau, zu der Sie glückstrunken ans Wochenbett gekrochen sind. Weil sie Ihnen ein Kind schenkte und noch eins und noch eins und noch eins.

Maria ist der Mensch, den Ihre Kinder lieben wie niemanden sonst. Man beleidigt seine eigenen Kinder, wenn man so tiefe Gags mit deren Mutter macht. Kann ich mir nicht vorstellen, dass Arnie das wollte.

Vielleicht ist eine Entschuldigung fällig? Nicht bei Amerika, und bei Österreich schon gar nicht. Nicht einmal bei Maria. Nur bei den eigenen Kindern.

*12. August 2011*

## Einsam und zerrissen auf höchstem Niveau

Die Trennung werde unter Schmerzen vollzogen, aber es müsste sein. Paul McCartney ließ das Ende seiner kurzen Ehe vermelden, und jetzt will man natürlich überall wissen oder wenigstens spekulieren: ja, wieso das denn?

Es sind schon etliche Scheidungsgründe im Umlauf, so was geht ja praktisch wie von selber. Der arme alte Beatle habe die Wutausbrüche und Meckereien seiner Frau Heather nicht mehr ausgehalten, zum Beispiel. Die Frau sei sowieso nur auf Geld und Ruhm aus gewesen, und überhaupt habe man immer schon gewusst, dass das nicht gut gehen kann.

Vor wenigen Wochen haben sich die beiden noch so lieb um die armen Robben gekümmert. Fotos, die um die Welt gingen: Sir Paul mit seiner Frau im Kampf gegen das Robben-Schlachten. Hat auch nichts mehr genützt, jedenfalls nicht der Ehe.

Interessant klingt die Vermutung, die berühmte Ehe könnte ganz schlicht an einer ganz gewöhnlichen Krankheit zugrunde gegangen sein: dem Alltag. Der Alltag frisst ja so vielen Menschen das Glück auf, dieser ewige Trott, gern kombiniert mit schweren Existenzsorgen. Schützen denn nicht einmal mehr ein Milliardenvermögen, ein globales Jetset-Dasein und die permanente Verfügbarkeit von ausreichend Personal vor den Tücken des Alltagstrottes? Das Leben kann schon auch auf höchster Ebene sehr jammervoll sein.

Ein Jammer, der auch dem Kind der beiden nicht erspart bleibt. Beatrice, zwei Jahre alt, die das Glück hätte krönen sollen. An was für eine Kindheit wird sich die jüngste Beatles-Tochter einmal erinnern? Dass sie noch zu klein war, um die kurze Familienzeit und die frühe Trennung der Eltern richtig mitzukriegen. Dass sie in einem fetten Auto vom Chauffeur zwischen Mama und Papa hin- und hergeführt wurde. Einsam und zerrissen, aber auf höchstem Niveau.

*19. Mai 2006*

## Das ist Weltkulturerbe, die Stones

Die einen sagen, das war das beste Stones-Konzert aller Zeiten. Vielleicht auch das letzte, was weiß man, wenn Keith Richards so ein Problembär ist (die Leiter, die Palme). Jung bleiben mit den Rolling Stones. Die Frau, die schon in den sechziger Jahren dabei war, muss selber schon über sechzig sein, das Mädchen, und schaut so jung aus. Eingeblendet in der »Zeit im Bild«. Stones-Fans sehen im Schnitt zehn Jahre frischer aus als Beatles-Fans. Die junge Frau von damals; ihre Enkelkinder sind schon so groß, dass sie keinen Babysitter mehr brauchen. It's only Rock 'n' Roll, was sie so frisch hält.

Das ist Weltkulturerbe, die Stones, und ich war wieder nicht dabei. Nur die paar Ausschnitte im Fernsehen gesehen und die Kritiken gelesen. Jemand hat geschrieben, dass Keith Richards nicht mehr so tut, als ob er fertig wäre, sondern wirklich fertig sei. Eine Gemeinheit, die ich nicht bereit bin zu glauben.

Ist eh nicht wahr, tröstet die Freundin, die sich um 140 Euro noch last minute ein Ticket kaufte. Es war der Wahnsinn, sagt sie, und du hättest dich auch hinschleppen müssen, egal, in welcher Verfassung. Oder wenigstens vor dem Hotel auf einen Blick und ein Autogramm lauern. Einmal Keith aus der Nähe sehen, solange es ihn noch gibt.

Na ja, war halt nicht, und fort sind sie wieder, die Stones. Es ist mir eh lieber, nicht dabei gewesen zu sein. Und wenn ich ein Ticket zwei Meter neben Keith Richards gehabt hätte: Nichts gibt dir das Feeling zurück, das du mit siebzehn hattest, als das erste Mal »As Tears Go By« kam. Nichts gibt dir das zurück, nicht einmal die Stones selber.

*16. Juli 2006*

## Der Prinz hat einen Frosch geküsst

Das ist eine kleine Liebeserklärung an Camilla, die, wie es selbst in Rom die Spatzen von den Dächern pfeifen, mit Prinz Charles den pannenreichen Hürdenlauf an den Altar geschafft hat.

Ob sie jetzt Königin wird oder nicht, ob sie in Kronjuwelen badet, es kratzt eine herzhafte Republikanerin nicht. Päpstlicher als der Papst zu sein steht auch keinem zu. Allenfalls wird Gott wissen, ob diese Hochzeit in Ordnung geht oder nicht.

Nur eine Liebeserklärung an Camilla. An eine Königin, vielleicht nicht der Herzen, der optischen Revolution. Was hat sich die Frau alles anhören müssen über ihr Aussehen.»Rottweiler« war noch das Schönste. Wäre sie geschnitten wie die bizarre Witwe Gsell, es hätte ihr nicht mehr Häme und Spott bringen können.

Ja, Camilla hat Falten. Sie geht gegen 60, das sieht man. In grober Kluft kommt sie daher, eher wie Robin Hood als wie ein Püppchen. An ihrem Hals schauen schöne Klunker anders aus als an Heidi Klum. Und außer Camilla kenne ich sonst nur noch eine, die sich mit Haaren wie ein nasser Besen unter die Leute traut. Mich.

Camilla ist erwiesenermaßen keine Beauty im Jargon der Modehefte und des Jugendwahns. Wie die meisten anderen Frauen auch. Das unglaublich Schöne an ihr: Es ist ihr so wurscht. Der Prinz hat einen tollen Frosch geküsst. Selbstbewusstsein geht vor Schönheit. Prinzessin auf der Erbse ist Camilla keine.

Robust, diskret, hartnäckig, humorvoll. Was für ein Glück, dass blond, glatt, puppig nicht mehr allein die Welt bedeuten. Danke, Camilla, von allen, die für ein Pin-up ein paar Zentimeter zu viel oder zu wenig haben.

*10. April 2005*

## Wie lang hält das Kind das noch aus?

Was die Mutter manchmal so daherredet. Über Sex, über Society, über Sauereien aller Art. Unsagbar. Und der Vater, wenn er witzig sein will, was ihm alles über die Lippen rinnt. Sie küssen sich, sie streiten, es wird die Polizei geholt. Im Kaufrausch, im Weindusel, im Stress, im Bett, im Schreiduell. Die Szenen werden immer schlimmer. Meistens ist das Fernsehen dabei oder ein Reporter, der mitschreibt.

Wie fühlt sich das Kind, wenn es am nächsten Tag in die Schule muss? Haben die anderen Kinder die schrecklichen Szenen gesehen? Hat man in den Familien der anderen Kinder gelesen und gehört, was wieder passiert ist? Die Polizei war da. Die Mutter habe mit einem Messer herumgefuchtelt. Der Vater habe die Mutter des Hauses verweisen lassen. Wie einen tobsüchtigen Ehemann, nur dass es eben eine Ehefrau sei.

Vielleicht kommt es wieder zu Versöhnungsspielen. Der Vater greift der Mutter an die Wäsche, Kamera läuft. Er sagt, dass sie eigentlich eh keinen Sex mehr haben, sie ist schon wieder sauer. Kamera läuft.

Haben die anderen Kinder das gesehen im Fernsehen? Die schrecklich schrille, lustige Mutter, die es schrecklich lustig findet, ein paar Sätze abzusondern darüber, wie der Stand der Dinge sei im Ehekrieg und ob ihr andere Männer noch nachlaufen oder nicht. Haben die anderen Kinder das gehört im Fernsehen, dass der Gesellschaftsreporter klagt, in dieser Geschichte könne man gar nicht aktuell berichten, weil man nicht wisse, ob der Punktestand der Auseinandersetzung noch stimmt, eine Stunde nach dem Interview?

Das blasse, stille Kind muss in die Schule. Ist es wahr, dass deine Mama deinem Papa mit dem Messer nachgelaufen ist? Ist es wahr, dass deine Mama beim Opernball keinen Slip anhatte? Ist es wahr, dass dein Papa Unsinn lallte? Armes Lugner-Kind. Wie lange muss Jacqueline diesen würdelosen Zirkus noch aushalten?

*17. Juni 2005*

# Täglich frisch gepresst an der Medien-Theke

Diese Nachricht gehörte gestern/vorgestern zu den wichtigsten überhaupt, und die Nachricht wird lange frisch bleiben und für ganz viele kleine und große Schlagzeilen sorgen. In Deutschland jedenfalls, und nach Österreich schwappen solche Good News auch mehr und mehr herüber. Ein Phänomen, flächendeckend. Die schöne gute Nachricht kam auf einer rosaroten Wolke daher (oder himmelblau, beides schön). Die gute Nachricht dröhnte: Der Fußballer Rafael van der Vaart und seine neue Freundin Sabia bekommen ein Kind. Große Freude! Das ging aber schnell, sagten die Leute und hatten herrlichen Gesprächsstoff.

Die Nachricht ist nicht nur ein Gerücht. Offiziell bestätigt vom werdenden Vater, von Sylvie van der Vaart liegen bereits offizielle Glückwünsche vor. Ja, da tut sich was. Eine Liebesgeschichte mit spannenden Nebenschauplätzen, alles in Echtzeit, alles in Echt-Bussi, jeden Morgen die frisch gepresste Meldung dazu. Das mit der Lovestory in Echtzeit und mit den quellfrischen Nachrichten dazu ist vielleicht neu.

Sonst ist die schöne Story mit all dem großen Herzfaktor aber von reicher, großer Tradition: Erinnert sich noch jemand an die wunderbaren Jahre der Schnellschuss-Romane? Liebe, Zoff und Happy End in allen Gesellschafts- und Romantik-Klassen? Tausend Geschichten, von denen sich Frauen immer wünschten, das Leben hätte sie geschrieben.

Schad. Mit so naivem schönem Schmarren gibt sich heute kein Publikum mehr zufrieden. Die Baby-Kugel, alles muss echt sein. Und wir müssen nach den Eltern die Ersten sein, die wissen, dass sie ein Kind bekommen. Und die Ersten, die bei Zoff, Zores oder Zuckerschlecken dabei sind. Herzlichen Glückwunsch an die van der Vaarts.

Muss ein seltsames Gefühl sein, wenn alles, was du hast, immer gleich allen gehört. In Echtzeit. Täglich frisch gepresst an der News-Theke der Medien.

*24. Oktober 2013*

## Jetzt hat der Maier drei Mädchen im Haus

Da ist nicht viel herumtheatert worden, und jetzt sind sie einfach da, die Kinder. Keine rosaroten Homestorys, keine Befindlichkeitsgeschichten. Ja, so geht es auch: Ein ganz berühmter Mensch bekommt Nachwuchs und lässt es Privatsache sein. Hermann Maier, der Mann, der die Grenzen beim Ski-Tempo überschritten hat, aber niemals beim guten Geschmack. Immer einen guten Schmäh auf den Lippen, aber nichts, was andere Leute nichts angeht.

Jetzt muss man sich trotzdem ein bisschen freuen dürfen mit Papa Hermann und Mama Carina Schneller. Glück im Doppelpack mit zwei kleinen Mädchen. Alles gesund & munter. Plötzlich drei Frauen im Haus, da kommt noch was zu auf den Herminator, das er bisher nicht kannte.

Gestern der erste Sonntag im neuen großen Glück. Zwei Handvoll Leben, die einen starken Mann batzweich machen. Den Atem eines Babys spüren und wie ganz, ganz kleine Finger sich in große Pratzen krallen. Die Frau, die du liebst, ist endlich die Mutter deiner Kinder. Ab jetzt wird jeder Tag so beginnen und enden: Wie geht es meinen Kleinen? Ein Leben lang. Auch wenn sie dann schon groß sind und dem Daddy Hermann um die Ohren fahren. Mit den Skiern, mit dem Schmäh, mit dem Charme.

Das sind Geschichten und Gefühle, die allen Kindern und allen Eltern ganz allein gehören. So schad, dass so viele Promis, eh meistens die Pseudo-Promis, dieses Glück auf Klatschseiten verramschen. Super, dass es Leute wie den Hermann Maier gibt, der seine Mädels zu schützen weiß. Aber irgendwann möchten wir dann doch einen kleinen Blick auf das Glück werfen, nur ganz kurz, okay? Und wie die zwei kleinen Maier-Mädchen wohl heißen? Ach, diese Neugier immer. Herzlichen Glückwunsch auf jeden Fall!

*2. September 2013*

## Endlich nur noch der *Gusi* sein

Glückliche Menschen sehen anders aus als der Kanzler derzeit. Müde Haut und müde Augen, die Erschöpfung eines Menschen, der alles gegeben hat, aber nicht behalten konnte. Die Müdigkeit der Sieger ist eine andere.

Jetzt noch lächeln müssen, muss hart sein. Jetzt noch Hände schütteln müssen und allerlei Gesudere und Falschheit ertragen. Kalten Schweiß abwischen und wegtreten.

Wann ist ein Held ein Held? Vielleicht wenn er ein guter Verlierer ist. Besonders in einem Milieu, in dem das Wort Verlierer abgeschafft wurde vor lauter Gier und Eitelkeit. Stell dir vor, ein Politiker bekennt seine Fehler und Schwächen und Irrtümer und Ängste. Dann kann er gleich einpacken. Oder sie.

Die Geschichte mit dem Sandkasten wird man jetzt noch etliche Male hören. Haha, hihi, der Sandkasten-Kanzler wurde abgetreten. Nicht leicht, wenn die Spötter Spalier stehen beim Abgang. Die Gelegenheit, dies beim Kanzlerfest zu tun, hat Gusi vielen schrecklich guten Freunden durch die Absage allerdings genommen.

Und was kommt jetzt? Es könnte ein gutes Leben werden. Nie mehr Angst haben müssen, dass schon der nächste Satz einen Salto in den Fettnapf bedeuten kann. Kein ungesundes Leben mehr mit Jo-Jo-Spielen auf der Waage und der Frage, welche Jogginghose angebracht ist.

Feiern & smilen nur noch dort und dann, wenn es echte Empfindung ist. Weinbeißer sein und nicht an jedem Nebentisch die Wadlbeißer fürchten zu müssen. Die Lebensgefährtin in den Arm nehmen, ohne dass gleich am nächsten Tag eine Körpersprachen-Analyse eine Trennung unkt. Und was für schöne Aussichten für die Tochter: Sie kann wieder Teenager sein ohne schamlose Paparazzi-Eskorte. Eigentlich muss es wunderbar sein, nicht mehr Kanzler, sondern nur noch *Gusi* zu sein.

*9. Juli 2008*

# Madonna wird niemals alt und fett

Die Beweise sind erdrückend. Gift für das Selbstbewusstsein. Schaut euch Madonna an: ein Waschbrettbauch wie Dagmar Koller (doch, die hat wirklich einen). Die kritischen Zonen rund um das Knie: wie von Michelangelo gemeißelt. Oberärmchen von einem Skispringer. So zart. So sehnig. Die Beweise sind erdrückend. Für alle, die so alt sind wie Madonna, aber nicht so aussehen wie Madonna. Altern? Gibt's nicht. Und so soll es auch bleiben. Sagt Madonna. Sie habe sich geschworen, niemals alt und fett zu werden. Never ever. Eh leicht, so ein Schwur. Aber ob das hilft?

Madonna hat das Rezept. Nie, nie will sie ihren hektischen Lebensstil aufgeben. Der Terminkalender soll aus allen Nähten platzen. Spagat und ein Schälchen Tee zum Frühstück. Nur keine Langsamkeit aufkommen lassen. Auch nicht in vierzig Jahren. Knallhart sein zu sich selber. Zu den anderen sowieso.

Während ich die Zeit vergeude, das zu lesen, hat Madonna bestimmt schon wieder zwei Dates und drei Klimmzüge hinter sich gebracht. Meine Güte, könnte man sich mickrig fühlen, wenn man die Frau anschaut. Und erst der Charakter.

Niemals alt und fett werden. Was für ein Programm. Keiner Müdigkeit nachgeben und keinem Verfallsprozess. Ewige Jugend durch Selbstdisziplin. Wenn nur keine Krankheit oder sonst was dazwischen kommt. Ansonsten ist Madonna unsterblich.

So könnte man sich auch die Hölle vorstellen. Jung sein bis in alle Ewigkeit. In hundert Jahren noch genauso herumhüpfen wie heute. Keine milde Alterssicht gegenüber dem eigenen Ehrgeiz. Niemals würde sie einfach nur zu Hause herumsitzen, sagt Madonna. Die armen Kinder. Mama als Horror-Girl, wenn die Kinder schon längst am Stöckchen gehen.

*8. April 2008*

# Leute, er hat Parkinson

Manchmal hat so ein halb-freiwilliges Promi-Outing auch sein Gutes. Ottfried Fischer und die Parkinson-Erkrankung. Was macht der für ein fades Gesicht, sagten die Leute. Strengt sich der Dicke überhaupt noch an beim Spielen?

Aha, es war also nicht das angespeiste Gesicht eines übersatten Schauspielers. Es war Parkinson. Bevor noch mehr Paparazzi die manchmal entglittenen Züge zur Schau stellen konnten, den teilnahmslosen Blick (»Ist der vielleicht ang'soffen?«), bevor die Hatz zu arg wurde, hat *der Dicke* die Flucht nach vorne angetreten: Leute, ich habe Parkinson. Damit ihr's wisst und damit eine Ruh ist.

Ach, der Ärmste. Noch einmal die »erschütternden Bilder«, diesmal in einer picksüßen Mitleidskruste. Nun statt der Häme große Sorgen um den »großen Schauspieler«, was noch hämischer ist. Wenn einer Parkinson hat oder sonst eine gemeine Krankheit, dann braucht er öffentlichen Schwanengesang so dringend wie einen Kropf.

Ja, die Leute sind jetzt so mitfühlend und wahnsinnig liebevoll. Kaum einer traut sich zu fragen, wie es Otti, dem alten Haus, denn so geht. Wahnsinnig lieb gemeint, die rücksichtsvolle Scheu der Mitmenschen.

Ottfried Fischer hat nun beschlossen, den Leuten diese Scheu zu nehmen. Eine Übung in unbefangenem Umgang mit Krankheit, Gebrechen oder anderen Lebenskatastrophen. Schau, ich habe Parkinson. Damit kann man leben. Darüber kann man reden.

Und einiges lernen für den Alltag. Der Mann da gegenüber in der U-Bahn, mit dem Verband um den halben Kopf, der will nicht, dass jemand vor ihm den Blick senkt wie vor einem Ungeheuer. Und die Kollegin mit der schwierigen Krankheit ist keine Aussätzige. Aber sie fühlt sich vielleicht so. Vor lauter falschem Mitleid.

*18. März 2008*

# Das Drama um Armin Assinger

So was passiert ja tagtäglich. Irgendwelche blöden Gänse (Entschuldigung, liebes Federvieh) schnattern sich den Frust von den schmalen Lippen. Tüchtig reinhacken auf andere, dann fühlt sich so eine blöde Gans gleich viel besser. Tabufreie Zone, denn wer ein Hirn wie abgebranntes Stroh hat, muss sich auch um ethische Fragen nicht kümmern.

Neuerdings nennt sich so was auch *Fernseh-Format*. Die Drecksarbeit macht in diesem Fall das Lugner-Mausi für einen Privatsender. Wo auch nur eine einzige Kamera wackelt, sind Co-Gänse schnell gefunden. Tief wie das Niveau blieb die Quote, als Miss Schnatterton und ihre Runde über Armin Assinger und eine angebliche Geliebte herfielen. Eine Hyäne muss ein liebes Haustier sein im Vergleich zu diesen Weibern. Mit »Stoff« beliefert wurden sie von einem armseligen Paparazzo-Schweinderl.

Armin Assinger, seine Frau und seine Kinder haben die dreckige Geschichte einigermaßen gut überstanden. Die angebliche Geliebte, genüsslich zum Gespött gemacht, nicht. Die Frau liegt nach einem Selbstmordversuch im Krankenhaus.

In einer Presseaussendung nimmt Armin Assinger mit dürren Worten Stellung zu dem Drama. Von den Schnattergänsen liegt mir keine Kundgebung vor, und wenn, dann wäre sie im Mistkübel gelandet. Möglicherweise erregt es die Schnattergänse im Stillen, so viel Aufsehen erregt zu haben mit einem Bassena-Tratsch, der sich Sendung nennt.

Die Debatte um die Grenzen von Rufmord, Bedrohung der Privatsphäre und den Folgen für die Gesundheit von Opfern hat eine neue Dimension erreicht. Die gedemütigte Frau liegt, falls es die Schnattergänse noch nicht realisiert haben, nach einem Selbstmordversuch im Krankenhaus. Der quotengeile kleine Privatsender wirbt inzwischen mit Natascha Kampusch als neuer »Talkqueen«. Vielleicht überprüft diese noch einmal, wie gut ihre ethischen Ansprüche bei diesem Sender bedient werden.

*15. März 2008*

## Bis der letzte Gast aus dem Bild tanzt

Ist das nicht zu hundertzwanzig Prozent unwichtig? Wer wem die Schau stehlen will oder wird und welche Gästin welches Kleid auf dem Leib hat? Ob und wenn ja wie sehr die Debütanten aufgeregt sind und welcher Tänzer ein Problembär ist, weil er dauernd den Damen auf die hauchdünnen Satin-Schühchen trampelt? (Aua!)

Muss man wirklich wissen, was ein Paar Würstel kostet auf dem Opernball und wie die Familie da in der Loge ganz hinten heißt und wen die eingeladen haben? Was soll denn bitte interessant daran sein, dass einer einen Orden trägt und ein anderer ein ganzes Tablett voll und ein dritter den nackten Frack zeigen muss, weil er noch immer keinen Orden hat?

Und dann noch der ganze Abendtäschchen-Wahnsinn und die Debatten darüber, ob man eine Uhr tragen darf oder warum nicht. Und die Meldungsüberschwemmungen von der Mörtel-Front wegen seiner bezahlten und unbezahlten Eskort-Damen. Und ob es Leute gibt, die einander großräumig ausweichen auf dem Opernball. Und Ehepaare, die nur so tun als ob, und sieben Logen weiter sitzt die Geliebte.

Und wer reicher ist und wer schöner ist – reicher als wer und schöner als wer eigentlich? Oder das ganze Palaver und die knallharten Interviews. (»Wie gefällt es Ihnen auf dem Opernball?« – »Großartig gefällt es mir auf dem Opernball!« – »Vielen Dank für das offene Gespräch und eine schöne Nacht noch!«)

Also bitte. Was soll daran interessant oder spannend oder wichtig sein? So wichtig, dass ganz Österreich im sogenannten Ballfieber ist, und es gibt keine Medizin, die das Fieber senken könnte. Warum nur, warum ist das so? Ich weiß es auch nicht. Ich weiß nur, dass ich morgen wieder vor dem Fernseher sitzen werde wie ein Christkind. Und ich werde nicht wegzappen, bis der letzte Gast aus dem Bild getanzt ist. Der Opernball, einfach wunderbar.

*30. Jänner 2008*

## Wuchtig und wichtig im Bild

Die weltlichen Würdenträger bei der Begrüßung des Papstes in Mariazell. Es schüttet, es ist beängstigend eng, und die Zeit ist knapp. Nur die Allerwichtigsten von den Wichtigen kommen dran, aber das sind natürlich so viele, dass es eine Drängerei gibt. Mindestens so wichtig wie die wichtigen Politiker sind die Papst-Beschützer, ihre Gesichter auf den leicht verwackelten Bildern mindestens so groß wie die Gesichter der hinlänglich bekannten Politiker. Schirmstangen und Schirmspitzen; wenn nur keiner keinem was hineinrammt, aus Versehen in der Drängerei.

Wuchtig sind die Politiker im Bild, viel wuchtiger als der Papst. Schmal und zart schaut er aus zwischen den wuchtig wichtigen Politikern. Die Politiker lächeln glücklich, aber nicht krampflos. Es ist dieses Lächeln, das eintritt, wenn Kameras dabei sind. Grüß Gott, Heiliger Vater. Und im Kopf tickt der Satz dazu: Jetzt schaut mir die ganze Welt zu, wie ich grad zum Papst Grüß Gott sag. Nur nicht krampfhaft lächeln!

Unterhalb der Gürtellinien der Politiker ist Bewegung. Im ersten Moment schaut's aus wie eine Bildstörung. Die Politiker schauen nicht hinunter auf das, was sich da zu ihren Füßen bewegt. Ihre Gesichter sind im Bild, in Großaufnahme, das ist doch die Hauptsache. Nur keine Ablenkung jetzt, in diesem historischen Augenblick, der einmal in den Geschichtsbüchern stehen wird. Oder wenigstens im Familienalbum.

Was wurlt denn da herum? Es sind Kinder. Ziemlich klein, mit ziemlich geschreckten Augen. Schauen aus, als würden sie gleich noch schmaler und kleiner gedrückt von den wuchtigen wichtigen Politikern.

Da beugt sich der Papst zu den Kindern. Ganz lange und ganz tief hinunter. Die Politiker stieren und lächeln noch immer geradeaus, als wäre da unten nur eine Bildstörung. Dann werden die Kinder endlich weggeräumt und in Sicherheit gebracht.

*9. September 2007*

## Total putzig, Naomi Campbell

Naomi Campbell, die berühmteste Putzfrau der Welt. Jeden Tag in einer fetten Limousine zum Arbeitsplatz. Der Laufsteg zur Putzhalle im Blitzlicht. Jeden Tag das Kommuniqué, was Naomi für Fetzen trägt, wenn sie arbeiten geht. Hab ich mir gar nicht gemerkt, was für coole Marken das sind, und ist mir eh wurscht. Kleine Sensationen, die die Seifenoper würzen: Wow, Naomi trägt ihre Arbeitsschuhe selber. Ganz lässig über der Schulter. Nicht einmal einen Butler hat sie zum Putzen mitgenommen. Ist alles um die Welt gegangen, weil es ist so aufregend. Naomi im Dienst: mit Mundschutz und Igittigitt-Handschuhen. So tapfer. Und das ganze Theater fünf Tage lang.

Die Geschichte ist nicht einem Agenten eingefallen, sondern einem Richter. Als Strafe, weil Naomi Campbell so gern ihr Personal haut. Wahrscheinlich auch ihre Putzfrauen. Ein echter Risiko-Job. Da fliegt einem schnell ein Handy oder eine Faust ins Gesicht. So schnell kann man gar nicht schauen.

Und jetzt ist sie bestimmt geheilt. Fünf Tage Putzen vor den Augen der faszinierten Weltöffentlichkeit und *nie mehr* böses Mädchen sein.

Was für ein schönes Märchen. Putzen als Strafe für die Super-Biene. Der dreckigste, härteste Job der Welt. Die größte Demütigung und der schlechteste Lohn. All die Putzfrauen, die das ganze Jahr schrubben und schauen, wie sie über die Runden kommen: Die sind jetzt bestimmt ganz stolz. Dass sogar Naomi das tun musste.

Wenn das nicht das Selbstbewusstsein hebt. Und die Gage. Für Naomi Campbell. Und warum hat überhaupt die ganze Welt zugeschaut? Wieso das Blitzlichtgewitter? Weil genug Leute blöd genug sind, das anzuschauen. Total putzig, die Putzfrau Naomi.

*25. März 2007*

# Promis, Promis, Promis. Hilfe!

Vielleicht kommt das von übermäßigem Zeitschriftenkonsum, berufsbedingt, sage ich als Ausrede, aber die Nebenwirkungen machen mir mehr und mehr zu schaffen. Das Promi-Getue hat epidemische Ausmaße angenommen, so viele Namen, so viele Ereignisse, die ich mir nie merken wollte und die den Kopf verkleben.

Sie schreien immer lauter. Irgendeine deutsche Fernseh-Funse hat ein unnötiges Buch geschrieben, wochenlang gibt sie keine Ruh in den umliegenden Blättern und Sendungen. »Starmania«-Gezeter, dass sogar schon die errechneten Zuschauer davonlaufen. Mein Gott, Arabella, wäre das schön: einmal irgendein heißes Heft aufschlagen und Sie wären *nicht* drin.

Meine Güte, bitt' schön, könnte man Paris Hilton und Kate Moss und Alfons Haider und Katrin Lampe und Rainhard Fendrich und so weiter einmal eine Zeit lang in Ruhe lassen, auch auf die Gefahr hin, dass der eine oder die andere beleidigt ist?

Und wenn es nur die Genannten wären! Es fliegen und laufen einem täglich neue Promis zu; kaum einmal durch ein Fernsehbild gelatscht oder als Nebenfigur durch den Schlamm einer Promi-Affäre gewatet, sind die Zudringler selber auch schon wieder *Promis*, das nimmt kein Ende. Ungehemmt perlt ihnen der größte Unsinn auf gelackte Zeitungsseiten, nicht ungern nehmen überschätzte Eintagsfliegen auch zu brisanten politischen, sozialen oder globalen Fragen Stellung. Wenn man schon einmal auf der Matte steht in den Redaktionen der Promi-Verwertungs-und Verwurstungsgesellschaft!

Nervt dich das auch so, das Theater um Barbara Karlich und Katrin Lampe und so weiter, frage ich meine Freundin, die mit der großen Bodenhaftung, während ich ihr beim Kochen zuschaue. Was? Wie? Wer sollen denn die Leute sein, fragt sie. Wunderbar. So weit möchte ich auch (wieder) kommen.

*22. Oktober 2006*

# Marcel Reich-Ranicki, der Papst der Poeten

Das »Literarische Quartett«, wie schön sind dort immer die Fetzen geflogen, ohne dass je einer dem anderen eine heruntergehaute. Lesen und streiten. Die Leidenschaft zur Sprache, die Liebe zu den Dichtern und Denkern und Literaten, und natürlich musste einer immer recht haben: Marcel Reich-Ranicki.

Marcel Reich-Ranicki, wie viele tausend Bücher der verschlungen haben muss in seinem Leben. Wie viele er zerriss – von ihm zerrissen zu werden war auch eine Art Liebeserklärung. (Und die perfekte Starthilfe in die Bestsellerlisten.) Reich-Ranicki, da war man sich einig, würde auf eine einsame Insel ein paar dicke Wälzer mitnehmen und die Jause, die Frauen oder den Regenschutz vergessen.

93 Jahre alt, ein Leben fast wie ein Jahrhundertroman. Überlebender aus dem KZ der Nazi-Mörder. Einer, der bis zum letzten Atemzug dieses Ziel und diese Kraft hatte: Wir dürfen niemals vergessen. Wir müssen wach bleiben, das Grauen nicht verdrängen. Wie vielen Menschen er die Augen geöffnet hat. Oder dafür sorgte, dass Augen nicht feige zugedrückt wurden.

Lesen, lesen, lesen. Die großen Geschichten, die den Menschen ausmachen – im Guten wie im Bösen. Immer, wenn Marcel Reich-Ranicki im Fernsehen so furios fuchtelte, fluchte oder zärtlich schnurrte im Liebesdienst für die Literatur, schämte ich mich. Man liest doch viel zu wenig! Und wie viel Blödsinn man liest!

Der Mann, der mit aller Leidenschaft für die Literatur schnaubte und kämpfte und fluchte, der große Liebende der Literatur ist tot. Was für ein trauriger, guter Grund, ein Buch in die Hand zu nehmen. Lesen, lesen, lesen, sagte der letzte Papst der Poeten. Streiten kann man nicht mehr mit ihm. Aber große Welten entdecken auf seinen Spuren.

*20. September 2013*

# 4 | Arm & Reich

*»Was für ein reiches Land wir sind. Und wie viele Menschen nichts davon haben.«*

## Vor lauter Reichtum geschlossen

So gern wäre ich einmal durch die Nobel-Messe *Luxury, please* geschlurft. Ich hatte viele Fotos und bewegte Bilder davon gesehen, und ich wollte einfach mehr. Ich wollte das einmal mit eigenen Augen gesehen haben. Die Eintrittskarte wär, so weit ich mich erinnern kann, nicht billig gewesen. *Mir* wär das den Preis wert gewesen.

Unsagbare Abscheulichkeiten. Dinge, die nicht nur kein Mensch braucht, sondern die auch dermaßen hässlich sind … Wie von den *Geissens* designt, dieser Fernsehprotzfamilie.

Luxus, Klasse, Stil, das kann schon einen ungeheuren Reiz haben. Designer, von einer Eleganz, als würden Coco Chanel und Josef Hoffmann noch leben. Also wenn ich zu viel Geld hätte, ich wüsste mir schon ein paar schöne Sachen.

Aber dafür hätte ich natürlich niemals die Messe *Luxury, please* gebraucht. Dort wäre ich nur hingegangen, um Dinge zu sehen, die in *echt* möglicherweise noch viel hässlicher sind als auf den Fotos. Bling, bling, glitter, glitter, Sachen für Leute, die an ihren Gürtelschnallen gern die Preisschilder hängen lassen. Die Leute sollen bitte wissen, wie viel Geld man für geschmacklosen Plunder ausgibt.

Schad, ewig schad. Das alles werd ich jetzt vielleicht nie, nie anschauen können. Nicht einmal im Internet finde ich die Bilder von der Messe für den Prolo-Reichen. Es schaut nämlich so aus, dass die Messebetreiber pleite sind. Stier. Nicht einmal für die Eröffnung eines Konkursverfahrens ist genug Kohle da.

Das tut mir jetzt aber sehr leid. Für mich und für alle, die dort noch gern ein paar Bauklötze gestaunt hätten. Als kleines Vergnügen bleibt die Schadenfreude. Vor lauter Reichtum geschlossen! Die Verantwortlichen nicht erreichbar. So ein Schamgefühl, plötzlich. Nach der schamlosen Show *Luxury, please*.

*7. September 2012*

## Die letzten Tage bei Dayli

Eine Filiale in Vorarlberg, oder was davon übrig blieb. Die einzig anwesende Kassierin und Verkäuferin zugleich zieht mit dem Besen die dritte, vierte Runde entlang der Regale. Dayli-Regale sehen derzeit aus wie die traurige Deko für einen Film, der im vormaligen Ostblock spielt. Reis, Ketchup, Damenbinden, Socken, Weichspüler, Vollkornbrot, ein bisschen was ist noch da.

Beste Innenstadtlage, viele Flanierer bleiben stehen. Untergang/Pleite/Elend schauen. Es ist sechs Uhr am Abend, Freitag, noch eine Stunde muss die einsame Dayli-Kraft offen halten.

Ich gehe in den Laden und leiste ihr ein wenig Gesellschaft. Was könnte ich brauchen? Papiertaschentücher, Waschpulver, Socken, irgendwas, das man immer brauchen kann. Könnte man um die Ecke im großen Supermarkt auch alles bekommen. In riesiger Wohlstandsauswahl.

Ja, leider, viel ist nicht mehr da, sagt die Verkäuferin. Mit großer Aufmerksamkeit ist sie behilflich, das Warenkörbchen zu füllen. Mitte vierzig wird die Frau sein. Keine verweinten Augen. Aber ein Blick, der die Wut zügeln muss. Wie lange wird das noch so dahingehen? Ein paar Tage noch, schätze ich, sagt die Frau.

Jetzt nur keinen Fehler machen und die Nerven behalten. Tadellosen Dienst versehen, pünktlich sein, fleißig kehren, ein paar Reisschachteln geraderücken. Damit *der da oben* nicht auch noch die Chance bekommt, einen fristlos zu feuern und einem die letzten Rechte zu nehmen. Geld? Derzeit leider nicht. Schätzungsweise im Oktober. Bis dahin, wird empfohlen, die Bank, den Vermieter, die Telefongesellschaft, den Stromlieferanten um Stundung der Lebenskosten zu bitten. Vielleicht auch im Mistkübel nach Essbarem suchen? Es ist eine solche Sauerei, wie Menschen an diesem Dayli-Drama zu leiden haben. *Der da oben* hat gerade eine Koffer-Million in bar vergeigt.

*7. Juli 2013*

## Krank werden musst du später

Wir sind ja so reich. Bitte nicht jammern. Wir gehören zu den reichsten Ländern der Erde, und da ist der Reichtum an Kultur und Schönheit und Tradition noch gar nicht mitgerechnet.

Es ist ein Paradies. Es ist praktisch unmöglich, dass es in diesem Land jemand schlecht geht. Bei all dem Reichtum! Es dürfte eigentlich nicht wahr sein, dass es in diesem Land arme Leute gibt. Das muss ein Irrtum sein, wenn das Land so reich ist.

Armut ist ein richtiger Schandfleck in diesem reichen Land. Dass es hier Leute gibt, die auf der Straße schlafen. Dass es hier Leute gibt, die ihre Kinder kaum durchbringen. Dass es hier alte Leute gibt, die ein Leben lang gearbeitet haben und sich nichts, wirklich nichts leisten können. Wie gibt's denn so was!

Ja, wo geht denn der ganze Reichtum hin in diesem Land? Lauter Löcher in allen Kassen, wie gibt's denn so was. Da muss jetzt aber gespart werden, und zwar tüchtig. Wo soll man anfangen zu sparen? Oben? Unten? In der Mitte?

Unten geht's am besten. Unten, das ist dort, wo die Leute sind, die eh wenig haben. Ja traut sich denn jemand eine solche Ungerechtigkeit und Gemeinheit auch nur zu sagen, geschweige denn durchzusetzen? Aber nein, aber nein. Alle Menschen sind gleich. Oben, unten, in der Mitte. Alle müssen sparen. Knallhart.

Knallharte Sparidee: zwanzig Prozent Selbstbehalt beim Arzt! Für alle! So schaut Gerechtigkeit aus! Natürlich gibt es auch Ausnahmen. Wer einfach überhaupt nichts hat, muss auch keinen Selbstbehalt zahlen. Kann er ja gar nicht, wenn er nichts hat.

Aber die, die gerade noch ein bisschen was haben, denen kann man das Letzte nehmen. Das Kind wird krank, ausgerechnet zum Monatsende, wenn die Kassa der alleinerziehenden Mutter schon fast leer ist. Kind, du musst warten. Geld für den Doktor haben wir erst nächste Woche. Was für ein reiches Land wir sind. Und wie viele Menschen nichts davon haben. Bald nicht einmal mehr den Onkel Doktor.

*16. Jänner 2003*

# Wie fertig diese Menschen sind

Man hamstert Gold, wenn man genug Kohle hat. Und was hamstert jemand, der sich kaum noch die nötigen Lebensmittel leisten kann, weil die Teuerung binnen kürzester Zeit wieder einen Känguru-Hupfer gegen zehn Prozent gemacht hat? Das wird jetzt langsam eng für mehr und mehr Menschen.

Was kostet ein Kilo Butter, und wie schaut es bei den grünen Bohnen aus? Käse, Schinken, Brot, Orangensaft?

Das muss jemand, der viel verdient, nicht so genau wissen. Die Menschen, die sich mit einem Mini-Budget jeden Monat bis zum nächsten Zahltag wurschteln müssen, die wissen, was die Dinge des Lebens kosten. Es macht ihnen Angst, das zu wissen.

Das ist eben wieder die Gemeinheit. Wenn ein Flug in die Südsee, ein Designer-Fummel oder eine Prada-Tasche im Preis steigen, dann ist das für jene, die sich das prinzipiell leisten können, nur ein spitzer kleiner Schrei beim Feierabend-Champagner. Für Menschen, die mit dem Budget einer einzigen Prada-Tasche eine Familie einen ganzen Monat lang durchbringen müssen, sind Preissprünge bei Lebensmitteln existenzgefährdend.

Und dann sollen die Leute auch noch gesund essen und ihre Kinder mit frischer regionaler Küche verwöhnen. Und dann sollen diese ausgelaugten Mütter und Väter mit ihren Kindern auch noch fröhliche Sportnachmittage und kulturell wertvolle Wochenenden verbringen. Schaut euch an, wie fertig diese Menschen sind. Und vergesst das Geschwafel von Bio-Küche und Bike-Tour.

Sehr viele Menschen, die das gute, gesunde Leben psychisch und physisch nicht mehr schaffen. Der Rest ist Pizza-Frust und billiger Fusel im Super-Sonderangebot.

Die einen bunkern Gold, die anderen sitzen in ihren düsteren Bunkern vor dem Fernseher. Für Pizza und Fernsehen reicht's immer noch. Man hat ja sonst nichts.

*21. Juli 2011*

## Was macht dein Vater? *Nichts*?

Das ist die namenlose Geschichte eines 50-jährigen Baufach-arbeiters aus Wien, der seinen Job verloren hat, vor einer ganzen Weile schon. Nicht mehr gebraucht worden, eine Umschulung, weiterhin nirgends gebraucht.

Seine finanzielle Situation ist nicht aufs Äußerste angespannt. Es gab ein paar »goldene Jahre«, sofern man in diesem harten Beruf von Gold reden kann. Die Frau hat meistens dazuverdient und tut das noch immer, die Wohnung ist schon abbezahlt, die Kinder gehen aufs Gymnasium. Notgroschen noch nicht aufge-braucht, Lebensstandard weitgehend aufrecht.

Jetzt nicht resignieren. Ich bin noch nicht zu alt, ich bin gesund, ich bin flexibel, ich werde einen Job finden. Ich bin einer von 370 000 Menschen, die keinen Job haben, sagt der Mann. Man muss am Ball bleiben, optimistisch bleiben, dann tut sich schon was. Nur nicht resignieren!

Ein idealer Kandidat für den Arbeitsmarkt in vieler Hinsicht. So sehen Arbeitslose aus, wenn sie auf Plakaten Werbung machen für das AMS: Alles ist möglich, und bald ist etwas fix. Du wirst schon einen Job finden, sagt die Frau, du bist tüchtig. Die Kinder sagen nicht viel. Es ist peinlich, wenn der Vater arbeitslos ist. Was macht dein Vater? *Nichts*?

Der Optimismus des Mannes hat schon viele dunkle, brüchige Stellen. Die kleinen Stiche und Demütigungen im Alltag. Wenn der Mann in die Trafik geht, Zeitung kaufen oder gar Zigaretten, gleich ums Eck, wo ihn jeder kennt: diese Blicke. Manchmal mit, manchmal ohne Worte: Dir muss es ja super gehen, den ganzen Tag Zeit und Geld genug zum Rauchen.

Wenn die Kinder neue Jacken bekommen, da sieht man's wie-der: Gut geht's den Leuten auf Staatskosten. Und ein Auto hat der Mann auch immer noch. Dem kann's ja gar nicht so schlecht gehen. Es geht mir immer schlechter, sagt der Mann. Weil man als Arbeitsloser behandelt wird, als wäre man menschlicher Abfall.

*3. März 2006*

# Unbehagen im Schlaraffenland

Genussvolles Blättern in Genuss-Anzeigen. Für Feinschmecker, für Menschen, die etwas verstehen von den leckeren Dingen des Lebens. Erntedank und all die Herrlichkeiten. Es geht wieder den herbstlichen Völlereien zu, Aufruf zur Schlachtpartie, zum Jägerschmaus, zur Weinverkostung.

Etwas niederschwelliger, aber auch lukullisch, das Angebot im Supermarkt. Delikatessen aus aller Welt. Für das Gleichgewicht der Luxusgesellschaft empfehlen sich Wellness-Tage in herrlichen Hotels (manche Wellness-Angebote sollen ein saftiger Nepp sein, aber das ist eine andere Geschichte). Wenn nichts mehr hilft, hilft Fettabsaugen.

Ein schöner Sonntag wird das wieder. Man gönnt sich ja sonst nichts, aber den Kühlschrank habe ich gut bestückt. So kurz vor der Zeit der Weihnachtsbäckereien möchte man es sich nicht schlecht gehen lassen.

Hoffentlich nicht wieder zu viel des Guten eingekauft. Für den Fall, dass ein Besuch kommen möchte. Für den Fall einer kleinen Heißhungerattacke. Schlechtes Gewissen im Voraus: Wenn nur nicht wieder nächste Woche aus Überfluss der Mistkübel bestückt werden muss mit abgelaufener Ware.

Schlechtes Gewissen, weil es einem zu gut geht. Armut in Österreich, in der »ZiB 3« war wieder so lang und ausführlich die Rede davon. Kinder in Armut. In Österreich.

Sechs Millionen Hungertote in diesem Jahr auf dieser Welt. Gott, geht es uns gut. Wenn nur jeder Mensch im Überfluss eine Scheibe abschneiden könnte für einen, der nichts hat. Es fühlt sich immer seltsamer an, im Schlaraffenland zu leben.

Sechs Millionen Tote. Still verhungert, verdurstet. Essen genug für die ganze Menschheit wäre da. Leider so ungünstig verteilt.

*16. Oktober 2005*

## Nur ein kleiner Stich

Armut tut weh, sagte Margit Fischer beim Opernball. So einen Satz sagt schnell jemand, wenn er damit nur ins Fernsehen kommt. Aber die Frau des Bundespräsidenten ist da sehr anders gestrickt. Wie man so was spürt, auch über den kalten Schirm, ob jemand Herzenswärme hat oder nicht.

Armut tut weh; in tausend Facetten und auf einer nach oben offenen Schmerztabelle. Sogar tödlich kann Armut sein, wenn zum Beispiel jemand in der Patienten-Klasse B nicht die Behandlungsmittel bekommt, die er als Klassen-Patient hätte. Aber so ein Tod ist dann nur inoffiziell ein Armutstod; offiziell gibt es die Zwei-Klassen-Gesellschaft gar nicht.

Armut tut weh; manchmal ist es nur ein kleiner Stich. Gar nicht der Rede wert, der kleine Stich. Die armen Menschen sollen froh sein, dass es zum Beispiel so was gibt wie die *Sozialmärkte*. Da muss man nur schriftlich beweisen, dass man *echt arm* ist, und dann darf man ganz billig einkaufen. Fast wie im richtigen Supermarkt.

Die Waren sind astrein, auf jeden Fall. Man kann sich davon gut ernähren und sogar gesund, wenn man will. Es werden einfach nur Produkte der B-Klasse angeboten. Also zum Beispiel solche, die in den anderen Supermärkten kein Mensch kaufen will. Wieso, das weiß nicht einmal die Marktforschung. Sonst hätte ja keiner die Waren auf den Markt geworfen. Nein, dafür, dass man sie den Schweinen füttert, sind die Produkte wieder zu gut.

Oder Produkte, die einen Verpackungsschaden haben. Macht doch nichts. Oder Produkte, die bald auf den Müll müssten, weil das Ablaufdatum schon rot blinkt.

Macht doch nichts. Hauptsache, die armen Menschen haben zu essen. Und dieser kleine Stich, sich zweiter oder dritter Klasse zu fühlen: Macht auch nichts. Jedenfalls boomen die Sozialmärkte ungemein. Diese armen Menschen. Wie die aber der Wirtschaft schaden. Kein Geld, das sie in tollen Einkaufstempeln liegen lassen können.

*3. Februar 2008*

## Fast 60 Euro für die paar Sachen

Die Zahlen sind aufregend, aber es regt sich kaum noch jemand auf darüber. Man hat sich daran gewöhnt. Fast 500 000 ganz arme Menschen in Österreich. Ein Seufzer. Eine Million Menschen am Rande der Armut. Gerade noch zu reich, um total unterzugehen. Das Wasser steht ihnen nur bis zum Hals. Noch ein Seufzer.

Inzwischen gibt es vierzehn SOMAS, das ist die soziale Handelskette für ganz arme Menschen. Die Supermarktkette SOMA ist auf Expansionskurs. Sie könnte den etablierten Schlaraffenland-Märkten noch tüchtig Konkurrenz machen. Weil immer mehr Menschen ihr Ticket ins Schlaraffenland verlieren und einen SOMA-Ausweis brauchen. Zum Beweis dafür, dass sie wirklich ganz, ganz arm sind.

Auch die Paradies-Supermärkte helfen den SOMA-Läden. Abgelaufene, aber noch verzehrbare Lebensmittel werden zur Verfügung gestellt. Böse Zungen sagen, das machen die, weil das noch billiger ist als die Totalentsorgung von essbarem Wohlstandsmüll. Nein, nein, sagen die Handelskettensprecher. Wir tun das aus Menschlichkeit. Gute Menschen gibt es überall, auch in den Konzern-Direktionsetagen.

Wenn das so weitergeht, wechsle ich auch noch von meinem Super-Supermarkt zu SOMA, sagt die Zufallsbekanntschaft an der Schlaraffenland-Kassa. Sie hatte fünfzig Euro bereitgehalten und musste noch knapp einen Zehner nachlegen. »Für die paar Sachen da, das gibt's doch nicht!« Champagner und Parmaschinken und Kaviar waren keineswegs dabei. Nur was man halt so braucht in einem Haushalt mit Mann und Einzelkind. Das war ein Scherz, natürlich, das mit dem SOMA. So weit ist es bei der Dame an der Kassa noch lange nicht. Sie ist viel zu reich mit ihrem Durchschnittseinkommen für einen SOMA-Ausweis. Aber offenbar bald nicht mehr reich genug, dass es fürs Leben reicht. Für ein weiteres Kind reicht's auf keinen Fall.

*1. Juli 2008*

# Man müsste einen Mindestrentner fragen

Ganz *im Zentrum* derzeit, das Thema Pensionen. Wer die später einmal zahlen wird und wie man vorsorgen könnte. Hohe Versicherungsmathematik und niedrige Streitereien darüber, ob 1,7 Prozent nicht eh mehr als genug sind als Erhöhung für 2008. Bei einer Rente von tausend Euro wären das dann siebzehn Euro, die ein Rentner zusätzlich verprassen könnte. Ja, was tut der alte Mensch denn mit so viel Geld, wo doch eh alles ständig billiger wird?

Tausend Euro Rente im Monat, das war jetzt nur ein Rechenbeispiel. Ein Mindestrentner träumt nicht einmal von so viel Geld. Mindestrentner, was für ein schäbiges Wort übrigens. Nicht im Mindesten würdig, einen Menschen zu beschreiben.

Die kleine Rente, die einem alten Menschen nach einem Leben voller Arbeit bleibt. Wie geht sich das dann im Detail genau aus, weiter zu leben? Man sollte es einmal im Detail entschlüsseln. Nicht per Statistik, sondern am Beispiel von echten Menschen. Wie warm darf es im Winter in der Wohnung werden, damit das Geld auch noch zum Essen, Straßenbahnfahren, Einkleiden reicht? Wie viel Budget besteht für Brot, und wie oft kann ein Schinkenblatt drauf liegen? Strom! Miete! Reparaturen! Mein Gott, was das Leben alles kostet.

Ist da ab und zu noch ein Kaffeehaus-Besuch drin oder ein paar neue Schuhe? Ach was, Schuhe. Alte Leute müssen doch eh nicht mehr nach der Mode gehen. Und unter Menschen müssen sie auch nicht gehen, weil die wunderbare Kaffeehaus- und Shopping-Welt gehört den Jungen und den Tüchtigen. Denen, die jetzt lieber doch noch nicht wissen wollen, wie es ihnen einmal geht, wenn sie nicht mehr jung und tüchtig sind.

Ja, wie geht's eigentlich den Mindestrentnern wirklich, wie wurschteln die sich durch, wie lassen die es tuschen? Keine Ahnung. Es fragt sie ja keiner.

*6. November 2007*

## Schäm dich, Vater Staat!

Die Armut meiner Kindheit war richtig romantisch. Waren wir überhaupt arm? Wir hatten kein Auto; die meisten anderen Leute auch nicht. Wir hatten (noch) keinen Fernseher, aber im Gasthaus hatten sie einen. Und im Schaufenster vom Elektrogeschäft. Wir fuhren nie ans Meer, was auch schön war, weil man davon träumen konnte. Nicht einmal McDonald's und Chips und Cola und ein Handy und einen Gameboy hatten wir. Kann sich das bitte ein Kind heute noch vorstellen?

Wir hatten einen Wald ganz in der Nähe, in dem man verschwinden konnte, und einen Gemüsegarten hatten wir und viele fremde Gärten. Ich behaupte bis heute, dass gestohlene Kirschen und Erdbeeren besser schmecken als gekaufte. (Entschuldigung, liebe Nachbarn von damals.) Keinen Stress mit Klamotten hatten wir, weil es eh keine Marken-Klamotten gab. Eine wunderschöne Armut war das damals, vergleichsweise.

Die schreckliche Armut von heute. Arme Kinder mitten in der Konsumterror-Welt. Du bist ein *Nichts* schon mit sieben, wenn deine Eltern kein Geld haben für Trend-Codes der Zeit. Die Klamotten, das elektronische Spielzeug und ein Essen, das den Namen verdient. Du bist häufiger krank als die anderen, *armes* Kind von heute. Du hast weniger Zukunftschancen und mehr Resignation, und du bist dicker als die anderen, weil deine Eltern dich mit mehr Junkfood belohnen möchten, wenn du eh schon so arm bist. Und, armes Kind von heute, du wirst deine Armut weitervererben.

Caritas-Chef Küberl hat gestern auf dieses Elend im Schlaraffenland hingewiesen und gleich ein Spendenkonto genannt. Kennwort Inlandshilfe, PSK 7700004, BLZ 60000. Ein Wahnsinn, dass das nötig ist. Kinder müssten bei der Mindestsicherung stärker berücksichtigt werden, sagte Küberl noch. Ja, müssten sie. Tut Vater Staat aber nicht und lässt Bettelkonten für seine armen Kinder installieren. Schäm dich, Vater Staat.

*25. Oktober 2007*

# Arm sein macht dick

Eine schockierende Dokumentation über Armut in Europa und wie verschieden all die reichen Länder damit umgehen. Eins vom Schlimmsten muss es sein, in England arm zu sein, vergleichsweise erträglich noch in den skandinavischen Ländern. Wie die Armut in Österreich ausschaut, kam nicht vor. Kinder, die in armen Familien aufwachsen, schauen aber in allen westlichen Ländern ähnlich aus: Die meisten sind zu dick oder viel zu dick.

Arme Eltern meinen es mit ihren Kindern (und sich) auf traurige Weise schrecklich gut. Kaum etwas zu bieten außer Flimmerkiste und armseliger Behausung. Sollen die Kinder wenigstens vor der Flimmerkiste ein wenig glücklich sein, während sie anderen dabei zuschauen, wie die glücklich/sportlich/gut drauf sind.

Also futtern, futtern, futtern. Junkfood im Familienpack, Junkfood aus der Mikrowelle. Die erste Generation, die selber nichts Gescheites zu essen bekam als Kind, ist schon im Mama- und Papa-Alter. »Die meisten Mütter, die wir in unserem Sprengel betreuen, können nicht einmal eine Suppe kochen, die Väter sowieso nicht«, sagte eine Sozialarbeiterin.

Dicke Lilly, armes Kind. Voll fett ernährt mit Ekel-Food schon seit der Buggy-Zeit. Die dicke Mama will der dicken Lilly was gönnen, wenn sie schon sonst nichts haben, was Spaß macht.

Wenn es nur die armen dicken Mamas wären, die ihren Kindern Herz-Kreislauf-Krankheiten und andere seelische und körperliche Handicaps programmieren. Über ein Fast-Food-Verbot an allen Schulen wird derzeit »diskutiert«! Echt irre, dass darüber noch diskutiert werden muss. Es ist ja eh erst jedes vierte Kind in Österreich zu fett.

*24. August 2007*

# Wenn ein Pulli nur hundert Euro kostet

Mit einem feschen Frauenmagazin vertreibt es sich schön die Zeit. (Warten auf die chronisch verspätete Freundin im Kaffeehaus.) Die 88. Geschichte über James Bond, noch schlimmer ist nur die epidemische Ausbreitung von Hochzeitsgeschichten über Katie Holmes und wie heißt *er* noch schnell.

Aber sonst. Schöne Modegeschichten. Wohin der Trend so geht und wohin er verschwindet. Ein ganz heißer Trend, sagt das Modemagazin, ist der: Man muss nicht unbedingt sauteuer kaufen. Das klingt sehr gut.

Weil, sagt der Trend, auch Familien wollen schwer chic sein, haben aber bekanntlich meistens nicht so viel Kohle. Also hätten wir da zum Beispiel: Pullis für alle. Schon schön. Und der billigste kostet keine achtzig Euro. Und der teuerste schmale 120. Dazu das Bild: Vater, Mutter, zwei Kinder fetzen über eine Winterwiese. Vier Pullis für durchschnittlich nur hundert Euro.

Macht also 400 für die ganze Partie. Jetzt noch die Stiefel dazurechnen und die Schals und die Jeans. Die Jacken, die Socken. Mit kaum mehr als tausend Euro sind wahrscheinlich alle dabei.

Und dann müssen sie nur noch wohnen, essen, telefonieren, Auto fahren, heizen und die Katze füttern. Versicherung zahlen, Kühlschrank reparieren, dem Kind zum schönen Pulli eine Zahnspange spendieren. Stromrechnung brennen, Glühbirnen kaufen, Waschmittel und … ach was. Das klingt alles so kleinkariert. Ich werde meine Freundin fragen, sofern die noch eintrudelt, wie die Leute das machen.

Billige Pullis für alle kaufen um hundert Euro das Stück. Wie viel Geld hat eigentlich eine Durchschnittsfamilie? Und wie verarscht fühlen sich Menschen von solchen Modetipps?

*25. November 2006*

: Kein Unfall, ein Attentat, ein Gewaltverbrech
ne Sohn hat auf die Frau eingestochen. Das eige
vierzehn Jahre alt ist der Sohn.

# 5 | Menschen & Abgründe

s muss ~~~ ung sein. Eine M
hrer Blutlache liegt, vom eigenen Kind attackiert. A

*»Gewalt ist eine ansteckende Krankheit.*
*Nirgends gedeiht diese Krankheit so gut*
*wie am Krisenherd Familie.«*

, was eine schöne Mutter-Kind-Geschichte ausmac
wollen immer, immer ihre Kinder beschützen. Un
schen sich, dass sie eines Tages von ihren Kindern b
den.

as Kind, der Täter, wurde bald nach der Gewalttat
tadtgebiet von Villach, der Vater des Täters war au
mmen waren sie geflüchtet nach den Messerstich
Frau.

ie kommt ein Kind so weit, dass es auf seine eigen
icht? In diesem Fall ohne Umweg. Gewalt – das hat
elernt. Wie einen bösen Kelch hat der Vater die Bru
Buben weitergegeben.

er Vater, den die niedergestochene Frau noch an
angener Woche angezeigt hatte wegen gefährlich
g. Der Sohn hat offenbar wahr gemacht, was die Mu
hiedenen Herrn Gatten befürchtete.

ewalt ist eine ansteckende Krankheit. Nirgends
e Krankheit so gut wie am Krisenherd Familie. Abe
icht unbedingt zu spät sein für eine Heilung be
ihrigen Buben.

offentlich kümmert sich jetzt nicht nur die Polizei
serstecher. Dann stehen die Chancen gut, dass Mu
n noch einmal eine Chance haben. Und dass ein B

# Der Kinderschänder aus Tirol

Zweimal jeden Tag ist die Mama in die Kirche gegangen. Gottergeben heile Welt in den Tiroler Bergen. Sechziger Jahre, anderswo war schon Revolution, hier war sogar das Wort Aufklärung unaussprechlich.

Die gute, brave, arme Witwe mit den Kindern. Der brave Bub, naiv wie in einem frommen Heimatfilm. Ich habe nichts gewusst, nichts verstanden, sagt der Bub heute. Er ist inzwischen 55 Jahre alt. Ich habe nicht gewusst, dass *das* pervers und krank und grausam ist. Ich habe Freundschaften mit eher älteren Menschen gesucht. Weil ich ja keinen Vater hatte.

Der junge, erwachsene Nachbar, der ihn auf Kuchen einlud und mit ihm kickte. Der Freund, der den Buben missbrauchte. Der Bub, der sich nicht wehren konnte. Nicht einmal in Gedanken. Niemand da, dem der Bub sich hätte anvertrauen können. Mit wem soll man reden über *so etwas* in der frommen, unheilvollen Idylle. Mit der Mama? Mit dem Pfarrer? Mit dem Lehrer? Schäm dich, Bub, hätte man gesagt.

Mehr als vierzig Jahre hat der Bub das mit sich allein herumgetragen. Hat das Drama seiner Kindheit in den hintersten Winkel seines Kopfes verdrängt. Ist erfolgreich geworden, ein Superstar, steinreich. Glücklich? Immer waren die Albträume da. Schweißgebadete Schreckensnächte.

Irgendwann hat er therapeutische Hilfe gesucht. Reden, verarbeiten. Schreiben. Jetzt hat der Bub von damals seine Biografie geschrieben. Jetzt gibt es kein Schweigen mehr.

Klaus Heidegger, Ski-Held und amerikanischer Selfmademan, teilt sein Drama mit allen, die auch Opfer geworden sind. Redet! Heraus mit allem! Der Täter lebt übrigens nach wie vor scheinheilig und völlig unbehelligt in Tirol. Trauen Sie sich, dieses Buch zu lesen, Herr Kinderschänder aus Götzens in Tirol?

*13. April 2013*

## Nicht weghören. Anzeigen.

Der Mann, der den Taxifahrer erschoss. Eine Nacht lang ist er herumgezogen. Eine Nacht, an die er sich nicht mehr erinnern kann. Vor lauter Alkohol, sagt er. Der Alkohol hat ihm den Mut gemacht, einen Menschen zu töten. Stark war der Mann sowieso. Einer, der eine Waffe hat, ist immer der Stärkere.

In dieser Nacht hat er mit der Waffe geprahlt, und dann hat er mit dem Mord geprahlt. Die Waffe, gestohlen in jener Waffenfirma, in der er eine Zeit lang beschäftigt gewesen war. Man hat ihn dort gefeuert. Weil er kein Leumundszeugnis brachte. Er, der Mann mit den vielen Vorstrafen. Warum durfte er überhaupt zu arbeiten beginnen? Und: Wie konnte er eine Waffe mitgehen lassen, ohne dass dies jemand bemerkte? Zählt niemand die Waffen?

Der Mann hat in jener Nacht, als er den Taxifahrer El Said Osmen erschoss, bestimmt nicht zum ersten Mal mit der Waffe geprahlt. Der Mann hat, aller Wahrscheinlichkeit nach, in dieser oder jener Spelunke seine Macht gezeigt. Ein betrunkener Psychopath mit einer Knarre in der Hosentasche – der kann gar nicht anders, der muss seine Macht herzeigen. Und wenn er sich dabei, wie in der Mordnacht, besoffen in den eigenen Hintern schießt.

Es muss also Menschen geben, die den Mann, der El Said Osmen erschoss, schon mit der Waffe fuchteln sahen oder ihn lallen hörten, dass er eine Waffe hat. So ein Mensch hätte dem Taxifahrer das Leben retten können.

Es gibt noch viele Menschenleben zu retten. Es rennen noch genug bewaffnete Wahnsinnige herum. Die meisten von ihnen prahlen damit. Weil's ihr mickriges Ego verlangt.

Nicht weghören. Anzeigen. Denn morgen vielleicht schon knallt so einer einen Menschen ab. Weil die Leberknödelsuppe zu heiß war oder weil die Funkzentrale einen Ausländer schickte.

*14. Mai 1997*

# Ein Lächeln mit irren Zügen

Man müsste einen anderen Namen für sie finden. Schwarze Witwe passt nicht richtig. Das klingt so düster. Dunkle, böse Spinnenfrau? Ob Elfriede B. böse ist, versucht das Gericht zu klären. Wenn sie böse ist, dann ist sie es auf eine seltsame, heitere Weise. Hell. Blond. Liebenswürdig wie Gusti Wolf. Kostüm und Maske, das taufrische Make-up könnten aus einer sehr gepflegten Josefstadt-Inszenierung sein.

Sie erzählt dem Richter die Geschichte ihrer Kindheit. Keine schönen Geschichten. Die Stimme dabei fest und die Sätze klar. Regie führt Elfriede B., die Inszenierung verbittet sich Selbstmitleid. Die Inszenierung ist klug.

Die Inszenierung entgleitet ein wenig bei einer späteren Erzählung. 1962, hochschwanger mit dem zweiten Kind. Der Mann prügelt auf ihren Bauch ein, in der nächsten Nacht wird das Kind geboren, drei Stunden später ist es tot. Die Stimme hat jetzt Tränenränder. Und Wut. Gespielt? Sehr gutes Theater ist oft sehr echtes Theater. Wenn die Kameras aufgedreht werden, verändert sich Elfriede B.s Gesicht. Wie bei richtigen Stars, die ihre Gefühle an Scheinwerfern anzünden können. In der Eitelkeit des Posierens nimmt das nette Lächeln der Angeklagten zugleich irre Züge an.

Im Espresso vis-à-vis vom Gericht diskutiert man über das Böse an sich und über Elfriede B. Sie muss den armen alten Pichler so gehasst haben, sagt einer. Nicht nur Geldgier. Hass, Sadismus. Vielleicht, sagt eine Frau, war es so: Dass sie es hasste, dass so ein alter, hässlicher Mann ihren Charme und ihre Klugheit für so selbstverständlich nahm.

So, wie sie vielleicht das Pech hasste, mit all ihren Talenten unter einem sehr schlechten Stern geboren worden zu sein. Und so, als ob man das Glück doch erzwingen könnte, spielte sie dann im Casino und später vielleicht mit der Herrschaft über Leben und Tod.

*11. Februar 1997*

## Geheilter Triebtäter

Ein, zwei Tage lang österreichische Erschütterung über den Mord an einem zwölfjährigen Buben. Tiefes Mitgefühl für die Eltern, die an ihrem Schmerz fast zugrunde gehen. Menschen, die sich die Qualen vorstellen, die das Kind in seiner letzten Stunde ertragen musste. Menschen, die sich diese Qualen nicht vorstellen wollen, weil ihnen der Gedanke daran die Kehle zuschnüren würde.

Der Mörder des Kindes, ein Triebtäter, wurde schnell gefunden. Der Mörder war amtsbekannt, der Mörder stand sofort als Verdächtiger im Visier. Der Mörder gestand, schilderte die Einzelheiten des grauenhaften Verbrechens, schilderte die Tat ohne Reue. Der Mörder ist ein schwer kranker Triebtäter.

In Gedanken wurden viele Väter und Mütter zu Mördern, als sie diese Berichte lasen. Sie stellten sich vor, wie sie den Mörder richten würden, wenn es ihr Kind getroffen hätte. Das Strafgesetz würde ihnen nicht genügen, wenn einer ihr Kind missbraucht und umgebracht hätte. Die Ohnmacht und Trauer nach einer solchen Tat ist unendlich. Der Mörder wird zumindest in Gedanken totgemacht.

Zorn und Ohnmacht auch bei allen Spekulationen darüber, ob dieser Mord zu verhindern gewesen wäre. Der Täter war als kranker Triebmensch amtsbekannt. Der Täter hat vor ein paar Jahren Folgendes gemacht: Er missbrauchte ein zweijähriges Mädchen und warf es nackt in den Schnee.

Irgendwann wurde er wieder entlassen. Irgendwann wurde er für gesund erklärt. Und das ist das Unbegreiflichste an dieser Tragödie: Ein Mann missbraucht ein zweijähriges Kind und wirft es in den Schnee und spaziert alsbald wieder als freier Mann herum. Als ob nichts gewesen wäre. Es laufen viele »geheilte« Triebtäter frei herum. Bis zum nächsten Rückfall. Bis zum nächsten bestialischen Mord.

*29. Oktober 1993*

## Was für ein Vater, was für ein Sohn

Er wird ihr das Liebste nehmen, das sie hat. Die Rache wird fürchterlich sein. Sie soll nie mehr eine glückliche Stunde haben. Sie wird nie mehr glücklich werden! Dafür wird er sorgen. Solche Drohungen gab es angeblich. Irgendwas dahergeredet.

Wut und Hass, die keiner wirklich ernst nimmt. Was Männer halt so reden, wenn sie verlassen werden. Wenn die Beziehung kaputt ist. Wenn das vormals aufgeblasene Ego wie ein geplatztes Luftballon-Würstchen auf dem Boden liegt.

Er wird ihr das Liebste nehmen. Leere Drohung? Er hat ihr das Liebste genommen. Der Mann aus Bad Ischl, aus dem lustigen Salzkammergut. Der Mann, von dem man jetzt annehmen muss, dass er die 14-jährige Tochter seiner Exfrau abgeschlachtet hat. Ein Kind, das er als Stiefvater mit aufwachsen sah. Ein Kind, das mit ihm am Frühstückstisch saß, ihm seine Zeugnisse zeigte, ihn als Mann der Mama respektieren wollte. Oder musste.

Die Horrornachricht kam mitten in die Schulschlussfeier. Die Schulschlussfeier wurde abgebrochen. Was wird das für ein Feriensommer für die Freundinnen, die das tote Mädchen auf den Friedhof begleiten statt in die nächste Klasse.

Und dieser Sohn des (mutmaßlichen) Hassmörders. Dieser Sohn, der grad erst an jener Schule maturiert hat, in der die ermordete Stiefschwester Schülerin war. Was um Himmels willen hat dieser Maturant mit dem Mord an dem Mädchen zu tun? Komplize des eigenen Vaters? Dem Vater hörig? Du, wir bringen jetzt deine Stiefschwester um. Aus Rache. Weil ich will meiner Exfrau das Liebste nehmen.

Es ist gelungen. Das Mädchen ist tot. Die Mutter unglücklich für immer. Was für eine unfassbare Geschichte. Was für eine Spezies ist das, die sich Mensch nennt. Was für ein Vater, was für ein Sohn.

*8. Juli 2011*

## Wenn Frauen metzeln und morden

Diese junge, hübsche Frau. Sympathisch, offen, witzig-fröhlich. So eine hätte man jederzeit gern als Freundin. Mit der müsste gut Kirschen essen und Pferde stehlen sein. Was ein Foto halt so erzählt.

Jetzt heißt sie *die Hexe*. Leichen im Keller, zerstückelt, eingemauert. Die junge Frau ist geflüchtet und schnell geschnappt worden. Mit dem Taxi Richtung Udine, von dort ins Gefängnis. Bilder von ihrem Wiener Eissalon »Schleckeria« wirken jetzt wie Gruselbilder. Und erst die Bilder aus dem Keller ...

Jetzt sag ich etwas ganz Ungerechtes. Ein altes Klischee, ein Vorurteil möglicherweise. Aber wenn Frauen metzeln und morden, macht mir das noch mehr Gänsehaut als bei Mörder-Männern. Wenn eine Frau ausschaut, als könnte sie deine beste Freundin sein. Wenn eine Frau ein Gesicht hat wie eine Spaß-Tante beim Kindergeburtstag ...

Mord und Totschlag und Krieg und Killerinstinkt. So alt wie die Menschheit, und immer gibt es jemanden, der alles bisher Dagewesene an Grausamkeit übertrifft. Mörder sind meistens Männer.

Und ab und zu eine Frau. Doppelt scheußlich, für mich. Weil ich mir immer wünsche, dass Frauen andere Wesen sind. Das sind doch die, die Leben geben, statt Leben auszulöschen. Das sind doch die, von denen man sagt, die Welt wäre friedlicher und besser, wären sie an der Macht. Braucht eine zarte junge Frau Komplizen für so einen bestialischen Kraftakt?

Ich mag mordende Frauen noch weniger als mordende Männer. Was für ein Vorurteil. Hoffentlich gilt das niemals mehr in der Justiz.

Die Frau, die man die böse Hexe nennt, ist schwanger. Leben vernichten, Leben schenken. Was für eine schauderhafte Geschichte.

*11. Juni 2011*

## Ein Vollbad in Selbstmitleid

Wenn ein 31-jähriger Mann mit Fäusten auf ein vierjähriges Mädchen einschlägt. Wenn so einer das kleine Mädchen fast kaputtschlägt. Wenn die Mutter dieses Kindes den Täter auch noch mit Lügen in Schutz nimmt. Wenn auch die Großeltern zu feig sind, die Wahrheit zu sagen, oder zu dumm, die Wahrheit zu kapieren. Wer schützt dann noch so ein kleines, erbarmungswürdiges Kind?

Was hat dieser Mann mit dieser 25-jährigen Kindesmutter gemacht, dass er sie so weit brachte, ihr Kind im Stich zu lassen? Hatte sie Angst, diesen Mann, dieses widerwärtige Exemplar von einem Mann zu verlieren? Hatte sie Angst, selber totgeschlagen zu werden, oder fehlte ihr von Haus aus jeder Instinkt, das eigene Kind zu lieben, zu beschützen?

Das Kind sei mit dem Fahrrad gestürzt, sagte die Frau. Das Kind sei vom Heuboden heruntergefallen, sagten die Großeltern. Wie bringt man solche Lügen überhaupt noch über die Lippen, wenn ein Kind so daliegt? Schädelbruch. Der Mann hat dem Kind mit Fäusten den Schädel gebrochen.

Auf dem Weg der Besserung sei das Kind, verlautet aus dem Krankenhaus. Da wird der Kinderschläger aber froh sein. Da kommt er bestimmt billiger davon, als wenn das Kind seine Faustschläge nicht überlebt hätte.

Mögen alle Knochen und alle Körperwunden nur ganz schnell heilen, damit das Kind bald wieder laufen, springen, spielen kann wie andere Kinder. Möge es eine Gerichtsbarkeit geben, die dem Täter nicht dient. Wer einem Kind mit Fäusten die Seele zusammengeschlagen hat, soll büßen wie ein Mörder. Auch wenn das Kind, hoffentlich, körperlich alles gut übersteht.

Die Mutter wird eh billig davonkommen. Mit einem Vollbad in Selbstmitleid und ein paar Krokodilstränen. Erwachsene können sich selber furchtbar leidtun, wenn sie ein Kind kaputtmachen.

*23. Oktober 2004*

## Ob mein Kind den Mut gehabt hätte?

Und wenn das meinem Kind passiert wäre? Die Frage stellt sich, wenn man Kinder hat. Jetzt wieder ganz aktuell, die Frage: Kinderporno-Ring aufgeflogen, ein Pater aus einem oberösterreichischen Gymnasium, nebst anderen Verdächtigen, in Haft. Wenn mein Kind ein Opfer wäre?

Der Pater hat schon gestanden, und sein Chef stand völlig fertig vor der Kamera. Nein, nichts geahnt, völlig entsetzt, unfassbar.

Buben zwischen zehn und zwölf sind die Opfer. Dem Pater pädagogisch anvertraut gewesen. Vom Pater mit Pornografie konfrontiert und missbraucht. Schäbig missbraucht. Der Pater, süchtig nach Kinderporno im Internet und in Wirklichkeit.

Abscheu, Ekel und ein dreckiges Licht, das auch auf tausend andere Padres fällt, die in ihrem Leben noch keinen dreckigen Gedanken mit Kindern hatten. Wenn einer so ist, zieht er viele mit in den Dreck.

Nichts beschönigen, was dieser Pater getan hat. Keinen Funken mehr Gnade walten lassen als bei jedem anderen Sexualverbrecher auch. Doppelt streng sein: Dem Mann, der das getan hat, waren Kinder anvertraut. Sein Verbrechen, getarnt mit frommer Lüge.

Wieder der Gedanke: Und wenn mein Kind ein Opfer wäre? Die Wut wäre unbeschreiblich. Und gleich noch eine Frage dahinter: Würde mein Kind reden, wenn sich ihm jemand so dreckig nähert? Würde es den Mut haben, damit zur Mutter, zu wem auch immer zu gehen?

Zwischen zehn und zwölf sind die Opfer. Sie haben sich niemand anvertraut. Hatten sie niemand? Oder haben sie nicht gelernt, offen zu reden? Wir sollten alle mehr reden mit den Kindern. Auch darüber. Die Kinder mit Vertrauen wappnen. Dreckige Gestalten hätten es dann nicht mehr so leicht mit ihnen.

*10. August 1999*

# Nur vernascht

Stundenlang Todesangst. Torturen an Leib und Seele. Ein 19-jähriges Mädchen, von einem Hausmeister in eine Falle gelockt und vergewaltigt. Torturen, Morddrohungen, sadistische Praktiken. Am Ende des Horrors der zynische Abschied: Geh nur zur Polizei, du wirst dich lächerlich machen.

Vor Gericht wird aus dem Wolf, wie aus allen Vergewaltigern und Menschenquälern, ein zahmes Schaf; die Pfoten brav in den Schoß gelegt. Gewalt? Aber ich doch nicht! Vergewaltigung? Aber geh! Doch nicht bei einem so mittelklassigen Körper! Das Opfer hat praktisch froh sein müssen, dass es vom Täter überhaupt zur Kenntnis genommen wurde.

Das Opfer, das ein Leben lang den Schock über dieses Verbrechen in sich tragen muss, wird beim Prozess vom Täter noch einmal gedemütigt. Erleidet alles noch einmal und dazu die infamen verbalen Gemeinheiten, die dem Peiniger niemand verbieten kann. Das Mädchen hatte einen Knebel im Mund, um nicht schreien zu können. Vor Gericht gibt es nichts, das dem Täter das Maul stopfen könnte.

Wenigstens haben die Geschworenen unter Richterin Dr. Eckbrecht dem widerlichen Gebettel um Milde keine Beachtung geschenkt. Zehn Jahre Haft für Horst Wiesner. Zehn Jahre, in denen er die Tat, die es angeblich nicht gab, begreifen kann.

Einem Angeklagten kann man die Verachtung für sein Opfer nicht verbieten. Den Ankläger aber darf man bitten, sein Vokabular einzubremsen. Er sprach von »Vernaschen« in jenen Fällen, in denen der Täter etliche Frauen gewaltfrei erwischt hatte. Vernaschen, Herr Staatsanwalt, tut man Pralinen, aber keine Frauen.

*3. Juni 1995*

## Der Stärkere gewinnt

Das ist einmal etwas anderes. Eine Frau hat einen Mann erdrosselt, nicht umgekehrt. Einen eifersüchtigen Mann. Eifersüchtige Männer sind normalerweise immer Täter und Töter, nicht Opfer. Eifersüchtige Männer drehen normalerweise durch, verlieren die Nerven, den Verstand, die Kontrolle. Sie handeln, wie es immer heißt, im Affekt, der Effekt ist dann eine erschlagene, erwürgte, erschossene oder ertränkte Frau.

Und nun eine Frau als Täterin. Nicht mit dem Stahlseil hat sie ihn umgebracht, mit dem Bademantel-Gürtel. Später hat sie ihn zum Auto geschleppt, angezündet.

Sie hätte auch Opfer werden können, jedenfalls sagt sie das. Er sei ihr mit dem Messer nachgerannt. Notwehr?

Eine Geschichte zwischen Mann und Frau hat also wieder einmal tödlich geendet. Die Vorgeschichte dazu: ewige Streitereien, Eifersucht und diese vielen Versöhnungen, die nur Waffenstillstand zwischen längst rettungslos verfeindeten Menschen sind.

Es gab auch kurz vor dem tödlichen Ende noch eine kleine Versöhnung. Diesen tragischen Versuch, beieinander zu bleiben. Man konnte nicht ohne einander sein, man blieb also mit Gewalt beisammen. Gewaltsam das Ende, nur dass ausnahmsweise der Mann unterlag. Im Tod. Der Mann als Opfer. Die Frau als Täterin. Soll einem nun der Mann weniger leidtun, weil er nicht, wie üblich, eine Frau ist? Oder ist der Täterin leichter zu verzeihen, weil sie nur ihre Haut zu retten versuchte?

Es ist auch dieser Fall nur ein Fall wie jeder andere. Der Stärkere hat überlebt, der Schwächere ist tot.

Es gilt ja immer nur das Faustrecht bei diesen Liebestragödien. Zufällig hatte die Frau mehr Kraft als der Mann. Sonst ist es meistens umgekehrt, und die körperlich unterlegenen Frauen bleiben in ihrem Blut liegen.

*13. Juli 1994*

# Die fette Sau

Die verhöhnte Minderheit der Schwergewichtler war Thema einer einfühlsamen Fernsehreportage. Menschen, so fett, dass sie in keinen Kinosessel und kein Auto mehr passen. Jeder Schritt ein schmerzhafter Versuch, die Massen des Leibes zu transportieren. Dicke, die sich in Clubs verbünden, um sich aneinander festzuhalten. Rettungsversuch gegen den schlanken Rest der Welt, der die Fetten verachtet und verspottet.

Fettsucht, diese Krankheit, die in den Genen gespeichert und in der Kindheit gezüchtet wird. Essen als Liebesersatz und als Trost gegen den Frust. Der Körper merkt sich dieses System ein Leben lang. Der Körper will ein Leben lang nur futtern.

Ein Arzt, so schwer wie drei durchschnittliche Menschen, wurde interviewt. Scheinbar fröhlich, scheinbar nicht beeinträchtigt von der Leibesfülle. Schnappschüsse gegen das traurige Image der Dicken. Plötzlich ließ sich der Arzt in einen Sessel fallen. Weinte vor der Kamera, ein hilfloser Riese. Wie schrecklich das Leben als Fettsüchtiger sei. Und diese ständige Angst, eines Tages einfach nicht mehr aus dem Bett zu kommen. Ein Pflegefall zu werden. Alle Fetten erzählten, man habe sie als Kinder im Stich gelassen. Habe sie mit Kalorienbomben statt mit Liebe überfüttert. Und wenn ihnen die anderen Kinder nachriefen »Du fette Sau«, dann seien sie erst recht wieder hungrig geworden vor lauter Kummer.

Im Schwimmbad sieht man manchmal solche Kinder. Fröhliche Dicke, die sich alle Gemeinheiten gefallen lassen. Müssen.

Du fette Sau. Ein Urteil, das ein Leben lang unglücklich macht. Macht's Spaß, jemandem so wehzutun, möchte man manchmal fragen, wenn im Schwimmbad die fette Sau ins Wasser geworfen wird. Und tun muss, als wäre es ein Spaß.

*25. Juni 1995*

# Super-Sonder-Exklusiv-Intim-Interview

Sie hat sich die Haare wachsen lassen und blondiert; sie schaut jetzt viel jünger aus als vor sieben Jahren und so weiblich. Sie ist mit einem Privatjet nach London geflogen, ein bisschen Shopping, ein bisschen bummeln. Einen ganz schlichten grauen Wollschal hat sie in einem feinen Kaufhaus gekauft, hat im Ansichtskartengeschäft beim Ansichtskartenkaufen posiert und später vor der echten Postkartenkulisse von London/Big Ben.

In ihrer Hotelsuite hat sie nicht besonders gut geschlafen; die Matratze war zu weich. Aber sonst hat sie sich fantastisch gefühlt im Hotel. Sie trug übrigens, falls es jemanden interessiert, ein sehr, sehr chices schwarzes Kostüm und einen wirklich gelungenen winterweichen Mantel. Schmuck keinen; das wäre irgendwie doch zu viel gewesen.

Eine Kirche hat sie auch besucht; die Reporter haben ihr vor dem Altar ein bisschen beim Traurigsein zugeschaut.

Sechs große Seiten lang, weitgehend natürlich in Farbe, dokumentierte die Zeitung »Bild am Sonntag« den London-Trip der schönen jungen Frau. Natürlich blieben im Interview auch die Lieblingsfilme und sonstige Sehnsüchte nicht unbesprochen. Wie bei Königinnen aus Hollywood oder echten Prinzessinnen. Man frisst ja als Leser solche Geschichten gerne in sich hinein; man schläft gleich viel besser, wenn man weiß, welchen Nagellack die Leute tragen und was für Socken.

Der Star dieser Super-Sonder-Exklusiv-Intim-Geschichte ist übrigens Monika Weimar, die Frau, die als doppelte Kindsmörderin verurteilt und nach sieben Jahren nun überraschend entlassen wurde. Was für ein Kleidchen die toten Mädchen im Himmel so tragen, haben die Reporter übrigens zu fragen vergessen. Wenigstens wissen wir jetzt alles über die neuen Klamotten und Haare der Mutter.

*12. Dezember 1995*

# Der hat das so gelernt

Jetzt liegt die Frau im Krankenhaus. Schwer verletzt, frisch operiert. Kein Unfall, ein Attentat, ein Gewaltverbrechen. Der eigene Sohn hat auf die Frau eingestochen. Das eigene Kind. Erst vierzehn Jahre alt ist der Sohn.

Es muss eine schreckliche Verwundung sein. Eine Mutter, die in ihrer Blutlache liegt, vom eigenen Kind attackiert. Alles zerstört, was eine schöne Mutter-Kind-Geschichte ausmacht. Mütter wollen immer, immer ihre Kinder beschützen. Und Mütter wünschen sich, dass sie eines Tages von ihren Kindern beschützt werden.

Das Kind, der Täter, wurde bald nach der Gewalttat gestellt. Im Stadtgebiet von Villach, der Vater des Täters war auch dabei. Zusammen waren sie geflüchtet nach den Messerstichen gegen die Frau.

Wie kommt ein Kind so weit, dass es auf seine eigene Mutter einsticht? In diesem Fall ohne Umweg. Gewalt – das hat der Bub so gelernt. Wie einen bösen Kelch hat der Vater die Brutalität an den Buben weitergegeben.

Der Vater, den die niedergestochene Frau noch am Freitag vergangener Woche angezeigt hatte wegen gefährlicher Drohung. Der Sohn hat offenbar wahr gemacht, was die Mutter vom geschiedenen Herrn Gatten befürchtete.

Gewalt ist eine ansteckende Krankheit. Nirgends gedeiht diese Krankheit so gut wie am Krisenherd Familie. Aber es muss ja nicht unbedingt zu spät sein für eine Heilung bei einem 14-jährigen Buben.

Hoffentlich kümmert sich jetzt nicht nur die Polizei um den Messerstecher. Dann stehen die Chancen gut, dass Mutter und Sohn noch einmal eine Chance haben. Und dass ein Bub weniger verloren geht in der Schule der Gewalt.

*27. Mai 2008*

## Behindert, geschlagen und ausgeraubt

Mehr Gewalt unter Jugendlichen, ja, überall. In der Stadt und auf dem Land und in der Schule und auf der Straße. Immer jünger werden Opfer und Täter, ja, und immer brutaler wird zugeschlagen bzw. es wird gestochen oder mit dem Baseballschläger gedroschen, ja, und auch immer mehr Mädchen sind so brutal.

Jeden Tag diese Meldungen und dazu dann die Statistiken sowie, zur Abrundung, die Klagen der Leute generell, und eine gewaltfreie Schule gibt es sowieso nicht, genauso wenig wie eine drogenfreie Schule, aber das sind alles Geschichten, die eh jeder kennt.

Die Hilflosigkeit gegenüber dem Thema ist auch bekannt, und weil man anscheinend nichts machen kann, oder will, wird geseufzt und davon geredet, dass es anderswo eh noch viel schlimmer sei, in Amerika oder so, in Berlin oder so. Ja, genau, habe ich auch im Fernsehen gesehen, sagen die Leute zueinander, ein Wahnsinn, was. Und so alltäglich, nicht wahr.

Aber das ist noch nicht alles gewesen. Es häufen sich Meldungen und Wahrnehmungen von Gewalt gegen Behinderte. Jugendliche Gewalt gegen jugendliche Behinderte. Unlängst ein geistig Behinderter, grausam gequält.

In Linz jetzt ein körperlich behinderter Bub zusammengeschlagen, von zwei Buben, einer von denen dreizehn, der andere vierzehn. Ja, verfolgt, zusammengeschlagen und ausgeraubt.

Das muss man zusammenbringen: einen Behinderten zusammenschlagen und ihm die paar Armseligkeiten rauben, die er bei sich trägt. Und was man mit Kindern macht, die so etwas tun, muss man sich überlegen.

Und wie das kommt, dass immer Schwächere und Jüngere auf noch Schwächere losgehen. Das ist nämlich sehr beängstigend. Und sehr, sehr traurig. Eigentlich Alarmstufe Rot. Wie gequält müssen Kinder sein, die einen Behinderten quälen?

*21. November 2006*

## Ein seltsames Happy End

Sie streiten schon jahrelang miteinander, unglückliche Liebe, aber nicht unglücklich genug, um der Ehe ein Ende zu machen. Es kracht und scheppert, dass die Wände wackeln. Er ist vierzig, sie ist 32, man hört das absonderliche Argument, dass *er* meistens den Kürzeren ziehe bei den Streitereien. Wie das wohl gemeint sein könnte? Sieg nach Punkten für die Frau, oder hat sie ihn k. o. geschlagen?

Auf jeden Fall: Vor drei Tagen hat *sie* den Kürzeren gezogen, eindeutig. *Er* verklebte und verschnürte *sie* zum Paket und verlud die Frau ins Auto. Er bretterte durch die Gegend, Verfolgungsjagd mit der Polizei. Er wollte das lebende Paket beim Schwiegervater abgeben, um zu zeigen, dass die Frau »böse ist«.

Die Frau hat den Amok-Trip mit einem schweren Schock überlebt, die Polizei nahm sich des Täters an. Beruhigt las man, dass der Horror für die Frau nun vorbei sein könnte.

Aber nein! Die Frau will schluchzend ihren Mann zurück. »Mir tut alles so leid«, hat sie zu einem Ermittler gesagt. Was tut ihr leid? Dass der Mann sie zum Paket verschnürt hat?

Händchenhaltend fangen die beiden wieder miteinander an. Happy End möchte man das nicht voreilig nennen. Aber schon eine typische Szene aus dem Themenkreis »Gewalt in der Familie«: So viele Frauen, die ihren Peinigern verzeihen. Immer wieder. Bis dass …

Der Mann habe so oft den Kürzeren gezogen in dieser kriegerischen Ehe. So, so. Wenn jemand wirklich den Kürzeren gezogen hat, dann das Kind der beiden. Soll sich niemand wundern, was der Sohn einmal für ein Frauenbild hat. Wenn die Mama schon wieder Händchen hält mit dem Mann, der aus ihr ein Paket machte.

*19. Oktober 2006*

en, Schnupfen, Heiserkeit. Eh nicht so schlimm. Ich

Medikament aus der Fernsehwerbung. Ich habe T

en Schal, einen Laptop und meine Katze.

in richtig schöner Anblick ist das nicht. Taschentüc

# 6 | Hund & Katz

e, und natürlich ist so ein Schnupfentag immer :

-Hair-Day. Nur die Katze, die ist schön. Wie imn

> »So schad, dass nicht jeder,
> der krank ist, eine Heilkatze
> im Bett hat.«

e kann überhaupt nicht nicht schön sein. Eine Ka

Menschen immer einen Hauch besser aussehen.

nglaublich faul schaut sie aus, die Katz, unten

en. Ist aber sehr fleißig dabei. Eine richtige Heilkat:

me. Hmm, tut das gut. Dieses Schnurren in den Sc

Diese *Good Vibrations*. Das kann keine Wärmeflas

e Medizin aus der Fernsehwerbung. Das kann alle:

. Und alles rezeptfrei.

teressant, was Katzen alles merken. Sonst ist meine

Oskar und immer auf der Jagd nach irgendwas, das

ßen hereinbringen könnte. Jetzt aber: nur Heilkat:

svoll in jeder Bewegung. Achtet sogar darauf, da

e gleich viel Wärme bekommen.

mm, geht's mir gut. Mir geht's so gut, dass ich mor

ich schon wieder voll fit sein werde.

1 Internet reden sie davon, dass jetzt gleich einmal c

ommt. Soll er kommen, passt. Mit einer Katze hast

ter jederzeit warm und schön. Soll einem die gar

Buckel hinunterrutschen. Mit einer Katze geht das.

ist übrigens wissenschaftlich erwiesen, dass Tiere

starken Einfluss auf die Genesung haben. So sch

jeder, der krank ist, eine Heilkatze im Bett hat.

25. Okto

## Katze bei Lagerfeld müsste man sein

Endlich ist er wieder verliebt. Teilt den Tisch mit *ihr* und vielleicht sogar das Bett. Sie heißt Choupette, ein Name wie eine schöne Sünde in Paris. Sie ist sehr jung. Sehr, sehr schön. Kuschelkuschelweich. Kapriziös. Elegant. Edle Herkunft. Supermodel für Chanel könnte sie sein.

Aber Mademoiselle muss natürlich nicht arbeiten. Das pure Luxusgeschöpf. Wie jede andere Katze auch. Nicht nur die von Karl Lagerfeld.

Kann man eine Katze erziehen? Das geht doch eigentlich gar nicht. Außer beim Lagerfeld offenbar. Choupette ist erst acht Monate alt, speist aber mit dem Meister schon formvollendet an der Tafel. Worüber die beiden wohl Konversation treiben? Es wird jedenfalls Tagebuch geführt über die Launen und Leidenschaften der Mieze. Zwei Nannys kümmern sich rund um die Uhr um das Wohlbefinden der Chefin, bei der Karl der Große nur Gast ist, wie es sich gehört, wenn einer mit einer Katze leben darf.

Zwei Nannys, feinstes Futter, und dann darf Choupette auch noch mit dem iPad spielen, wenn ihr danach ist. Wird sie bald selber twittern?

Da regen sich jetzt ein paar Leute bestimmt wahnsinnig auf. So viel Luxus für die Katz! Der spinnt doch, der Lagerfeld. All die armen Menschen auf der Welt ... Ja, stimmt, leider. Aber einem, der eine Katze liebt, könnte ich niemals böse sein. Nicht einmal, wenn er ein bisschen spinnt.

Und wer weiß, vielleicht tut Karl der Große auch für ein paar Menschen viel Gutes. Menschen, die Tiere lieben, sind meistens die besseren Menschen. Und, nein, bevor sich jemand noch viel mehr aufregt: An eine eigene Chanel-Kollektion für Choupette ist nicht gedacht. Weil die Schönheit einer Katze ist mit keinem Fetzen zu toppen. Stimmt's, großer Meister Lagerfeld?

*13. Juni 2012*

## Im Bett mit der Heilkatze

Husten, Schnupfen, Heiserkeit. Eh nicht so schlimm. Ich brauch kein Medikament aus der Fernsehwerbung. Ich habe Tee, einen dicken Schal, einen Laptop und meine Katze.

Ein richtig schöner Anblick ist das nicht. Taschentücher, rote Nase, und natürlich ist so ein Schnupfentag immer auch ein Bad-Hair-Day. Nur die Katze, die ist schön. Wie immer. Eine Katze kann überhaupt nicht *nicht* schön sein. Eine Katze lässt auch Menschen immer einen Hauch besser aussehen.

Unglaublich faul schaut sie aus, die Katz, unten bei den Füßen. Ist aber sehr fleißig dabei. Eine richtige Heilkatze. Diese Wärme. Hmm, tut das gut. Dieses Schnurren in den Schlafpausen. Diese *Good Vibrations*. Das kann keine Wärmeflasche und keine Medizin aus der Fernsehwerbung. Das kann alles nur die Katz. Und alles rezeptfrei.

Interessant, was Katzen alles merken. Sonst ist meine ja frech wie Oskar und immer auf der Jagd nach irgendwas, das man von draußen hereinbringen könnte. Jetzt aber: nur Heilkatze, rücksichtsvoll in jeder Bewegung. Achtet sogar darauf, dass beide Füße gleich viel Wärme bekommen.

Hmm, geht's mir gut. Mir geht's so gut, dass ich morgen vermutlich schon wieder voll fit sein werde.

Im Internet reden sie davon, dass jetzt gleich einmal der Winter kommt. Soll er kommen, passt. Mit einer Katze hast du es im Winter jederzeit warm und schön. Soll einem die ganze Welt den Buckel hinunterrutschen. Mit einer Katze geht das.

Es ist übrigens wissenschaftlich erwiesen, dass Tiere unglaublich starken Einfluss auf die Genesung haben. So schad, dass nicht jeder, der krank ist, eine Heilkatze im Bett hat.

*25. Oktober 2012*

## Lena macht dem Metzger schöne Augen

Was haben eigentlich Hund und Katz gefressen, bevor das Dosenfutter erfunden wurde? Hund und Katz sind heikle Herrschaften geworden, seit es eine Delikatessenauswahl gibt wie anderswo nicht einmal für Menschen. Hund und Katz benehmen sich in der Fernsehwerbung wie überspannte Diven. Grad, dass man ihnen zum Napf nicht auch noch ein Glas Champagner stellen muss.

Was haben die nur früher gegessen? Meine Katzen, als ich ein Kind war, die waren auch sehr verwöhnt. Fast jeden Tag bin ich zum Fleischhauer getrabt, der in unserer Gegend Metzger hieß, und habe artig, aber doch sehr bestimmt um Restfleisch für die Katzen gebettelt. Bin fast aufs Ladenpult gekrochen und habe streng darauf geschaut, dass nur ja kein Klumpert zusammengeschnipselt wird.

Daheim Karotten beigemischt, vielleicht ein wenig Reis dazu. Hat alles zusammen praktisch nichts gekostet und war vom Feinsten. Ich schätze, selbst im Katzenhimmel, wo meine Kindheitsmiezen schon lange sind, können sie es nicht besser haben.

Heute schleppe ich den Katzen und dem gelegentlich anwesenden Hund Dosen tonnenweise heim. Es gibt Lieblingsmarken, von denen man glaubt, dass die Katzen sie kaufen würden, wenn sie Geld hätten. Und ab und zu einmal gibt es die kleinen Happen zum großen Preis. Aber wirklich selten. Sonst schäme ich mich. Wegen all der Menschen auf der Welt, die weniger haben als meine Katzen.

Gestern parkte ich den Hund an der Leine vor dem Fleischhauer, der in unserer Gegend Metzger heißt. Gesabbert vor Gier hat Lena, dem Metzger schöne Augen gemacht durchs Schaufenster. Da schnappte der gute Mann ein paar frische Kalbsknochen und eine ordentliche Portion Putenrestchen. Ein Gefühl wie damals, als ich Kind und Katzenmutter war. War beinahe gratis und hat den Hund so glücklich gemacht, dass er fast aus dem Fell fuhr.

*18. April 2004*

## Fauler Sonntag mit der Mieze

Es ist einer dieser Trübtage, an denen man nicht weiß, was man kochen, fernsehen oder schreiben soll. Schreinemakers wäre ein Thema, aber eigentlich ein blödes. Sollen sie ihr die Sendung abgedreht haben, was geht einen das an. Hat man keine anderen Sorgen als die Steuerwickel steinreicher fremder Leute?

Sorgen gäbe es schon. Mutter Teresa geht es ziemlich schlecht. Auf den Straßen Österreichs hat es wieder geknallt wie wahnsinnig. Das Kärntner Affentheater geht in die Fortsetzung. Frauen verdienen 41 Prozent weniger als Männer. Nicht neu, aber auch nicht gut. Von den Bergen stürzen saisongemäß wieder viele Bergsteiger ab. Die Schwammerlbeute ist lausig. Die Schweiz schickt eine Kaltfront, statt dass sie Sonne und Schokolade schickt. Alles zu bitter für eine Geschichte wie ein Sonntagskuchen.

Die Katze tappt zur Schreibmaschine und tippt mit der linken Pfote ein Fragezeichen. Richtig schreiben kann sie nicht. Sie ist noch ganz klein, erst ein paar Tage da. Ein Streuner-Findelkind aus einem reichen Bergdorf. Ein vierfärbiges Glückskätzchen, sagte der Schaffner auf der ersten großen Reise der Katze. Sie durfte, weil sie noch so jung ist, gratis fahren.

Mehr als das Fragezeichen ist ihr nicht eingefallen. Sie rollt sich wieder ein auf der Ofenbank. Sie ist satt und schläfrig. Sogar zu faul zum Fliegenjagen.

Sie kriecht auf den Schoß und schnurrt wie eine Nähmaschine. Schreinemakers und der Rest der Welt sind uns jetzt sehr egal. Man muss auch abschalten können. Fauler Sonntag mit der Katze. Es gibt Tage, an denen soll man sich einfach fallen lassen. Man kann das lernen.

Beim Psychiater. Oder beim Stubentiger, dem klügsten Faulpelz der Welt.

*25. August 1996*

## Absolutes Katzenwetter

Von minus zwanzig Grad ist die Rede. Die Streif eine Eisbahn. Manche finden das super, manche nur verrückt. Die Rennhunde haben die Wahl: runter oder nicht. Andere haben keine Wahl. Schneeschaufeln, Straßendienst leisten, den Skifahrern die Piste flach trampeln. Brrr.

Es ist absolutes Katzenwetter. Miau, mio. Katzenwetter ist eh das ganze Jahr, aber jetzt ist absolutes, totales Katzenwetter. Ich weiß gar nicht, wie ich den Jänner jedes Jahr wieder überstehen konnte. Ohne Katz! Ich mag den Jänner nicht.

Wir bleiben daheim. Das haben mir die Katzen geraten. Auf dem dürren, kahlen Baum vor dem Fenster tanzen ein paar Vögel herum. Sie müssen keine Angst haben. Die Raubtiere haben auf Schnurrbetrieb geschaltet. Null Bock zum Jagen. Der Schnee ist höher als Kater M. Und der ist ein Riesenbrocken. Er will sich auf keinen Fall kalte Pfoten holen.

Katzen sind ein Filter zur Welt, nicht? Wissenschaftlich vielleicht eine wacklige These, aber: Katzen halten viel Blödes und Schlechtes von einem ab. Man fürchtet sich auch weniger. Ich habe nie Angst beim »Tatort«-Schauen oder vor dunkler Stimmung, wenn die Katze bei mir ist. Eine wenigstens. Am liebsten alle.

An solchen Wann-ist-der-blöde-Winter-endlich-vorbei-Tagen geht das mit allen. Zum Streiten und Keppeln und Pfauchen zu faul. Fressen, das geht gerade noch. Aber man überlegt sich dann doch lang, als Katze, ob man den weiten Weg vom Sofa bis zum Napf in Kauf nehmen soll. Ach was, schlaf ich lieber noch eine Runde. Ja bitte, Königin zu meinen Füßen.

Mit der Katze im Arm sind sogar unangenehme Telefonate oder Menschen, die wie spinnerte Spechte auf dich einhacken, leichter zu ertragen. Selber ausprobiert. Es ist wahr. Es ist alles gut, mit der Katze.

*26. Jänner 2013*

## Soll man die Katzen absaufen lassen?

Telefongespräch mit Michael Aufhauser. Er klingt sehr anders als sonst. Sein Markenzeichen, normalerweise: Gute-Laune-auf-Gut-Aiderbichl. Die Stimme hat derzeit keine Fernseh-Fröhlichkeit und keinen Champagner-Charme.

Derzeit geht es drunter und drüber. Derzeit kommen die von Gut Aiderbichl kaum mit dem Zählen nach: wie viele Tiere sie retten konnten und wie viele *nicht*.

Es geht, bei diesem Hochwasserdrama, zuerst um die Menschen. Das ist ja klar, sagt Michael. Das heißt aber nicht, dass man nicht auch etwas für die Tiere tun darf. Soll. Muss.

Wenn man einmal diese Schreie aus einem Stall gehört hat. Kühe, Kälber, Rinder. Die schreien auch um Hilfe, wenn die Flut … Wenn man einmal solche Bilder gesehen hat. Tote Rinder, die in der Kloake treiben. Zwei Rinder, die noch die Köpfe über Wasser haben an der Böschung. Soll man zuschauen, wie die absaufen?

Katzen. Hunde. Rehkitze, die wir seit Bambi so lieben. Ein Pferd, noch ein Pferd, noch ein Pferd. Die verlassene Brut einer toten Füchsin. Tote Tiere zwischen Schwemmgut, und da und dort ein leises Piepen, Jammern.

Die Leute von Gut Aiderbichl sind im Dauereinsatz. Wie die Abertausend Menschenretter. Die Tiere des Gutes sind in Sicherheit. Zu hoch liegt die Arche Noah für die Wassermassen. Aber ganz nah, noch immer viele Tiere, die auf die Arche Noah möchten. Ein zitterndes kleines Reh, soeben in Sicherheit gebracht. Ein Hund, ein Häufchen Elend, man weiß noch nicht, wem er fehlt.

Diskussionen darüber, ob man in der Hochwassernot auch Tieren helfen soll, möchten die Aiderbichler derzeit nicht führen. Keine Zeit. Schon wieder ein Notruf. Drei Katzen, kleine, mit letzter Kraft an den Baum gekrallt gefunden. Arche Noah Aiderbichl nimmt sie an Bord. Oder soll man die Katzen absaufen lassen?

*9. Juni 2013*

## Zwei arme Hunde, diese Kater

Heute schreibe ich über meine zwei Kater. Ich würde notfalls auch über zwei Schmeißfliegen schreiben. Jedes Thema ist mir lieber als Ruby und der Baumeister. Schon beim Lesen macht es *würg*. Was gestern so alles an degoutantem, speichelndem Viagra-Witz durch die Blätter triefte. Saumäßig. Wirklich.

Also die beiden Kater, Mazeltov und Tigga. Wir haben sie im Spital besucht. Darf man das denn, hab ich gefragt. Aber sicher doch, sagte die Tierärztin. Tiere brauchen auch Besuch.

Zwei arme Hunde, die Kater. Seit mehr als einer Woche auf der Tierstation. Eingeliefert in einem Zustand wie nach einem Boxkampf. Blutige Hälse, Löcher im Pelz, ein kleines Cut hier und ein großes dort. Wenigstens konnten sie noch heimkriechen in dem Zustand.

Wölfe? Füchse? Hyänen? Keine Ahnung, mit wem die sich angelegt haben. Die Tierärztin schätzt, es könnte sich um eine klassische Rauferei unter Katern gehandelt haben. Ergebnis: Keiner hat gewonnen. Wie bei den spinnerten Zweibeinern, wenn sie vor lauter Testosteron und so …

Da liegen die beiden nun, Seite an Seite, aber vorsichtshalber in Einzelkäfigen. Mit Halskrausen und Pfoten-Verbänden und mit räudigen rasierten Stellen im Macho-Pelz. Mit Augen, die die Welt nicht mehr verstehen. Und mit Augen, die sagen: Kraul mich. Bitte.

Zum Pfauchen und zum sinnlosen Revierkampf im eigenen Käfig reicht die Kraft aber schon wieder. Wettschnurren wie bei einem Kuschel-Contest. Grobe Stupser wie ein einziger Schrei: *Ich will heim.*

Ja, eh bald. Und hoffentlich habt ihr was gelernt aus der sinnlosen Rauferei. Ihr seid ja Brüder, immerhin. Große wilde Kater-Brüder. Ach, wie liebt man die Tiere, wenn die Menschheit vermörtelt und vertrottelt.

*25. Februar 2011*

## Der kleine schwarze Panther

Ein solches Gejammer vom großen Baum herab, der an der Ecke zur nächsten Gasse steht. Durch Mark und Bein. Nach Hund klang das nicht, obwohl die Hunde und ihre Damen und Herren diese Gasse lieben, weil sie so eng ist, dass kaum ein Auto durchpasst.

Wir saßen zu viert in der Küche und eilten los voll Zivilcourage. Da ist jemand, der Hilfe braucht! Ganz menschlich klangen die Schreie nicht.

Es war eine schwarze Katze, sehr klein, mit Augen wie bei ihrem großen Bruder, dem Panther. Ganz weit hinauf bis fast in die Krone des Kastanienbaumes hatte sie gefunden. Aber herunter!

Die Aktion »Rettet den Minzemaunz« war dramatisch, ging aber für alle, auch für die Katze, ohne Blessuren aus. Wir luden diese noch kurz ein in die Küche; sie hat dann gefressen wie ein Scheunendrescher und schlief sehr schnell ein.

Das war vor ein paar Tagen; die Katze ist noch immer da. Alle Bäume und Nachbarn haben wir schon abgeklappert nach Fahndungsaufrufen. An die Kastanie pickten wir ein hübsches Plakat mit einem Phantom-Bild von der schwarzen Mieze und dass diese bei uns abzuholen wäre.

Kein Hund scheint das Tierchen zu vermissen. Und das Tier selber macht nicht die geringsten Anstalten, sich auf den Heimweg zu machen.

Es tut inzwischen so, als ob es immer schon hier gewohnt hätte und wir die Gäste wären; wohlgelitten zwar, aber eben Gäste. Es sieht nicht so aus, als wäre dieses Heim nur eine Übergangslösung.

Heute habe ich Katzengeschirr gekauft und einen Vorrat an Aufbaunahrung. Das Tier ist ja doch noch sehr schwach und zart. Wer ruft da? Miau! Das kleine Pantherchen braucht mich!

*25. August 2000*

## Sie haben ihren Jakob nicht mehr

Es gibt noch diese Dörfer, die sehen aus wie vor fünfzig Jahren, wenn man sich nur die Satellitenschüsseln und die paar Autos wegdenkt.

In einem solchen Dorf in einem kleinen Haus, in dem die Zeit stehen geblieben ist, lebt eine alte Frau mit ihrer Tochter, die wiederum auch schon lange kein Teenager mehr ist. Es hat sich so ergeben, dass sie bei der Mama blieb. Sie streiten auch nicht weniger als Eheleute, aber ohne einander möchten sie niemals sein.

Wenn gutes Wetter ist in der Beziehung, sieht man die beiden an glühenden Nachmittagen auf der Bank im Schatten unter dem Baum sitzen, und wie von Gottfried Kumpf gemalt, sitzt auch der alte rote Kater dabei.

Seit ein paar Tagen fehlt der Kater. Die Frauen haben ihn überall gesucht, dann hat ihn die Tochter finden müssen. Er lag ein paar hundert Meter vom Haus entfernt auf der Straße, die eher nur ein Weg ist, ganz übersichtlich zwischen freien Feldern. Er sah aus, als würde er schlafen, aber er war schon steif. Ein Auto muss ihn angefahren haben.

Sie vermissen ihn so. Der Kater hat der Mutter im Winter die Füße gewärmt, und im Sommer lag er faul und glücklich zwischen den Frauen auf der Bank. Wenn Mutter und Tochter aufeinander böse waren und eisern schwiegen, konnten sie wenigstens mit ihm, mit dem Jakob reden.

Jemand, der alles besser weiß, hat zu den traurigen Frauen jetzt auch noch gesagt, sie hätten den Kater halt nicht auf die Straße lassen dürfen. Mit nassen Augen und sehr entsetzt hat die alte Mutter gesagt: Unser Jakob hatte wenigstens ein schönes Leben. Wie hätte er gelitten, wenn er die Wiesen und Wege und Bäume immer nur vom Fenster aus gesehen hätte, in Gefangenschaft.

*27. Juni 2001*

112

## Schrei niemals eine Katze an

Sonst hat Morgenstund ja Gold im Mund, aber manchmal liegt der Tag, den man mit zwei linken Füßen betreten hat, wie ein Bleiberg vor einem, und Molières Misanthrop ist ein Sonnyboy gegen das lange Gesicht, das man macht.

Sicher wird an diesem Tag alles schiefgehen, und so kommt es auch. Der Backofen, von dem es in der Werbung hieß, dass er selbstreinigend sei, hat sich über Nacht wieder nicht geputzt. Der Zahnarzt hat die Rechnung geschickt und will am Nachmittag (trotz Ärztestreik!) weiter bohren. Eh klar, man ist ja eine Goldgrube für ihn.

Sogar der Kaffee schmeckt nicht wie sonst, irgendwie bitterer. Die Milch ist sauer. Das Horoskop schlecht. »Es kommt zu Spannungen in der Familie.« Genau. Die Katze springt auf den Tisch, steigt mit einer Pfote auf die Untertasse, und der Kaffee überflutet die Zeitung und das nagelneue Notizbuch mit den gemütserhellenden Sonnenblumen drauf.

»Blödes Viech! Verdammt, kannst du nicht aufpassen. Habe dir schon hundertmal gesagt, du sollst nicht auf den Tisch … Jetzt reicht's … Raus!« Das hysterische Gezeter übertönt den Wetterbericht, der im Übrigen auch mies ist. Die Katze macht einen bösen Buckel und tanzt dann erhobenen Schwanzes hinaus.

Schuldgefühle. Sind wir wieder Freunde, Minzemaunz? War nicht so gemeint. Hab nur einen schlechten Tag heute. Stur wie ein Panzer, die unversöhnliche Diva. Schwer beleidigt. Grußlos trabt sie davon. Später neben dem Katzenklo eine riesige Lacke. Zu Fleiß noch Katzenstreu auf den Teppich gescharrt. Minzemaunz! Schnurrend schaut sie beim Putzen zu. Dann schickt sie mit giftgrünen Augen eine Nachricht: »Schrei niemals eine Katze an!« O.K. Versprochen. Wenn wir nur wieder Freunde sind.

*18. Juni 1998*

## Solche Hunde spinnen doch!

Unglaubliche Meldungen kann ich bei der Zeitungslektüre nicht für mich behalten, ich muss sie dann gleich laut vorlesen, das ist so ein Tick. Hast du *das* gewusst? Stell dir vor, was dort und da passiert ist … Man nimmt mich daheim gelassen hin, ob mir wirklich jemand zuhört, weiß ich nicht.

Ab und zu, besonders wenn es sie direkt betrifft, schnappe ich mir auch Lena, den guten Hund, als Publikum. Doch, doch, ein Hund versteht mehr, als man denkt, und er hört auf jeden Fall *wirklich* zu.

Wasser mit Fleischgeschmack, das müsste dich interessieren, Lena, sage ich. Sie spitzt die Ohren, sie legt das Köpfchen schief. In den Duftnoten Rind, Huhn oder Speck zu haben, das Hundewasser, was sagst du dazu, Lena? Das muss doch abscheulich schmecken, aber bitte, ich bin ja kein Hund. *Aquadog*, so heißt das neue Gesöff, soll außerdem sehr gesund sein. Fest angereichert mit Elektrolyten und Vitaminen. Lena lupft die müden Lider, ein Zeichen, dass die Meldung gut ankommt bei ihr.

Freu dich nicht zu früh, guter Hund, sage ich zu Lena. Ist bei uns (noch) gar nicht im Handel, das Zeug, und wenn, dann wird es schweineteuer sein. Kostet mehr als Mineralwasser, ein richtiger Nepp.

Nein, das werde ich dir nie kaufen, sage ich zu Lena. Das ist etwas für überspannte Köter wie den von Paris Hilton oder die Hunde-Szene von St. Tropez. Womöglich noch mit Strohhalm und Wurstscheibe serviert, was?

Lena seufzt und ist ein wenig beleidigt. Nie will ich eine Trendsetterin aus ihr machen. Komm, guter Hund, ich gebe dir einen Hundekeks. Die spinnen doch, die Leute, die ihren Hunden so was kaufen. Und die Hunde von denen, die spinnen dann auch bald. Stimmt's nicht, Lena?

*5. August 2006*

## Nicht einmal eine Belohnung ist erlaubt

Kleiner Hund an der Infusionsflasche, sein Mensch zittert mehr als der Hund. Eine geknickte Frau im Ecksessel, den Hamstern, oder sind es vielleicht Ratten, den zwei Tieren in ihrer Reisetasche geht es gar nicht gut. Außerdem ist noch ein Kater vor uns dran, schaut aus wie ein Bruder von unserem, aber jede Ähnlichkeit muss ein Zufall sein.

Ruhig, Goliath, alles wird wieder gut. Du musst noch im Käfig bleiben, du kannst nicht heraus, erstens wegen der wehen Pfote, und zweitens könnte man sogar in deinem sehr gebremsten Zustand nicht garantieren für die Hamster oder Ratten in der Reisetasche. Ein Räuber wie du, Goliath, und zwei arme kleine Tierchen, das kann nicht gut gehen.

Schon sehr aufgeregt ist man. Das liebe Tierchen, und wenn es ein Krokodil wäre, man hat es einfach gern. Und dann muss man zum Doktor Dolittle, ängstlich, als ginge es um die eigene Haut, der Doktor wird doch dem Tier nicht wehtun müssen, hoffentlich.

Und hoffentlich ist es nichts richtig Schlimmes, es ist so schon schlimm genug: Wenn ein Kater, der der wildeste Hund im Revier ist, plötzlich so sanft und häuslich ist und müde, und das Pfötchen, das sonst ein Räuberwerkzeug ist, ist schlaff und tut weh. Röntgen und rasieren und drücken und schauen. Es muss eine Dränage gelegt werden, irgendwas ist da drin, das nicht drin sein sollte, vielleicht von einer alten Kampfverletzung, und das tut höllisch weh.

Später dann dürfen wir Goliath wieder mit heimnehmen, er torkelt noch von der Narkose, die Pfote schaut dramatisch aus mit dem riesigen Verband. Man möchte dem Kater eine Belohnung geben, einen echten Leckerbissen, aber nicht einmal das ist erlaubt. Stattdessen Wickel mit Käsepappeltee. Auch ein Katzenleben kann manchmal ziemlich gemein sein.

*9. April 2006*

## Mein Kater hat heilende Pfoten

Vielleicht war anderswo schöneres Wetter, aber dort, wo ich war, war der Morgennebel schwarz und kalt wie die Nacht, Eisblumen am Fenster und der Ofen noch nicht angeworfen in der Herrgottsfrühe, dazu noch Montag, brrrr und puh, dachte ich. Kurz durch die Angelegenheiten zappen, die der Tag erledigt haben will, das kann man auch mit geschlossenen Augen.

Kopfweh und eine verstopfte Nase, na bravo, sind das jetzt Phantomschmerzen, oder ist ein grippaler Infekt im Anzug? Die Glieder gehorchen auch nicht richtig, vielleicht, weil sie schon so alt sind wie ich.

Morgenstund hat Gold im Mund, an so einem Tag glaube ich mir das selber nicht. Eher noch hilft beim Aufstehen, dass es andere Leute auch nicht besser haben, vielleicht sogar schlechter. Weitgehend kann ich der Arbeit in beheizten Räumen nachgehen, und wenn ich schnurre, kratzt mir eine nah stehende Person das Eis vom Auto.

Der grippale Infekt, das Wetter, die unerledigten Angelegenheiten – vieles spräche dafür, einfach liegen zu bleiben. Aber was für ein Beispiel möchte das für die Schulkinder abgeben! Und der Hund, der kann auch nicht mit sich selber spazieren gehen (der Nachbarhund schon).

Das Gesicht ins Kissen drücken, so rettet man sich vor der Welt. Jetzt auch noch dieser Druck im Nacken. Schmerz, lass nicht nach! Es sind die Katzenpfoten, die auf die wehen Punkte drücken. Und dann liegt das Tier wie eine Stola um den Hals. Resolutes Schnurren. Heißt so viel wie: raus jetzt!

Danke, Kater. Schöner kann ein mieser, kalter Montag überhaupt nicht anfangen. Und das mit dem grippalen Infekt ist auch schon wieder vorbei. Mein Kater hat einfach heilende Pfoten.

*13. Dezember 2005*

## Besuch bei einem sehr alten Hund

Wenn er ein Mensch wäre, wäre er bald hundert. Er heißt Hektor, schwarz wie die Nacht ist er, noch immer ein wenig zum Fürchten. Aber dann, aus der Nähe gesehen: die Augen wehmütig, nicht mehr wild. Er saftelt immer. Er schlurft mehr, als dass er geht. Er ist hauptsächlich müde, erinnert sich kurz an den Futternapf und ist dann gleich wieder müde.

Sollen wir dich spazieren tragen, sagen seine grundgütigen Leute. Ein paar Schritte müssen schon sein, Hektor. Ein paar Schritte vor die Tür, frische Luft, junge Hunde, herumschnüffeln. Herumschnüffeln, das ist wie Zeitung lesen für Hunde. Was für ein wilder Hund Hektor einmal war. Gewesen sein muss. All die Abenteuer, von denen seine Leute erzählen. Die ganze kleine Stadt war sein Revier. Die ganze kleine Stadt, und wie anstrengend das war, dafür zu sorgen, dass nicht ständig kleine Hektors gezeugt werden. Du wilder Hund, du, Hektor.

Vom Alter schon ein wenig gebeugt, aber immer noch doppelt so schwer und dreimal so groß wie unsere junge schöne Lena. Du kannst nicht so wild mit Hektor spielen, Lena, denn Hektor ist ein müder alter Hund, der braucht seine Ruhe, der derschnauft keine Abenteuer und keine Rennereien mehr.

Ein Ohr heruntergeklappt, das andere zum Lauschen gespitzt. Das heißt bei Lena: Schon, ja, aber … und Leine los. Sie tanzt um Hektor, provoziert und spielt, Hektor spielt zurück, zumindest andeutungsweise. Da war doch einmal etwas … ja. Das junge wilde Leben. Sie verstehen einander, Lena und Hektor, Jung und Alt.

Respekt und Tollerei. Lena lässt Hektor ganz viel Vorsprung beim Wettrennen. Gewonnen! Hektor ist müde. Er wird einen wunderschönen Traum haben. Der wilde alte Hund.

*7. Juli 2005*

## Miezen, wir müssen zum Doktor Dolittle

Wieder einmal auf mit Sack und Pack zum Tierarzt. Das ist ein Theater! Zwei Körbe mit Katzen und Lena, der gute Hund, der alle bewacht. Er fährt so gern Auto, nein, nicht selber, obwohl ich ihn immer mit zwei Pfoten am Lenkrad ertappe, aufrecht posierend auf dem Fahrersitz, der Hund, wenn man ihn einmal fünf Minuten allein lässt im Wägelchen.

Er fährt so gern Auto, die Katzen aber nicht. Miau, mio, ein herz- und nervenzerfetzendes Gezeter auf dem Weg zum Doktor Dolittle.

Die Katzen wissen genau, wo's langgeht. Sie hassen Spritzen und Impfstiche sehr, und der Doktor weiß, dass er höllisch aufpassen muss, damit ihn die Miezen nicht beißen und kratzen können oder auffressen im Ganzen. Aber, Miezen, es nützt nichts, es muss halt sein.

Und freut euch doch, ihr werdet bestimmt wieder viele Freunde treffen im Wartezimmer. Hunde, Katzen, Meerschweine, Hamster und, wer weiß, vielleicht ist sogar Barbara da. Die Schlange. Die muss sehr oft zur Nachsorge nach ihrer heftigen Operation. Wenn's nach mir geht, muss Barbara aber nicht da sein. Weil, hm, klitzekleine Schlangenphobie.

Da sind wir endlich. Viel los heute. Zwei Hunde mit Halskrause, die armen Hunde. Geht eh schon viel besser, sagt die Besitzerin. Und der da, was hat er denn? Nur impfen, ah so. Und das Meerschwein? Vielleicht ein Virus, man weiß es nicht.

Besorgt und aufgeregt und neugierig sind wir alle. Die Tiere und die Leut'. Und überhaupt kommt mir vor: Menschen mit Tieren sind fast immer irgendwie netter als solche, die nur sich selber haben. Stimmt's nicht? So, Miezen, wir sind jetzt dran.

*1. Dezember 2007*

## Für den Hund ist nichts zu teuer

Der Zugbegleiter teilt Zeitungen und Magazine aus, ich nehm das Heft mit der Titelgeschichte »Wirtschaftsfaktor Hund«. Obwohl der Cover-Hund nicht ganz mein Typ ist. Er schaut so arrogant aus der Wäsche. Ein feiner Pinkel. Er kann natürlich nichts dafür, dass ihn die Leute so zum G'spött machen für ein Foto, der arme Hund.

Wirtschaftsfaktor Hund, da muss viel Geld drinnen sein, wenn ein Wirtschaftsmagazin so animalisch wird. Ich lese und staune: 680 Millionen Euro pro Jahr geben die Österreicher für ihre Hunde aus. Ein durchschnittliches Hundeleben ist dem Besitzer 13 000 Euro wert. Nicht schwach. Aber der Hund gibt ja so viel zurück, eine Freundschaft ist das, die ist nicht einmal mit Gold aufzuwiegen.

Generell gilt der Trend, dass Futter, Accessoires, kosmetische und medizinische Betreuung immer mehr Budget ausmachen. Das freut mich für jeden einzelnen Hund, dem es dann gut und besser geht. Aber eine Frage hätte ich noch: Wie haben eigentlich Hund (und Katz) *damals* gelebt? In der Zeit, bevor die Dosenfutter-Gänge in den Supermärkten installiert wurden?

Ich kann mich dunkel daran erinnern wie an die Steinzeit. Restl-Fressen war angesagt. Für Hund und Katz ab und zu ein »gemischter Satz« aus Abfällen vom Fleischhauer des Vertrauens.

Die Tiere meiner Kindheit hab ich als die glücklichsten in Erinnerung. Hunde, Katzen, Hühner, Kälber – so schön, so fit und niemals krank. Wenn ich das meinem Hund und meiner Katze erzähle: Die glauben mir kein Wort von dieser tierischen Bescheidenheit. Verwöhnt, wie die sind, in einer Zeit, in der Katzenmenüs nach vier Hauben klingen und jeder g'schupfte Ferdl auf vier Pfoten mit einem Swarovski-Halsband daherkugelt.

*20. Oktober 2007*

# Dein Korb riecht noch nach dir, Lena

Der Tierarzt hat alles getan, was er konnte. Wir waren bei dir, so lange wir konnten. Der Tierarzt sagte, es schaut nicht gut aus. Wir waren alle um dich herum, die letzten Tage. Dein Korb nachts neben dem Menschenbett. Deine Augen, noch am Sonntagmorgen: Viel klarer, viel vitaler, sagten wir. Jeder freute sich riesengroß, wenn du einen kleinen Happen genommen hast. Lena! Komm! Lieblingsfutter!

So alt warst du noch gar nicht. Es war eine Krankheit, ich will sie gar nicht beschreiben. Eine sehr böse Krankheit eben. Die Medizin kann schon ziemlich viel. All die vielen Hunde und Katzen, die wieder gesund wurden.

Sonntagmittag, und plötzlich. Ganz kurz nach dem Tierarzt. Wir sind sofort wieder zu ihm gefahren. Er sagte, er hätte nicht mehr helfen können, auch wenn es in seiner Praxis passiert wäre.

Abschied vom guten, treuen, liebevollen, schönen, klugen Hund. Der Tierarzt schenkt uns seine Sonntagszeit, damit wir lange Abschied nehmen können. Den Körper streicheln. Der Körper ist noch warm.

Dann muss man nach Hause. Da stehen der Wassernapf und der Futternapf. Da liegt dein Spielzeug. In den letzten Tagen wolltest du nicht mehr spielen. In den letzten Tagen haben deine Augen, Lena, manchmal schon Adieu gesagt.

Das schreibe ich für Menschen, die wissen, wie sehr man ein Tier gern haben kann. Für Menschen, die verstehen, wie viel wir von Lena geschenkt bekommen haben. Wie gern sie es hatte, wenn *alle* da waren. Wie nah sie einem war, wenn einer Grippe oder Kummer oder einen Ärger von weit draußen hatte.

Es war eine wunderschöne Zeit, Lena. Deine Geduld mit uns allen. Deine Wärme. Dein Gesicht, dem man nie böse sein konnte, auch nicht nach kleinen Diebstählen. Dein Korb, Lena, riecht noch nach dir.

*4. Februar 2013*

# 7 | Mütter & Väter

*»Und überhaupt sind ja Mütter immer so vernarrt in ihre Kinder; in ihre Söhne ganz besonders.«*

## Jetzt ist sie *Mutter*, nicht Königin

Samstag, 14 Uhr zwanzig. Schöner könnte ein Sonnentag in Lech nicht sein. Es ist ein schwarzer Angsttag für die holländische Königsfamilie. Das Wort *Lebensgefahr* bleibt in den tickenden Nachrichten. Johan Friso, Sohn der Königin, liegt nach dem Lawinenunglück im Koma.

Horden von Reportern sind über Nacht an den Arlberg ausgeschwärmt, andere Horden belagern das Krankenhaus in Innsbruck, in dem der Sohn der Königin zwischen Leben und Tod liegt. Wer macht die bessere Bilder- und Info-Beute? Die Fotografen vor dem Hotel Post, seit bald fünfzig Jahren familiärer Urlaubssitz der Oranier? Oder doch die schussbereite Meute beim Spital?

Auch in den Posting-Foren wird tüchtig mitgeredet. Warum ist er in diesen Hang eingefahren. Selber schuld. Warum so viel Mediengetöse. Er ist *nur ein Mensch* wie jeder andere.

Einem Fotografen ist ein Bild von der hoffenden und bangenden Königin gelungen. Die Schwiegertochter, die Angst um ihren Mann hat und um den Vater ihrer Kinder, ist bei ihr. Tränen? Kummer? So nah ist der Fotograf dann doch nicht gekommen.

Darf man eine Königin oder einen Star oder sonst einen Promi immer und überall fotografieren? Auflauern, im Privatleben wühlen? Wie gefasst oder fertig ist der Bruder des Verunglückten? Hat man den Kindern schon die schreckliche Nachricht gesagt?

Man darf fast alles im weltweiten Geschäft um Royals und Promis und Stars. Und wenn es verboten wäre: Es würde trotzdem geschehen. Der Markt ist sensationell gut für Sensationen. Die holländische Königin ist öffentliches Gut.

Die holländische Königin ist Mutter. Eine Mutter, die um das Leben ihres Sohnes bangt. Samstag, 14 Uhr zwanzig. Ein herrlicher Skitag in Lech. Das Wort *Lebensgefahr* ist immer noch besser als das andere, ganz schreckliche Wort. Hoffentlich muss es nicht gesagt und geschrieben werden.

*19. Februar 2012*

## Söhne ohne Väter

Ja, natürlich, Skinheads kommen oft aus desolaten Familien. Entlaufener Vater, überforderte Mutter und so weiter. Skinheads können freilich auch aus den besten Familien kommen, aus Häusern wenigstens, die von außen hübsch und fein sind, aus Häusern mit einem richtigen, tüchtigen Vater und einer netten, fleißigen Mutter.

Skinheads und all die anderen Kinder, die Ärger machen, tauchen mehr und mehr auf. Gruppenweise in den Schwimmbädern, mit den Bierbechern in der Hand und den anlassigen Sprüchen auf den Lippen. In den U-Bahn-Stationen und an den Bushaltestellen, und manchmal, wenn du an ihnen vorbeigehst, hast du das Gefühl, du gehst an hungrigen Doggen vorbei. Eine falsche Bewegung und einer springt dich an.

Aggressive, jähzornige Kinder und Jugendliche: In Ohnmacht sprechen Psychologen und Politiker über sie, fassungslos darüber, was aus netten Buben werden kann.

Die Mütter sind ein beliebtes Thema, wenn Erklärungen für das Unerklärliche gesucht werden. Sie haben die Buben verwöhnt oder vernachlässigt, waren zu streng oder zu weich, haben zu gut oder zu schlecht erzogen. Von Vätern ist selten die Rede. Väter kommen vor als Davongelaufene, in einem Nebensatz, und wenn sie geblieben sind, dann haben sie halt irgendwie ihre Rolle erfüllt. Dass Kinder, vor allem Buben, einen Vater brauchen, klingt irgendwie unmodern. Diesen Vater, den ein Bub braucht, um seine eigene Männlichkeit zu finden. Diesen Vater, von dem man den Umgang mit seinen Aggressionen, seinen Sehnsüchten und Ängsten lernen kann.

Immer mehr Buben wachsen ohne Vater auf. Ohne den Mann, der ihnen einen Weg zeigt. Ohne den Mann, der sie an die Hand nimmt. Und ihnen den Unterschied zwischen Gewalt und Männlichkeit erklärt.

*3. Juni 1993*

# Im Schatten großer Bäume

Scheinbar aus dem Nichts ist vor ein paar Tagen Julian Lennon über seinen toten Vater hergefallen. John Lennon, der im Himmel in der kleinen Gasse der Jahrhundertgenies wohnt. John Lennon, von dem viele ergebene Jünger sagen, er habe für den Frieden und die Liebe mindestens so viel geleistet wie für die Musik.

»Love & Peace«, Millionen Menschen waren in selige Trance versetzt von den Klängen und Reden für eine bessere Welt. Dass alle einander lieben und keiner dem anderen mit dem Messer oder mit der Bombe kommt, davon hat man eine Weile träumen dürfen. Es war dann ausgerechnet der oberste Friedensapostel der Beatles, der einem grausigen Attentat zum Opfer fiel.

Julian Lennon, der Sohn, hat viele Jahre versucht, toll wie der Vater zu sein. Der Schatten des großen Baumes war aber zu groß, die Begabung zu klein. Nie wird Julian in der kleinen Gasse der Genialen im Himmel wohnen.

Aber auf Erden versetzt er dem Denkmal seines Vaters einen bösen Tritt. Scheinheilig und kalt und gemein und rücksichtslos sei John Lennon gewesen, sagt er. Habe ihn samt der Kindesmutter im Stich gelassen. Keine Liebe, nicht einmal Frieden.

So wird es schon vielen Kindern großer Väter ergangen sein. Sie haben vielleicht für den Weltfrieden, die Literatur oder die Musik Jahrhundertleistungen erbracht. Aber ihre Söhne und Töchter haben sie im Schatten der eigenen Herrlichkeit zugrunde gehen lassen. Da denkt man mit heftiger Liebe und Rührung an sein eigenes Väterchen zurück, dessen Name sich in keinem Lexikon und unter keinem Denkmal findet. Dieses Väterchen hat keinen großen Namen und keinen Reichtum hinterlassen. Aber die Erinnerung an alle Liebe, Zeit und Zärtlichkeit der Welt.

*20. Mai 1998*

## Barbara, die Rabenmutter

Manchmal schaut Boris Becker in Miami vorbei, bei seinen Kindern, er liebt diese ja sehr. Ein guter Vater, sagen die Leute, und zu seiner Exfrau ist er eigentlich auch ziemlich nett.

Woher der Mann nur die Zeit nimmt, sich so um seine Familie zu kümmern: Er ist immerhin ein viel beschäftigter Geschäftsmann, er geht gern golfen auf Mallorca, er zieht mit seinen Kumpeln um die Häuser, und da und dort eine Affäre soll sich auch noch ausgehen. Und dann ist da noch eine kleine Tochter in London, und ab und an möchte die Mama, dass er auf Kaffee und Kuchen kommt. Ein toller Mann; wie der das alles unter einen Hut bringt.

Von Barbara Becker sagte das Publikum lange Zeit, dass sie eine supergute Mutter sei. Die Eheleute Becker haben ja praktisch immer auf einer Bühne gelebt, jeder konnte zuschauen, wie schön sie es hatten, und nach der Scheidung hat man dann noch genauer geschaut.

Jetzt ist das Image von der guten Mami aber leider angepatzt. Barbara geht zu viel in die Discos und so, steht in den Zeitungen, und sogar das Kindermädchen hat gekündigt, weil die Mama zu viel ausgeht. Steht auch in den Zeitungen.

Das Wort Rabenmutter wird bereits geschrieben: zunächst noch mit Fragezeichen dahinter, vielleicht aber bald schon mit einem Rufzeichen wie ein böser Zeigefinger.

Rabenmutter, jaja, den Titel hat man schnell einmal. Weil eine Mutter, die gehört einfach an den Herd und in die Sandkiste. Wenn aber der Herr Boris von einer durchzechten Nacht oder aus dem Bett eines Playmates direkt zu den lieben Kindern flöge – ein Supervater, würden die Leute sagen.

Zweierlei Maß eben. Und das ist nicht nur bei den berühmten Beckers so, sondern auch im ganz normalen wirklichen Leben. Väter haben einfach irgendwie den Disco- und den Seitensprung-Bonus.

*24. Mai 2001*

## Vater sein? Nein, danke

Thema mit Dauerbrenner-Garantie: Warum immer mehr Männer keine Kinder wollen. Österreichische Männer sind europäische Trendsetter bei dieser Frage. Klingt gar nicht lieb.

Man hat inzwischen jahrzehntelang eigentlich immer nur die Frauen gefragt: Möchten Sie Kinder haben? Wenn ja, wie viele, wenn nein: wieso? Frauen konnten und können gute Gründe nennen für ihre Zurückhaltung in der Fortpflanzungsfrage. Dieser ewige Spagat zwischen Job und Familie. Diese Firmen, die Frauen mit Kindern bei Lohn- und Aufstiegschancen bestrafen. Außerdem: weit und breit keine Großfamilien mehr. Und wenn eine nur Mutter sein will: megaout.

Und die Männer? Die klagen neuerdings auch über den Spagat. Zwischen der alten, aber immer noch gängigen Rolle *Familienernährer* und dem Bild vom Papi, der bis auf das Stillen alle Mutterfunktionen erfüllt. Immer mehr Männer haben keine Lust auf Vaterpflichten.

Und dann wird noch die Angst erwähnt, im Falle einer Scheidung/Trennung nur noch der Zahl-August zu sein. Seine Kinder aber kaum noch zu sehen.

Bis zu diesem Punkt sind männliche wie weibliche Bedenken bei der Familienplanung noch durchaus nachvollziehbar. So wahnsinnig kinderfreundlich ist die Gegenwart ja wirklich nicht, bis auf das Blabla auf Plakaten.

Aber da ist noch etwas anderes. Bizarr bis traurig. Zum Beispiel: die Angst der Männer (und mancher Frauen), das perfekte *Projekt Kind* nicht so großartig hinzukriegen. Projekt Kind! Nein, es ist nicht mehr einfach nur Liebe, die eine Beziehung zum Baby definiert. Liebe mit allen ihren Risken und der Gewissheit, dass Kinder sagenhafte Nervensägen sein können. Ein Kind von heute ist kein Kind mehr. Es ist ein Projekt, mit dem Daddys und Mamis brillieren wollen.

*6. Juli 2011*

## Die chinesische Mutter

Das wird ein Bestseller. Amy Chua und das Tagebuch ihrer knallharten Erziehung. Zwei kleine Töchter, die nicht einmal aufs Klo durften, wenn sie nicht *spitze* waren beim Klavier- oder Geigendrill. Und wenn du nicht spurst, dann verbrenne ich deine Stofftiere. Schreikrämpfe, wenn eine Note kein römischer Einser ist. Keine Kinderpartys und keine *sinnlose* Freizeit.

Die Mutter ist chinesisch-stämmige Amerikanerin. Professorin an einer Elite-Uni. Sie sagt, es ist Liebe, wenn chinesische Mütter ihre Kinder zu Höchstleistungen zwingen. Die westliche Kuschelpädagogik – die produziert nur Weicheier.

Zwischen Empörung und *Bravo* reagiert das Publikum. Das wird auch bei Frau Sarrazin so sein, die demnächst im medialen Windschatten ihres provokanten Ehemannes ein Buch herausbringt, in dem das Ende der Laisser-faire-Erziehung gefordert wird.

Hatten wir das nicht schon einmal? Diesen Drill, jedes Kind ein kleiner Soldat. Funktionieren und trimmen und hart sein, bis die Knie bluten und die Fantasie und die Träume erloschen sind.

Mit einem rasiermesserscharfen Lächeln sagt die chinesische Mutter des Schmerzes: Die westliche Welt ist so verunsichert über das Buch, weil viele Angst haben vor der »chinesischen Tüchtigkeit«. Und Magazine wie der »FOCUS« beunruhigen mit Titelgeschichten, dass unsere Kinder bald kaputtgehen vor lauter Freiheit und Loser-Toleranz. Klar, mulmig könnte einem schon werden von Kindern, die man haltlos und leistungsunlustig heranwachsen sieht.

Als Mutter bin ich auch eher ein Weichei als eine Leistungsdomina. Chinesische Kinder können vielleicht viel mehr als meine. Aber es würde mir noch nachträglich das Herz brechen, hätte ich je versucht, mit chinesischer Folter einem kleinen Kind die Seele zu brechen.

*25. Jänner 2011*

# Brief eines Vaters

Der Brief hatte mehr als vierzehn Tage Verspätung. Geschrieben in der Weihnachtszeit, angekommen gestern. Keine Ahnung, wo der Brief so lange hängen blieb. Sicher könnte nicht einmal die Post das genau sagen.

Weihnachten längst vorbei, aber der Brief zieht seine Traurigkeit in den schroffen Jänner herein, und er würde zu jeder Jahreszeit diese Traurigkeit vermitteln, die nichts zu tun hat mit kleiner Melancholie und stimmungsvollem Mitgefühl.

Der Brief ist von einem Vater aus Wien, knapp vierzig Jahre alt. Da sind vier Kinder, eines davon ist behindert. Glückliche Familie, vielleicht sogar ein bisschen glücklicher als manche andere, weil sie sehr zusammenhalten muss.

Glücklich bis zu jenem Tag kurz vor Weihnachten, als die Frau, die Mutter, nach einem sogenannten Routine-Eingriff aus dem Spital nicht mehr nach Hause kam. 36 Jahre alt, Lungenembolie, tot. Vier Kinder, so traurig. Ein Mann, so fertig. Der Brief des Mannes hat keinen Ton von Selbstmitleid. Jetzt halten sie eben zu fünft zusammen. Denken an die Frau und die Mutter.

Eine Frage hat der Mann in diesem Brief gestellt. Nicht die Frage: Warum gerade wir? Warum gerade die Mutter meiner Kinder? Die Frage lautet: Ob es vielleicht irgendwo eine Frau gibt in Wien, die ein wenig Großmutter sein könnte. Großmutter ist vielleicht das falsche Wort. Einfach ein Mensch, der ein bisschen Zeit übrig hätte und so was wie Liebe. Ganz vorsichtig ist die Frage gestellt. Weil eines von den vier Kindern ist ja behindert.

Wenn es so jemanden gibt, dann, bitte, schreiben. Wird gerne an den Vater weitergeleitet. Ist doch egal, dass Weihnachten vorbei ist. Bei dieser Familie wird es eh traurig gewesen sein. Und jetzt könnten die fünf immer noch Hilfe gebrauchen.

*10. Jänner 1999*

## Das Geschäft einer Mutter

»Weißt du eigentlich, wie lieb ich dich hab?« Bis zum Mond und den Sternen hinauf und noch weiter, sagen die Hasen zueinander in diesem schönsten Kinderbuch der letzten Jahre. Natürlich würde die Hasenmutter niemals ihr Hasen-Kind verkaufen, um kein Gold der Welt, klar.

Und Menschenmütter sind auch nicht anders, die aller-allermeisten. Obwohl es diesen seltsamen neuen Beruf gibt: Leihmutter. Kinder aus der biologischen Boutique. Irgendjemand wünscht sich ganz unbedingt Kinder. Irgendjemand liefert sie.

Michael Jackson hat sich auch immer so dringend Kinder gewünscht. Denen alles zu geben, was er als Kind nicht hatte, wünschte er sich. Kleine Jacksons, ins Paradies hineingeboren. Klonen geht ja noch nicht richtig.

Es ist ein Pärchen geworden, inzwischen zweieinhalb Jahre und achtzehn Monate alt. Die Mutter der beiden wie aus dem Hut gezaubert und schnell geheiratet. Debbie Rowe, die Auserwählte.

Das Fortpflanzungsprogramm ist abgeschlossen und die Scheidung eingereicht. Eine ganz schmerzlose Trennung, wurde verkündet. Vergoldet mit etwa 150 Millionen Schilling und vielem Drum & Dran. Die Kindesmutter wird nie mehr Sorgen haben. Der Preis: Die Kinder gehören jetzt dem Daddy, Michael Jackson. Sie werden es gut haben. Michael Jackson liebt ja Kinder sehr.

Die Kindesmutter hat ihre Rechte mit dem Abschiedsscheck abgetreten. Keine Sorgen mehr. Aber vielleicht abends nie mehr mit den Kindern kuscheln können und sagen: Weißt du eigentlich, wie lieb ich dich hab? Was für ein Preis. Ob 150 Millionen je darüber hinwegtrösten können? Niemals, sagt die Hasenmutter und umarmt fest ihr Hasenkind.

*12. Oktober 1999*

# Auf die altmodische Tour

Der deutsche Bundespräsident Horst Köhler hat eine strenge Rede über Bildung und Erziehung gehalten, und die hat mir sehr gut gefallen. Da kommen solche Worte vor wie Respekt, Rücksicht, Manieren, und dass das Wort *nein* öfter ausgesprochen gehört zu den geliebten Kindern und dass man alle Fernseher aus den Kinderzimmern werfen soll. (Das Letztere hat er eleganter, nicht so grob gesagt, aber man darf es trotzdem so verstehen, nicht?)

Das war wirklich eine schöne Rede mit vielen altmodischen Begriffen, die man sich kaum noch denken oder gar sagen traut, wenn man ein moderner Elternmensch sein möchte. Anstand! Manieren! Das *darfst* du, Kind, und *das* darfst du nicht!

So altmodisch will man doch nicht dastehen. Freie Bahn den kindlichen Trieben und Fantasien. Lasst den Kindern Ellbogen und Eigensinn wachsen. Das Kind muss um sich werfen können, so wild, wie es will, weil wer möchte die Spätfolgen einer Traumatisierung riskieren, nur weil er dem Kind verboten hat, dem anderen Kind oder der Großtante mit der Schaufel auf den Kopf zu hauen. Süßliches, hilfloses Lächeln, das Kind ist halt eigenwillig, da darf man nicht eingreifen. Erschöpftes Wohlbehagen auf der Fernsehcouch; endlich gibt das Kind eine Ruh und hockt vor seinem Fernseher im Kinderzimmer.

Respekt, Rücksicht, Anstand, Manieren. Danke für die schönen Worte, Herr Bundespräsident von Deutschland. Man weiß als Vater- oder Muttermensch wirklich kaum noch, wie man sich wehren soll. Außer auf die ganz altmodische und sehr anstrengende Art: *Erziehung.*

*23. September 2006*

## Von gruselböse bis wunderbar: Mütter

Mutterherz und Mutterkitsch, Mutterliebe und Mutterpflicht. Der Mutterinstinkt, die stärkste Kraft der Welt, von der Wissenschaft enttarnt als chemischer Trick der Natur. Liebe, gibt's die überhaupt? Wenn der Nachweis gelingt, dass (Mutter-)Liebe überhaupt nicht existiert, dann gute Nacht.

Mutter sein ist überhaupt noch kein Liebestitel, nur ein biologischer Begriff. Jeder hat eine, anders geht es nicht. Aber nicht jeder hat eine, die liebt. Und was heißt überhaupt Liebe. Wie viel im Herzen und vor allem auf dem Rücken Platz hat, ist das Maß. Das Gewicht der Welt hängt nicht an Bush oder Merkel, sondern – genau – auf dem Rücken der Mütter.

Aber, wie verschieden die beschaffen sind. Mütter, kalt wie ein Eisberg können die sein. Im Mantel der Liebe Kindern so viel antun, dass die ein Leben lang nicht fertig werden damit. Man kann es sich nicht aussuchen. Aber wer ein kaltes Luder als Mutter erwischt, ist der ärmste Hund. Als Sohn, als Tochter.

Und Mütter gibt es, die machen ihre Kinder vor lauter Liebe kaputt. Lieben ihr Kind wie eine Trophäe, es muss das schönste, das beste, das klügste Kind sein. Sonst sind sie beleidigt. Schlechte Karten fürs Leben hat so ein Kind. Erdrückt von Umarmungen.

Mütter, die ihre Kinder allein lassen, für diesen Mann und den nächsten und den übernächsten. Mütter, total untauglich für den schwierigsten Beruf der Welt. Man braucht ja keinen Führerschein dazu.

Mütter, die alles für ihre Kinder tun – und irgendwann stehen gelassen werden. Erfolgsgarantie als Mutter: null. Mütter mit Löwenherz und solche, die keines haben. Jede Mutter der Welt ist ein Unikat, von gruselböse bis wunderbar. Fest steht: Meine war die allerbeste. Eben meine. Danke, Mama. Nur so. Nicht weil schon wieder gleich Muttertag ist.

*5. Mai 2006*

## Ich liebe dich, Sohn

Und überhaupt sind ja Mütter immer so vernarrt in ihre Kinder; in ihre Söhne ganz besonders. So blöd oder so böse kann sich kein Sohn anstellen, dass er nicht immer Mutters Liebling bleibt. Sagt man. Küssen, herzen, und wenn die Kerle vierzig sind, möchte ihnen Mama immer noch die Essigpatschen persönlich anziehen.

Vatersöhnchen? Gibt es kaum. Männer wollen stolz sein auf ihre Söhne, schweigen beleidigt, wenn es keinen Grund gibt, stolz zu sein. Gern schweigen sie auch allfälligen Vaterstolz hinunter. Nur keine Rührseligkeiten aufkommen lassen. Generationen von Söhnen haben gelitten am Schweigen der Väter. Erbkrankheit Berührungsangst. Aber es geht ja auch anders.

Ein Vater, gegen siebzig, und sein 40-jähriger Sohn. Den Vater hat das Leben hart gemacht und den Sohn der Vater. Sei kein Feigling, sei nicht weich, sei keine Memme. Jahrzehntelang haben sie einander mehr bekämpft als geachtet. Aus dem Sohn ist nie ein richtiger Held geworden, das hat ihm der Vater nicht verziehen. Wenn's schon dem Vater nicht zum Helden gereicht hat.

Der Vater ist krank. Schlechte Zeit, aber die beste Zeit bisher im Leben des Sohnes. Sie sind ins Reden gekommen. Einmal, zweimal, immer öfter. Was habe ich alles falsch gemacht, fragt der Vater. Nichts, sagt der Sohn. Sie erzählen einander ihr ganzes Leben. All die Kapitel, die sie aneinander vorbeigelebt haben.

Der Sohn stützt dem Vater den Rücken, wenn der Vater von einem seiner grausigen Hustenkrämpfe geplagt wird. Das hat der Vater nie getan, wenn der kleine Sohn krank war. Das war Mutterjob. Der sprachlose Vater hat einen unglaublichen Satz zum Sohn gesagt. Ich liebe dich, Sohn. Er hatte Tränen in den Augen. Der Sohn auch. Es waren Vaters letzte Worte.

*20. Jänner 2005*

## Für alle traurigen Mütter

So traurig sind manche Geschichten, dass man nicht einmal in Gedanken in die Nähe kommen mag. So traurig sind manche Mütter, dass niemand sie trösten kann.

Mütter, die ein Kind verloren haben. Mütter, die hinter dem Sarg ihres Kindes hergehen mussten. Mütter, die solche Angst haben, dass sie ihr Kind eines Tages allein zurücklassen müssen auf der Welt; ein Kind, das dem Leben nicht gewachsen ist, immer auf fremde Hilfe angewiesen sein wird. *Fremde* Hilfe.

Mütter, die ihr Kind an Drogen verloren haben, an Alkohol. Mütter, die so leben müssen, als würde das Leben sie für ihre Liebe bestrafen. Mütter, die ihre Kinder im Gefängnis besuchen müssen, in einer Anstalt, im Krankenhaus.

Mütter, die ihr Kind an eine Sekte verloren haben, Mütter, die ihre Sprache zum Kind verloren haben, als wäre ein riesiger Graben zwischen der Mutter und dem Kind.

Mütter, die vielleicht etwas falsch gemacht haben und nie mehr erlöst werden; Mütter mit ihren Schuldgefühlen, als wären sie an allem schuld.

Mütter mit einem Kind, das in der zweiten oder dritten Reihe steht in der Gesellschaft, nicht so klug wie die anderen, nicht so schön wie die anderen, nicht so brauchbar wie die anderen. Mütter mit einem Kind, das abzurutschen droht auf die schiefe Bahn, die trostlose Perspektive, dass das Kind keinen Job, keinen Halt, keinen Weg finden wird.

Mütter mit einem Kind, das in der Schule gemobbt wird; zu dick oder zu dünn, zu auffällig oder zu unauffällig. All die Mütter, denen es einen Stich gibt am Muttertag. So viele traurige Mütter. Und hoffentlich das Gespür der Glücklichen, dass dieses Glück nicht selbstverständlich ist.

*8. Mai 2005*

## Das Kind entrissen

So zärtlich hält die junge Frau das Baby im Arm. Ein wunderbares, gesundes Mädchen. Das Köpfchen ist in den Ellbogen gebettet, kleine Finger klammern sich an eine gute Hand. Die Mutter hat nasse Augen; die Tränen hält sie zurück. Ihre Gefühle sind in heller Aufruhr, aus Angst, das Kind zu verlieren.

Sie spricht nicht weinerlich, sie spricht nur aus ganzem Herzen. Als möchte sie das Kind vor der Kamera und der ganzen Welt beschützen, streichelt sie den kleinen Körper, redet ruhig, um das Kind nicht nervös zu machen.

Die junge Frau ist körperbehindert. Auf den Rollstuhl angewiesen und auf fremde Hilfe. Das Jugendamt will ihr das Kind wegnehmen. Sie kann ja nur den Kopf bewegen, hat jemand vom Jugendamt gesagt. Wie sie ihr Kind in den Armen hält und in ihren Schoß bettet und liebt, hat vom Jugendamt niemand kapiert.

Sie möchte ihr Kind so gerne selber aufziehen, sagt die Frau in der »Zeit im Bild«. Möchte ihrer Tochter alle Liebe geben, ihr die Welt erklären, die guten Sachen zeigen und sie bewahren vor den bösen Dingen. Sie möchte, dass ihr Kind nicht von fremden Menschen das Leben lernt.

Die Wiener Vizebürgermeisterin gibt sich in ihrer Stellungnahme versöhnlich. Doch, doch, man werde tun, was man könne, man werde vielleicht eine Lösung finden für Mutter und Kind.

Die Leute vom Jugendamt werden ihre radikale, gefühllose Entscheidung vielleicht revidieren müssen. Die Mutter wird ihr Kind vielleicht behalten können. Weil sich die Leute vom Jugendamt nicht leisten können, über diese Bilder, über diese Sätze der Mutter im Fernsehen hinweg zu entscheiden.

Dieser körperbehinderten Mutter wollten sie das Kind buchstäblich von der Brust reißen. Dort, wo geistig und seelisch völlig unfähige Menschen ihre Kinder kaputtmachen, greifen sie nie so schnell ein.

*26. März 1995*

## Eine gute Mutter

Die Mutter, die ihre drei kleinen Kinder im Krankenhaus abgab, ist nun selber im Krankenhaus. Eine junge Frau, seelisch und körperlich fertig.

Den Ärzten im Mautner Markhof'schen Kinderspital in Wien hatte sie noch schnell einen Zettel in die Hand gedrückt: Sie sei völlig überfordert, sie könne nicht mehr. Die desolaten Wohnverhältnisse. Das Geld.

Adam, Josef und Erich. Zwei, drei und fünf Jahre alt. Drei kleine Brüder, die es bei ihrer Mutter so gut hatten, so weit die Kräfte der Mutter eben reichten. Seelisch und körperlich machen die Kinder einen guten Eindruck, sie sind geliebt worden und nicht geschlagen. Die Mutter liebt ihre Kinder sicher noch immer. Leidet unter der Trennung und leidet darunter, dass sie nicht mehr Kraft zum Lieben hatte. Und nicht genug Geld.

Und der Ehemann? Von dem lebt sie, wie so viele Mütter, getrennt. Und was sagte der Ehemann, als er von dieser traurigen Geschichte erfuhr? Er war ratlos!

Er kann sich, wie er erklärte, gar nicht erklären, was da los ist. Das ist bei vielen abwesenden Ehemännern und Vätern so: Sie können sich gar nicht erklären, warum ihre Frauen und Kinder halb zugrunde gehen, weil sie überfordert und fertig sind.

Die Frau, die in ihrer Not die Kinder ins Spital brachte, verdient Respekt und nicht Verachtung. Sie hat Alarm geschlagen, bevor etwas Schlimmeres passiert ist.

Und Hilfe hat diese Frau auch verdient. Jede Hilfe, die es ihr möglich macht, den Kindern das zu sein, was sie ist: eine gute Mutter.

Sie hatte den Mut, auf ihre Ohnmacht hinzuweisen. Das ist für die Kinder bestimmt besser, als sich vor Scham mit unlösbaren Problemen und hoffnungslosen Kindern zu verkriechen.

*31. Jänner 1995*

## Die Mutter hat einen Vogel

Ihr Glück sei ein Vogerl, sagten die Damen und Herren in Spiras jüngster Folge der »Alltagsgeschichten«. Große Vögel, kleine Vögel, massenhaft Vögel oder exotische Einzelstücke wie der Professor unter den Vögeln, der sich im Salon durch die Weltliteratur frisst. Alte Damen erzählten von ihrer Einsamkeit und dass sie nun eben nicht mehr so einsam sind, wenn sie jemanden zum Reden haben. Manche wollten immer schon allein sein, manche konnten nicht die Kinder bekommen, die sie sich wünschten, und manchen ist der Mensch, mit dem sie ein Leben lang redeten, weggestorben. An einen neuen Menschen könnten sie sich nicht mehr gewöhnen.

Man sah auch eine Frau, die einmal viele, viele Menschen um sich hatte. Vierzehn Kinder. Sie hat sie großgezogen, und nun sind sie eben fort. Nein, sagte sie, die Kinder hätten keine Zeit, sie zu besuchen. Das müsse eben so sein, und das müsse man verstehen. Die Frau wollte es mit der allerletzten Kraft verstehen, dass es so sein muss. Und dann trieb es ihr die Tränen in die Augen. Wenigstens einen Vogel habe sie gegen die Einsamkeit.

Vierzehn Kinder hat die Frau großgezogen. Wenn jedes dieser Kinder nur einen halben Tag im Monat Zeit hätte, dann hätte die alte Mutter jeden zweiten Tag Besuch. Dann wäre sie auf ihre ganz alten Tage nicht so allein und hätte noch einen Nabel zur Welt und zum Leben. Die großen Kinder haben alle so unheimlich viel zu tun. Die großen Kinder haben nicht einen halben Tag im Monat Zeit. Irgendwann werden sie sich noch einmal Zeit für die Mutter nehmen müssen; zum Begräbnis.

Eine Mutter, sagt man, kann zehn Kinder nähren und aufziehen. Aber zehn Kinder können nicht eine Mutter am Leben erhalten.

*17. Juni 1995*

## Zwei Mütter-Bilder

Man muss nur die Namen austauschen, die Texte kann man picken lassen: Wie toll das ist, Beruf und Kinder zu managen. Nur eine Mutter mit erfülltem Karriereleben ist eine gute Mutter. Tagsüber Business, abends Kuschelzeit. Es kommt nicht auf die Quantität an, nur die Qualität zählt in der (Mutter-)Liebe.

Die Namen kann man austauschen. Schauspielerinnen und Politikerinnen und Frauen aus der Wirtschaft. Alles im Griff. Kleine Seufzer wegen Doppelbelastung und weil sich die Yoga-Stunde nicht immer ausgeht. Aber sonst: super.

Erstaunlich, dass der Großteil der Frauen es nicht so super haben möchte. Lieber ein paar Jahre beim Kleinkind bleiben, vielleicht ein wenig dazuverdienen und vom Staat nicht im Stich gelassen werden. Was sind denn das für Frauen, die sich am Herd festkrallen, statt Karriere und Kinder souverän zu arrangieren? Keine Schneid, sich spielerisch durchs Leben zu hanteln?

Vielleicht sind es Frauen wie Sandra P. Die ist Floristin und hat drei Kinder, das kleinste zwei Jahre. Die hat einen Job in einem Blumenladen und sogar einen Krippenplatz ganz in der Nähe. Die steht so früh auf, dass sie die Nachtschwärmer heimkommen sieht, und den Haushalt schupft sie bis in den Spätfilm hinein. Die liebt ihren Beruf, eigentlich, und ihre Kinder sehr, und sie hat sogar einen Mann, der daheim nicht auf der faulen Haut liegt.

Zusammen verdienen sie ungefähr so viel, dass sich alles ausgeht. Leider geht es sich nicht aus, eine Zeit lang daheim zu bleiben. Karrieresprünge im Blumenladen sind nicht in Sicht. Aber der Job könnte sonst weg sein. Zum Einschlafen liest sie gern Homestorys über Karrieremütter. Urleicht, alles unter einen Hut zu bringen.

*17. April 2007*

## Der Trend zum Oma-Kind

Ja, es ist Weltrekord. Herzlichen Glückwunsch. Das hat noch keine Frau geschafft: zwei Geburten im reifen Alter zwischen sechzig und siebzig.

Herzlichen Glückwunsch, das Kind ist da, es soll leben und glücklich sein. Keine herzlosen Debatten, ob so ein Kind überhaupt das Recht hat, geboren zu werden. Die Mutter und die Mediziner und ein Vater haben sich das Recht genommen, aber jetzt gehört das Leben dem Kind.

Mutter und Kind wohlauf, hört man aus Graz. Mit 66 Jahren hat die Mutter Schwangerschaft und Geburt gut überstanden. 66, das ist das Alter, in dem auch manche Männer gern noch einmal Kinder in die Welt setzen. Aber das ist natürlich etwas ganz anderes.

Kinder, die einzige Möglichkeit, den Tod zu besiegen. Das Leben geht weiter, auch wenn du selber schon lange tot bist. Ein Kinderlachen im Herbst, und sofort ist wieder Frühling.

Bevor alle herfallen über die späte Mutter und ihr Kind: Alter schützt eben vor Sehnsucht nicht. Die Mutter wird achtzig sein, wenn das Kind in der Pubertät ist. Aber das sind manche Väter auch. Und manche Eltern sind nur halb so alt, aber schwer überfordert.

Technisch, sagen die Ärzte, sei die Sensation der späten Geburt ein Kinderspiel. Hormone schlucken, fremde Eizelle aufnehmen, der Körper reagiere ganz jung. Biologisch hat das Kind dann praktisch zwei Mütter und einen Vater. Die genetische Mutter und die »Gebär-Mutter«.

Alles Gute für Mutter & Kind. Menschen, Männer und Frauen, haben schon ganz andere Sachen gemacht, um für immer jung zu sein. Aber irgendwie unheimlich ist er schon, der Trend zum Oma-Kind. Passt aber gut in die Zeit, in der alles möglich ist – außer alt sein und seine eigene Sterblichkeit begreifen.

*29. März 2007*

# 8 | Erinnerung & Abschied

*»Und danke, dass ich wieder glücklich sein konnte wie als Kind mit meinem Lieblingskälble.«*

## Autosuggestion – Vorstellungskraft

Morgen hat die Flasche aller Flaschen Geburtstag: Maggis Würze, 150 Jahre alt. Hat irgendjemand in diesem Land eine Kindheit ohne Maggi erlebt? Aber wirklich nicht.

Obwohl das Zeug, wie die Autorin Eva Menasse schreibt, verteufelt und verflucht wurde. Schauderbare Geschichten erzählte man uns; als wäre der böse Wolf in Flaschen abgefüllt oder die Knochen räudiger Hunde zermalmt und mit Krötenelixier aufgeschüttet worden. Prost, Mahlzeit.

Wir aßen unsere Suppen trotzdem nicht ohne ein paar Spritzer von der braunen Brühe. Und den Eltern glaubten wir bald auch nicht mehr alles, wenn wir sie im Gasthaus den Leberknödel begießen sahen. Mit Maggi, reichlich. Den Kindern von Bregenz flutete der Geruch von Maggi den ganzen Tag in die Nasen; aus der großen Maggi-Fabrik kam die würzige Brise, bei ungünstiger Wetterlage gab es allerdings die schrecklichsten Duftkollisionen mit dem Dampf aus der nahen Hustenzuckerlfabrik.

In die Designerküchen von heute passt die Flasche, die in 150 Jahren immer ihr unverwechselbares Gesicht behielt, nicht mehr so gut. Maggi ist heute eine Todsünde gegen die Ästhetik und gegen die Nouvelle Cuisine. Jetzt steht die Flasche irgendwo in einem diskreten Winkel, wie der Schnaps eines heimlichen Alkoholikers. Frage nicht, in wie viele herrliche reine Rindsuppen der schicke Koch, die schicke Köchin noch schnell eine große Ladung Maggi gedonnert hat, ehe sie unter großem Applaus auf den Tisch kam. Ein guter Trick, um die kleine Sünde zu verschleiern: Reichlich Liebstöckel in hübschen Gefäßen herumstehen lassen. Liebstöckel ist nämlich Maggikraut und duftet genau wie der Saft aus der Flasche.

*8. Oktober 1996*

## Die besten Erdbeeren der Welt

Sie hatten Körbe vor die Bäuche geschnallt und Rucksäcke geschultert. Sehr früh am Morgen stapften sie los; der erste trockene Tag nach den Wasserzeiten. Sie waren ein ganzes Rudel, zwei Väter als Leittiere, zwei Mütter die Abteilungsleiterinnen für Wurstsemmeln, Heftpflaster, Mückensalbe sowie, sicher ist sicher, ein Gegengift nach dem Kreuzotternbiss.

Dahinter trabten sieben Geißlein; das größte war eher muffig gelaunt, weil man mit siebzehn nicht mehr gern im Gänsemarsch geht, das kleinste lachte wie die Sonne und hatte den größten Korb um den Bauch.

Der Wald dampfte noch von den Regentagen davor, das Parfum von Moos und Tannennadeln und Holz war wie ein kostbares Bad. Vater Numero eins versprach, den Tross über Stock und Stein direkt ins Schwammerlparadies zu führen. Vater Numero zwei hatte eine zweite, völlig geheime Route ins Reich der Himbeeren und der Erdbeeren im Kopf. Gegen Mittag noch immer kein einziger Pfifferling in Sicht. Die ersten Geißlein hundematt, die Väter noch voll Optimismus. Nur ein böser Fliegenpilz stand wie ein Männchen allein im Walde. Wahrscheinlich, knurrte der Schwammerl-Vater am Nachmittag, waren die Holländer und die Deutschen schon da. Die räubern unsere Wälder ja hemmungslos aus.

Erdbeeren fand man dann doch. Das kleinste Geißlein klaubte sie wie ein Wiesel so flink, und genauso schnell aß es auch alle auf. Das 17-jährige Geißlein flackte sich derweil auf einer sonnigen Lichtung hin; statt der Vögel sang ihm irgendein Techno-Hammer aus dem Kopfhörer ins Ohr.

Elf Stunden dauerte es, bis der Trupp der Sammler wieder daheim war. Die Fußmaroden machten die letzten Meter auf allen vieren. Die gesamte Erdbeerbeute reichte gerade für elf winzig kleine Tellerchen. Es waren allerdings die besten Erdbeeren der Welt.

*1. August 1997*

## Der heilige Pfingstochse!

Heiliger Geist? So was glaubt doch bald kein Kind mehr. Dazu sind sie viel zu gescheit, die Kleinen. Heilige Dreifaltigkeit? Frag einen Teenie, der lacht sich einen Ast ab. Heiliger Pfingstochse! Aber was ist eigentlich Pfingsten? Ein langes Wochenende. Pfingsten ist der stressige Kurzurlaub und die Staudurchsagen, weil kein Pfingstochse genau dort bleiben will, wo er grad ist.

Pfingsten ist alle Jahre wieder die mehr oder weniger schreckliche Bilanz der Opfer im Pfingstreiseverkehr. Und die Wetterfrösche, die quaken viel aufgeregter als sonst vor ihren Großwetterlage-Computerkarten herum, weil der Mensch will ja wissen, ob es aufs Autodach kübeln wird oder nicht, wenn er im Stau steht.

Heiliger Geist. Was könnte das ungefähr sein? Uns hat man das als Kinder noch erklärt wie ein großes Wunder, uns hat man überhaupt noch jede Menge Wunder und himmlische Geheimnisse verkaufen können. War leicht, denn wir waren ja so naiv, und wir glaubten gern.

Die biblischen Geschichten, die der Kaplan erzählte – urspannend waren die. Was, und dann ist Jesus wirklich über das Wasser gegangen? Wie, und der Heilige Geist kommt dann wirklich herunter? Ja klar. Unsere kleinen Köpfe waren offen für jede wunderbare Geschichte.

Erzähl das alles einmal einem Kind von heute. Einem Kind, das keine Kindheit hat, keine geheimnisvollen Geschichten. Dafür hat es einen Fernseher, Videospiele und weiß alles, was ganz schrecklich zu wissen ist. Einem Kind von heute kannst du die Welt und den Himmel nicht schönerzählen. Ein Kind von heute wächst mit dem Grauen auf.

Heiliger Geist. Wenn der jetzt nur bitte wirklich herunterkäme zu allen Leuten. Aber bei so viel unheiligem Geist hätte er es wahnsinnig schwer, noch irgendwo anzukommen. Fröhliche Pfingsten!

*30. Mai 2009*

## In einem Monat mit einem R

Heute ist mein absoluter Liebling dran: der Osterhase. Nicht der von heute, der von damals. Jener, den ich nie zu sehen bekam, nur hinter jedem Busch und Eck zu ahnen glaubte. Weit, dass wir kaum noch heimfanden, strolchten wir in den Wald. Seine Werkstatt ausfindig machen. Die musste doch irgendwo sein.

Barfuß gehen, wenn der Osterhase kommt. Auch durch den Schnee. Dieser chancenlose Schnee, der unter den Füßen schmilzt. Dieses Wunder, dass der Osterhase immer ein grünes, trockenes Nest fand. So ist Frühling! Wenn die Füße auf der kalten Wiese nicht mehr frieren. In einem Monat, der noch ein R hat.

Was hat er dir gebracht, der Osterhase? Mamas und Papas Glück in den Augen, wenn sie mich glücklich sahen. Versteht man dann erst später, wenn man selber Kinder hat. Wie gern die mir zuschauten beim Osterhasen-Wunder.

Ja, was hat er denn gebracht, der Gute? Ein paar Eier und einen Schokoladehasen, echt fett, er war nicht knausrig. Weiße Kniestrümpfe, die schnell grasgrün waren. Einen Ball, der fliegen konnte. Er hatte lauter Marienkäfer drauf.

Das Christkind hat noch mehr gebracht. Wieso hab ich eigentlich den O-Hasen mehr geliebt? Endlich, vierzig Jahre später, fällt's mir ein. Der Osterhase hat nur gegeben und nichts verlangt. Beim Christkind musste man immer so schrecklich lange schrecklich brav sein.

Super war das. Dreckig werden beim Suchen, die neuen weißen Strümpfe versauen, alle Eier auf einmal essen, alles durfte man. Gute Osterhasen waren Mama und Papa. Würde ich ihnen gern sagen jetzt. Schade, dass sie nicht mehr da sind. Ja, und die Marienkäfer auf dem Ball, die konnten wirklich fliegen.

*16. April 2003*

# Liebes Christkind!

Du hast bestimmt genug zu tun mit den Kindern; ich nehme an, du bist voll im Stress. Wahrscheinlich bist du auch ein bisschen traurig; du möchtest gerecht sein, aber das geht nicht.

Was fühlst du, wenn du bei einem Haus Pakete ablädst, so viele, dass es zehn Christkinder nicht derschleppen, und im anderen Haus reicht es kaum für eine Kleinigkeit?

Deine Arbeit stelle ich mir auch logistisch sehr kompliziert vor. Kennst du dich noch aus in all den Computergeschäften und mit diesen Wunschzetteln, die sich lesen wie technische Anweisungen? Romantisch ist dein Job bestimmt schon lange nicht mehr.

Wie gehst du damit um, dass es Kinder gibt, die überhaupt nicht mehr wissen, was sie sich wünschen sollen, und solche, die sich was wünschen, das du nicht bringen kannst? Ist das gerecht?

Ich selber wünsch mir dieses Jahr eigentlich gar nichts. Jedenfalls, wegen mir musst du in kein Geschäft mehr flitzen, wirklich nicht. Ich lege dir aber trotzdem noch schnell diesen kleinen Brief ins Fenster; vielleicht siehst du ihn, im Dunkeln beim Vorbeifliegen.

Also, was ich mir noch wünschen möchte, das ist dies: so ein Gefühl von Weihnachten wie früher. Einen kleinen Herzenszauber, und dieses Talent, mit ganz kleinen Sachen so glücklich zu sein. Das wünsche ich mir und allen Kindern.

Ich wünsche mir, an dich zu glauben. Ich wünsche mir den Duft von damals, und ich wünsche mir mein jubelndes Herz zurück, als mein allererster Puppenwagen unter dem Christbaum stand. Ich dachte, er sei vom Himmel geflogen gekommen. So war es doch, oder nicht?

*24. Dezember 2002*

## Oskar Werners kleine Heimat

Da ist der Kachelofen mit der Bank in der Nische der Wirtsstube. Dort saß er oft; mit sich allein mitten unter Menschen, in »Hamlet« vertieft. In seiner fremden Heimat, weit von Wien, in diesem kleinen Rheintal-Dorf.

Das Gasthaus »Linde« ist Pilgerstätte geworden; von weit kommen Leute und fragen die »Linden«-Wirtin nach ihrem großen Stammgast, und manch einer würde nicht ungern ein Glas mitgehen lassen, aus dem der große Mann vielleicht getrunken hat.

Die »Linden«-Wirtin gibt keine grausamen Anekdoten preis. Nur nicht die gemeine Neugier bedienen; Erinnerungen für sich behalten und für ein paar echte Freunde.

Ganz nah bei der »Linde« ist der Friedhof, auf dem Oskar Werner begraben ist. Ein Platz an der Sonne, fast immer liegen frische Blumen drauf. Sein Haus könnte er sehen von diesem Ort aus, den Adlerhorst über dem jungen Rhein. Und von der »Linde« herüber die Wirtin in strenger Liebe reden hören.

Manchmal sieht man einen himmelblauen Cadillac durch die Hügel fahren. Es ist der Cadillac von Oskar Werner, und am Steuer sitzt ein Mann, der Oskar Werner in sehr berührenden Filmbildern nahe kam, ohne ihm nahezutreten. Einer, der auch zu Oskar Werners Ende hin nicht seinen Verfall, sondern seine Kostbarkeit zeigte.

In der »Linde« in Triesen werden sie übermorgen das Andenken an Oskar Werner ganz besinnlich ehren. Vielleicht seine Stimme auf raren, privaten Tondokumenten hören, in den Zeichnungen und Texten blättern, die Oskar Werner seiner letzten kleinen Heimat hinterließ. Das wird ihm wahrscheinlich wohler tun, als würde der ORF einen Tag und eine Nacht lang seine Filme spielen. Obwohl es die schlechteste Idee nicht gewesen wäre. Ja, sogar schon ein einziger Film wäre besser als nichts gewesen zu Oskar Werners 75. Geburtstag.

*11. November 1997*

## Auch solche Schlagzeilen gibt es

Thomas Gottschalk trauert um seine Mutter. Weil er Thomas Gottschalk heißt, kann er das nicht unbeobachtet tun. Woran ist die Mama gestorben? Waren Sie bei ihr, Herr Gottschalk? Wie haben Sie Abschied genommen? Zeitungsfutter für die deutschen Klatschseiten.

Thomas Gottschalk trauert um seine Mutter. Die Schlagzeile kommt ganz gut. Der arme Thommy. Wie sieht er wohl aus, wenn er weint? Er lacht sonst immer nur, beruflich. Er hat es immerhin geschafft, die Fotografen vom offenen Grab fernzuhalten. Gottschalk schmerzgebeugt in Schwarz, das wäre auch noch gutes Geld wert gewesen, dieses Bild.

Tut jedem Menschen riesig weh, wenn die Mama nicht mehr ist. Ganz egal, wie alt sie war und wie alt man selber schon ist. Das Kind kann siebzig sein, es ist ein armes Kind, wenn es am Grab der Mutter steht.

Vorher kann man es sich nicht vorstellen. Unvorstellbar, dass die Mutter tot ist. Obwohl man es so genau weiß im Kopf: Eines Tages … wird sie nicht mehr sein. Aber *nie* soll *eines Tages* sein.

Schrecklich normal ist das, dass eines Tages die Mama stirbt. Außer man heißt Thomas Gottschalk. Der Name genügt, dass aus dem stillen Tod eine Schlagzeile wird.

Thomas Gottschalk trauert um seine geliebte Mutter. Wenn das Wort »geliebte« noch Platz hat, kommt es auch in die Schlagzeile. Hat einen noch höheren Rührungseffekt.

Und der andere Sohn dieser Mutter? Der trauert bestimmt auch. Aber der ist nicht so berühmt wie Thomas. Der passt nicht in die Schlagzeile. Von dem die Trauer ist nicht wichtig. Der hat seine Ruhe. Es gibt Tage, da ist man dankbar, nicht berühmt zu sein. Zum Beispiel, wenn die Mama stirbt.

*16. Juni 2004*

## Die Würde des toten Peter Alexander

Rätsel um das Begräbnis von Peter Alexander. Klingt spannend, nicht? Rätsel, Geheimnis, Rätsel-Rallye gar? Irgendwer wird schon der oder die Erste sein. Gleich online-fahren damit, sonst müsste das Publikum ja auf die Zeitung warten.

Heißes Rennen gestern Nachmittag, bestimmt. Wer könnte was wissen, wer tät' eventuell plaudern? Dranbleiben, unbedingt. Die Story ist heiß. Rätsel um das Begräbnis von Peter Alexander. Wann genau und in welcher Form. Beschaffenheit des Sarges, Liste der Angehörigen und Freunde. Blumen? Welche Blumen genau? Letzte Worte? Kann man den Text haben, bitte? Und wie ist die Zeremonie im Detail angelegt? Mit welchem Priester? Wurden Parte-Zettel verschickt? So einen müsste man unbedingt haben und groß abdrucken.

Näheres über die letzten Stunden wird heftig recherchiert. Gerüchte, Vermutungen, und irgendjemand, der dem Verstorbenen sehr nahestand, sagt gar nix. Das sagt doch viel, nicht?

Schlecht ist es Peter Alexander gegangen. Sehr schlecht. Wie schlecht genau? Wie viel hat er gewogen? Was hat er noch gegessen zuletzt?

Er ist ganz still und friedlich eingeschlafen. Er wollte schon zu Lebzeiten nur noch seine Ruhe haben und mit seinen Gefühlen und Gedanken allein sein. Im Tode wollte er das erst recht. Die Würde des Todes, ist die nicht unantastbar?

Rätsel um den Tod und das Begräbnis von Peter Alexander. Die Kameralinsen sind frisch poliert, die Recherchen laufen auf Hochdruck. Da kann man sich wahnsinnig gut profilieren als Medienmensch, wenn man einem Toten nicht den Wunsch erfüllt, ihn in Ruhe zu lassen.

Peter Alexander hat seine Augen für immer geschlossen. Mehr möchte ich nicht wissen. Aber seine Musik hören und seine Filme sehen. Immer wieder.

*15. Februar 2011*

## Vor dem Apple-Altar

Es verneigt sich die Welt vor Steve Jobs. Apple hat das Licht im Firmenlogo gelöscht. Alle iPhones tragen Trauer. Kerzen brennen vor Laptops, auf denen nur das Bild von Steve Jobs aufscheint. Laptops, die Altäre der Zeit.

Die großen Persönlichkeiten der Welt sagen, dass jetzt einer der *Größten* gegangen sei. Er hat die Welt verändert. Er hat das Leben neu formatiert. Ich sitze manchmal vor dem MacBook Pro und kann mit meinen Kindern *Fernseh-Telefonieren*. In Südafrika, in Paris, in Planken; wo auch immer sie gerade sind. Wir sehen und hören einander. Gratis.

Das verdanke ich irgendwie Steve Jobs. Wie genau, weiß ich gar nicht. Ich kapiere bis heute nicht, wie all das überhaupt funktioniert. Internet und so. Aber ich kann es nutzen. Einigermaßen. Spät, aber doch bin ich Mitglied der Apple-Family geworden.

Was für eine Bedeutung dieser Mann für die Welt hatte und immer haben wird. Aber für mich ist das nicht das Größte an Steve Jobs. Das Größte für mich ist, dass er nie *zu leben* verlernte. Die Welt, die er erschuf, hat ihm nicht das Herz, die Gefühle, die Demut aufgefressen. (Vielen anderen schon.)

Der Tod ist vielleicht die wichtigste Erfindung des Lebens, sagte er. Weil nur der Tod neues Leben möglich macht. Weil nur der Tod erklären kann, was im Leben wirklich wichtig ist. Diese Weisheit zu leben hat er geschafft, bis zum letzten Atemzug. Dass der Tod die größte Erfindung ist, die es gibt! Und die zweitgrößte, das ist vielleicht das, was Steve Jobs mit Apple geschaffen hat.

Sonst schreibe ich lieber (immer noch) mit der Schreibmaschine. Heute schreibe ich auf Apple. Es fühlt sich an wie Nähe zu Steve Jobs, auch wenn man ihm niemals begegnet ist.

*7. Oktober 2011*

## Flatternde Hühner einfangen

Es zog mich an die Plätze der Kindheit. Das weite Ried, das verfallene kleine Holzhaus. Riecht alles noch wie damals. Gehört jetzt den glücklichen Hühnern und ein paar Ziegen des Nachbarbauern. Drei Hühner waren entkommen auf den Feldweg. Ich schnappte sie alle, zurück ins Revier. Ich war ein bisschen stolz, dass ich das noch kann. Flatternde Hühner einfangen.

Ich kam mit dem Altbauern ins Gespräch. Er fand das Loch, durch das die Hühner immer abhauen. Er flickte den Netzzaun. So, Klara, jetzt ist Schluss mit dem Abhauen, sagte er zu einem verdatterten Huhn.

Die Ställe und die kleinen Katzen im Heu durfte ich dann noch anschauen. Die frisch gestriegelten Kälber mit den großen braunen Bambi-Augen. Das allerkleinste Kälbchen, vierzehn Tage alt. Rückfall in die Kindheit: Darf ich bitte, bitte das Kälble streicheln?

Das Scheunentor übersät mit Ehrentafeln für sehr, sehr tüchtige Muh-Mamas. Jedes Jahr hat eine Emma oder eine Burgl einen Preis gewonnen. Und da, schau: Lebensleistung 75000 Liter Milch. Erinnerung an eine sehr tüchtige Kuh. Heute bringt es eine flotte Lotte sogar auf 100000 Liter.

Die Mutterkatze schleppt eine Maus an uns vorbei zu den Jungen. Und noch eine und noch eine. Abendessen ist fertig, Kinder. Die Hühner, sechzig Stück, haben an diesem Tag 59 Eier gelegt. Wahrscheinlich hat Klara, die Streunerin, gestreikt.

Habt ihr vielleicht noch ein paar Eier? Ja, sicher. Wie viele? Zehn Stück, bitte. Frisch aus dem Stroh. Das macht dann? Zwei Euro achtzig.

Ich schäme mich. Zehn Eier von superglücklichen Hühnern kosten kaum mehr als zehn Zigaretten. Danke, dass ich wieder einmal sehen durfte, wie kostbar das ist, was der Bauer und seine Tiere leisten. Und danke, dass ich wieder glücklich sein konnte wie als Kind mit meinem Lieblingskälble.

*30. Juli 2011*

# Weltschmerz wegen des Puppenwagens

Warst du als Kind einmal enttäuscht zu Weihnachten, fragt man mich daheim. Während wir so sitzen und Päckchen einpacken. Enttäuscht? Ich? Als Kind? Zu Weihnachten? Nein, nie. Ich könnte noch jahrgangsweise alles aufzählen, was um den Baum herumlag. Das Mikado-Spiel. Mensch-ärgere-dich-nicht. Ein Legokasten. (Danke, Eltern, dass ich mir auch Buben-Sachen wünschen durfte.) Eine Rodel mit knallroten Kufen. Ein knallroter Mantel. Knallrote Strumpfhosen und ebensolche Handschuhe. (Ja, ich bin als Kind gern dahergekommen wie ein Weihnachtsapfel.) Die schönen Stiefel mit dem pelzigen Futter. Die Bilderbücher, die ich heute noch im Kopf wie einen Film durchblättern kann.

Nur einmal, da hatte ich echt Angst, dass Weihnachten eine Totalkatastrophe werden könnte. Das war im Jahr des Puppenwagens.

Den hatte ich im Schaufenster des großen Spielzeugladens gesehen. An der Hand des Vaters klebte ich mit der Nase wie jeden Advent vor der Auslage. Der Vater fragte wie jedes Jahr: Und, was wünschst du dir vom Christkindle, Margretle? So einen Puppenwagen! Genau so einen! Einen gelben! Mit einer dicken Decke drin, damit die Puppe nicht friert! Dann musst du dem Christkindle einen schönen Brief schreiben, sagt der Vater. Und den Puppenwagen malen!

Am Tag vor Heiligabend spazierten wir wieder am Schaufenster vorbei. Drama, Drama, Drama. Der Puppenwagen war weg. Wie sollte das Christkind den bringen können? Ich war kaum noch in den Schlaf zu singen am Abend. Ich weinte literweise Weltschmerz ins Kissen.

Und dann. Das Christkind läutete. Ich sah es gerade noch davonfliegen. Schau! Schon fast bei den Sternen! Sagte der Vater. Vor den brennenden Kerzen stand der Puppenwagen.

So unglaublich schön war Weihnachten. Jahrelang bin ich noch vornehm ausgefahren mit dem gelben Wagen. Meistens mit meiner Tigerkatze statt einer Puppe drin.

*24. Dezember 2011*

## Vergesst Johanna Dohnal nicht!

Junge Mädchen, junge Frauen von heute. Oder wir, die wir schon etwas spätere Mädchen sind. Zwei Generationen Frauen in Österreich. Familie und Beruf dürfen kein Widerspruch sein? Gleiche Karrierechancen für Buben und Mädchen und Damen und Herren? Gleichbehandlung, bitteschön? Gleicher Lohn für gleiche Leistung? Perfekt läuft das noch nicht. Aber wer heute ein bisschen älter als ein Girlie ist, weiß noch: Es war viel, viel schlimmer. Und das ist noch nicht so lange her.

Es war eine bleierne Zeit. Es gab noch Männer, die sich weigerten, von einer Ärztin behandelt zu werden. Es gab Frauen, die sich wie stumme Dienerinnen in ihr Schicksal fügten. Es gab kaum Frauen in einer Autowerkstatt oder einer Chefetage. (Bis auf die Sekretärin, gern *Tippse* genannt.) Es gab Mütter, die sagten zu ihren Töchtern: Was brauchst du einen Beruf. Du heiratest doch eh. Ich hab auch nie einen Beruf gehabt.

Das alles gibt es vielleicht noch immer. Aber immer weniger. Schaut euch die jungen Mädchen an, wie die sich genau gar nix mehr gefallen lassen. Schaut euch die jungen Männer an, wie sie mit Buggys oder umgeschnallten Babys daherkommen. Ein Mann mit Kinderwagen, das war früher eine Lachnummer.

Das alles hat sehr viel mit Johanna Dohnal zu tun. Wie sie gekämpft hat, ohne Eitelkeit und ohne faule Kompromisse. Das wissen die jungen Mädchen von heute vielleicht gar nicht.

Vergesst Johanna Dohnal nicht! Sie hat sehr viel damit zu tun, dass manches, was einmal unerreichbar schien, heute selbstverständlich ist. Sie hat sehr, sehr viel Prügel und Hohn dafür einstecken müssen. Eine Ikone, würde man heute sagen. Aber das war nicht ihre Sprache. Danke jedenfalls, Johanna Dohnal.

*21. Februar 2010*

# Die allerallererste Schultasche

Kleines Mädchen an der Hand von Mama im altmodischen Fachgeschäft für Papier und tausend andere schöne Sachen. Das Geschäft ist teurer als die Shops in den Großkaufhäusern. Aber bitte, es darf ein bisschen mehr kosten, denn was Mama mit dem Mädchen kaufen will, kauft man nur einmal im Leben: die allerallererste Schultasche.

Bunt soll sie sein, aber nicht zu schrill. Im Nebel soll man das Kind mit der Schultasche gut sehen können, und an diesen stockdunklen Wintermorgen, vor denen uns übrigens alle schon graut.

Das arme kleine Kind: Es wird durch Eis und Schnee und Kälte und Dunkelheit in die Schule stapfen müssen. Der Ernst des Lebens beginnt nicht im goldenen September zum Schulanfang. Er beginnt, wenn zum ersten Mal ein Mitschüler gemein, ein Lehrer ungerecht ist und wenn das Stofftier allein daheim weiterschlafen darf. An einem grausigen Wintermorgen.

Wie stolz und aufgeregt das Kind im Fachgeschäft Schultaschen am Rücken ausprobiert. Viel zu groß noch für den kleinen Rücken, aber das Kind wird hineinwachsen, alles verstellbar, sagt die Verkäuferin. Die Mama ist gerührt. Ein großer Augenblick ist das. Kind mit der ersten Schultasche, das ist plötzlich kein kleines Kind mehr.

Erster Schultag. Gut vierzig Jahre – aber hallo – ist das schon her bei mir. Vergisst man trotzdem nie im Leben. Wie die erste Liebe, den ersten Kuss oder dass man geheiratet hat, und sei es irrtümlich und nicht für immer gewesen.

Meine allererste Schultasche war aus rotem Leder. Ein Ranzen eigentlich. An meinem ersten Schultag hatte ich kein Lampenfieber, nur das Gefühl, endlich die große weite Welt zu betreten und wahnsinnig gescheit zu werden. Ohne Angst, voller Mut war ich. Weil an der linken Hand auf dem Weg zur Schule hielt mich die Mama ganz fest und rechts der Papa.

*22. August 2003*

## Dieser große helle Stern

Es ist ein Schmerz, der niemandem erspart bleibt im Leben. Irgendwann kommt der Schmerz. Dass man die Mutter, den Vater verliert. Oder einen Menschen, der wie Vater oder Mutter war. Später dann, irgendwann, wenn der Schmerz ein Teil vom Leben geworden ist, wenn man schon wieder lächeln kann, wird aus dem Menschen, der einen beschützt und den man verloren hat, ein Stern. Ein Stern, der einen begleitet und wieder beschützt. Ein Licht jedenfalls.

Ein Licht, ein Stern, mit dem man reden kann. Was würdest du jetzt tun, an meiner Stelle, Mama? Wie würde der Vater umgehen, mit diesem oder jenem Ding des Lebens, das so ratlos macht? Der Stern, der vielleicht nur Liebe heißt oder Unsterblichkeit, gibt immer Antwort. Wer so einen Stern hat, aus einer Liebe, die stärker war als der Tod, wer so ein Licht hat, der hat es gut.

So ein Licht, so ein Stern, ein ganz großer, ist jetzt Kardinal König. Ein Licht, das das ganze Land erhellen kann, am Himmel über Europa. Ein Stern, den man alles, alles fragen kann.

Über die Würde des Menschen und über Toleranz. Über die Kleinlichkeit des Hasses und über die Größe des Verzeihens. Ein ganz kleiner Mensch kann man sein und den großen Stern fragen und eine Antwort bekommen, oder einen Trost. Einer von den großen, scheinbar mächtigen Menschen kann man sein und lernen von diesem großen Licht.

Man muss nicht einmal Katholik sein, um dieses Licht zu erfahren. Es genügt, ein Mensch zu sein. Oder die Sehnsucht zu haben, ein Mensch zu werden.

Still und in Frieden ist Kardinal König entschlafen. Das Gefühl, dass er die Menschen verlassen hat, ist nicht da. Seinen hundertsten Geburtstag wird man mit einem Lächeln feiern dürfen. In einem Licht, das bleibt und das uns so guttut. Wie von einem großen Vater.

*14. März 2004*

## Der süße Duft von damals

Im Fernsehen Samstagnachmittag wieder so ein alter Schinken mit Peter Kraus. Das muss ich sehen, das muss ich aufnehmen, sagt Paul. Der ist gut zehn Jahre jünger als das große Peterchen, ein bisschen kindisch und noch immer sehr romantisch.

Dieser Film mit Peter Kraus war der erste Film seines Lebens. Späte fünfziger Jahre in einem kleinen Kaff in Niederösterreich. Ein paar Dörfer weiter ein richtiges Kino. Den Großvater so lange geplagt, bis der nachgab. Die Eltern waren gar nicht dafür. Ins Kino! Ja, was denn! Wozu denn!

Werde ich nie vergessen, sagt Paulchen. Wie ich mit dem Großvater dorthin fuhr. Ich an seiner Hand. Er um meinen kleinen Finger gewickelt. So kamen wir an dort.

Die Warteschlange an der Kassa. Sonntagnachmittag. Jeder wollte dort ins Kino damals. Ohne Opa wäre nix gegangen. Paulchen reichte mit der Nase grad bis zum Kartenschalter. Eine sehr strenge Frau saß dahinter.

Der Geruch im Vorführsaal und die riesige Fläche, die zu tanzen und singen begann. So riechen Kinos heute nicht mehr. Und so toll fährt auch kein Dolby-Sound ein wie damals diese ersten Schlager von der ersten Liebe. Peter Kraus ein echter Rock 'n' Roller? Die Zeit war so unschuldig, dass man ihm sogar das glaubte.

Paulchen war nicht mehr Paulchen, als er mit dem Großvater auf den Heimweg ging. Paulchen hatte jetzt das Herz voller Sehnsüchte und das Gefühl, mit der großen Welt doch irgendwie vernetzt zu sein. So viel stand nun fest: Eines Tages würde auch er … Und das verschlafene Kaff, in dem er wohnte, würde viel zu klein sein für seine großen Träume.

Paulchen ist längst kein Teenager mehr. Aber diese Zeit damals, die steckt noch sehr in ihm. Die Gerüche im Kino und das ganze Wunder. Kein Multiplex-Kino von heute kann ihm den süßen Duft von damals spielen.

*21. März 1999*

## Auf den Eiern klebte noch Stroh

Erinnerung an die Speisekammer von damals. Wie sind wir nur über die Runden gekommen? Fast alles, was auf den Tisch kam, kam aus der nächsten und näheren Umgebung. Äpfel zum Gleich-Essen und solche, die für den strengen Winter gelagert wurden. Viel Sauerkraut in kühlen Tontöpfen. Und rote Rüben, vorrätig bis über die nächste Ernte hinaus. Vitamine, sagte die Mutter immer mit großem Rufzeichen.

Der Speck und das Fleisch und der Käse. Alles in großen Brocken von Bauern besorgt. Die kuhwarme Milch abends in der Kanne auf dem Heimweg herumgeschwenkt und aufgepasst, dass kein Tropfen auskommt. Die Eier aus dem Gackerstall gleich hinter dem Haus. Manchmal klebte Stroh auf den Schalen.

Salz und Zucker und Reis und Kaffee und Teigwaren. Viel mehr brauchte man nicht aus dem Geschäft. Die ersten Bananen! Affengeil.

Und heute schieben wir die Shopping-Karren durch aller Herren Länder Einkaufszonen. Käse aus Anatolien oder aus der Normandie. Weitgereister Schinken und Früchte von der anderen Halbkugel. Eierschwammerln im Februar, wenn wir Lust haben. Ein Joghurt, das neuntausend Kilometer unterwegs war, ehe es in den Kühlschrank kommt.

Und ganz harmlose, nette Butterkekse, in denen vielleicht Dioxin ist. Vorsicht, es könnten belgische Eier drin sein. Obacht, wer weiß, was alles in dieser Salami drin ist, die praktisch unendlich lang hält und ein so herziges Landleben-Etikett drauf hat.

Schleichendes und aggressives Gift im Schlaraffenland. Nicht mehr nachvollziehbar, welche Genlabors da mitgemischt haben. Die heimische Spitzengastronomie wendet sich übrigens längst und sehr erfolgreich den regionalen Saisonprodukten zu. Die Superköche werden wissen, warum. Mutters Speisekammer war doch ein Schlaraffenland. Absolut dioxinfrei.

*9. Juni 1999*

# Warum hat Oma immer Schwarz getragen?

In alten Fotos kramen, das wärmt das Herz um diese Jahreszeit. Eine Schatztruhe ist das, schau, erinnerst du dich noch! Was, das soll ich gewesen sein? Und dieses Wahnsinnsbild von der Urgroßmutter! Einen Kropf so groß wie ein Granatapfel hatte sie, und trotzdem schaut sie so stolz.

Die Mama, wie sie noch jung war und fadendünn, die krausen Haare, und später dann, schon ziemlich in die Breite war sie gegangen, immer noch diese Augen wie von einem Kind, mit einem melancholischen Schleier. Warum hat deine Mama so oft schwarze Kleider an, fragt der Sohn, der sie kaum noch kennenlernen konnte. War das Mode? Nein, es war nicht Mode, es war Trauer.

Ein Jahr lang ging sie in Schwarz für den Vater und dann ein Jahr lang für die Mutter. Ein halbes Jahr für meinen Onkel und wieder ein halbes Jahr für den nächsten Onkel, den sie überlebte. Dann gab es noch Todesfälle, die sechs Wochen Schwarz bedeuteten, oder zumindest einen schwarzen Knopf oder Flor trug man auf dem Revers. Musste man das tun, so lange in Schwarz gehen? Schon, ja. Es war einfach üblich in den Dörfern. Die Mitmenschen haben sehr genau geschaut, ob man lang genug traurig ist, wenn man einen Menschen verloren hatte. Insbesondere Witwen waren im Visier: auf keinen Fall lustig und bunt sein!

Es gab ein Jahrzehnt im Leben meiner Mutter, da ist sie kaum aus den schwarzen Kleidern herausgekommen. Als sie dann starb, war es nicht mehr üblich, für die Mama lange schwarz zu gehen. Es geht doch nicht um die Kleider, es geht darum, was man innen fühlt, sagte man. Die Mama hätte das nicht verstanden. Man soll die Trauer zeigen, nicht verdrängen, sagte sie. Und die Leute sollen ruhig sehen, dass die Seele Schwarz trägt.

*4. Dezember 2005*

## Sonnenuntergang an der Kühlschranktür

Im Nachlass der Eltern habe ich viel Post von mir gefunden. Liebe Mama, lieber Däti, es gefällt mir gut im Ferienheim, und das Wetter ist schön (oder nicht), und das Essen ist gut (oder auch nicht). Ansichtskarten von jedem Schulausflug und von der ersten Reise ans Meer, mit einer Freundin; ein Freund wäre noch nicht erlaubt gewesen. Scheinheilige Sätze über die Sonne und das Wasser; dass wir Rimini auch am Abend unsicher machten, hätten wir uns den braven Eltern nicht zu schreiben getraut.

Was alles für Erinnerungen in den Kopf oder ins Herz schießen beim Stöbern in alter, stiller Post. Einen Brieffreund hatte ich offenbar, das Beste an dem war, dass er aus Liverpool war, so hat man sich den Beatles gleich ein Stück näher fühlen können. Der Brieffreund selber war auch nett, seine Karten waren wie artige Englisch-Übungen, nur hat er mir dann leider auch ein Foto geschickt. Er sah aus wie ein zu kurz geschorener Chorknabe.

Die Schachteln mit den Ansichtskarten sind Schatztruhen; darin findet sich noch der erste Gruß meiner ersten Liebe und leider auch das Poststück, mit dem das Miststück Schluss machte. Heiliger Bimbam, war das ein Schmerz.

Und wen ich sonst noch aller gekannt und längst vergessen habe, und die kostbaren Handschriften von Menschen, die ich nie vergessen werde, die aber leider schon tot sind.

Hätte ich alles, alles nicht, wenn damals schon die schönsten und traurigsten Dinge des Lebens per SMS geschickt worden wären. SMS, die man nicht berühren und nicht daran riechen und nicht originalecht in die Schuhschachtel tun kann. Anscheinend bin ich nicht die Einzige, die Sehnsucht hat, sich einen Sonnenuntergang von irgendwo auf die Kühlschranktür zu picken, von jemandem, der nicht *irgendwer* ist. Es werden wieder Ansichtskarten geschickt wie verrückt. Ist das nicht schön, trotz SMS.

*25. September 2007*

## Selbstgesägtes vom guten Großvater

Keine Ahnung, ob dieser Puppenwagen aus China kam. Drei Weihnachten und viele Bettelbriefe hat es gedauert, bis er dann wirklich unterm Christbaum stand. Sonnengelb, weiß-rosa Puppendecke und die Puppe selbst, die hatte einen neuen Pyjama an. Es war noch die alte Puppe, warum auch nicht, *meine* Puppe eben, im neuen Wagen klimperte sie wieder mit beiden Augenwimpern, die hatte das Christkind repariert.

Kinderspielzeug, so viel zu einem einzigen Fest heute, dass es damals für eine ganze Kindheit gereicht hätte. Der teure Puppenwagen damals, ein Ausnahmegeschenk nach jahrelanger Bettelei, wahrscheinlich hätten daran noch zwei, drei andere Kinder ihre Freude gehabt, hätte ich das Vehikel nicht zu Schrott gefahren. Was der alles mitgemacht hat, der Puppenwagen. Nachdem er ausrangiert war, blieb er immer noch nützlich. Als Bett für die Katzenmutter und ihre Brut.

Spielzeug aus China, massenhaft und billig, leider fallweise irgendwie verseucht oder gefährlich für Kinder. Viel passiert eh nicht; die meisten Teile landen schon auf dem Sperrmüll, kaum dass sie ausgepackt und ein paarmal geritten sind. Spielzeugläden von heute, die schauen aus wie Fabrikslager, voller Monster und Kitsch und Klumpert, ich wüsste nicht, was ich mir so sehr wünschen würde, dass ich jahrelang drum bettle, als Kind.

Die fleißigen Chinesen, die das zusammenschustern, die verdienen wenig, ganz wenig. Die sind das gewöhnt, sagt die Spielzeugindustrie.

Von Gift und Schlamperei einmal abgesehen beim Spielzeug: Nein, danke, ich möchte keinem Kind so liebloses Zeug von trauriger Herkunft schenken. Es geht doch um Liebe, oder was. Aber erklär das einem Kind, das ein China-Monster will und nicht was Selbstgesägtes vom guten Großvater.

*18. August 2007*

## »Da kenn ich einen geheimen Platz ...«

Himbeeren, Heidelbeeren, ganz kleine Erdbeeren. En gros im Supermarkt, sehr günstig. Dass es überhaupt so viele Beeren gibt. Wo die überhaupt alle herkommen. Wie weit die wohl gefahren sind. Kühl und dunkel hatten sie es. Die unteren Lagen in den Behältern schimmeln leicht. Oder die Beeren schimmeln gar nicht. Noch schlimmer.

Fast hätte ich vergessen, wo die Beeren früher herkamen. Einfach aus dem Wald. Ganz früh hat man losziehen müssen. Ein ganzer Trupp waren wir; das Kommando hatte Tante R. Gefürchtet, die Frau. Wie ein Leutnant bestimmte sie die Route. Stock, Stein, bei der großen Lichtung links, ein Tobel hinunter und wieder hinauf, Stock, Stein, aber dann: Wer Tante R. auf den Fuß folgen durfte oder musste, hatte immer die beste Beute. (»Da kenn ich einen geheimen Platz, da ist noch nicht abgebeert ...«)

Körbe, um die Bäuche gebunden. Weiß jemand, wie viele Walderdbeeren ein Kilo ergeben? Sehr, sehr viele. Weiß jemand, wie Walderdbeeren frisch vom Stängel schmecken? Besser als ein Gedicht. Ein Mund voll Himbeeren direkt vom Strauch, aus der zerkratzten Hand geschnappt.

Zerkratzte Beine, falls man nicht gescheit genug war, sich gescheit anzuziehen. »Iss nicht zu viele Beeren«, hörte man die Kommandantin zwischendurch rufen. Wir müssen schauen, dass wir vier Körbe heimtragen. Mindestens.

Das kleine Drama, als mir einmal die Beute eines halben heißen Vormittags über Stock und Stein davonkugelte. Der große Stolz, wenn ich Heidelbeeren fand, in einem blauen Nest, das die anderen übersehen hatten.

So billig sind die Beeren jetzt. Und so nach *gar* nichts schmecken sie. Zu groß, zu schön und viel zu leicht zu haben. Aber wie die Erinnerung schmeckt! Schmatz!

*26. Juli 2007*

## Der Nikolaus, zum Fürchten schön

Der Nikolaus, wir waren sogar angehalten, ihn den heiligen Nikolaus zu nennen, zieht sich jetzt also vor den Augen der Kinder um. Super. Oder die Kinder spielen ihn gleich selber. Noch supriger. Weil sonst haben die Kinder zu viel Angst. Vor dem bösen Mann im roten Mantel, mit der goldenen Mütze und dem goldenen Stab und dem Rauschebart. Eine wahrhaft furchterregende Gestalt, was?

Da könnte es schon zu schweren posttraumatischen Schäden kommen, wenn dieses Ungeheuer Schokolade und Nüsse austeilt. Womöglich auch noch mit dem Zeigefinger wedelt, weil im goldenen Buch steht, dass der kleine Gustl nicht immer brav war. Gruselig, was Kinder seit Jahrhunderten erleiden müssen mit dem horriblen Nikolaus. Die Angst geht um im Kindergarten, die nackte Angst.

Wovor die Kinder sich hingegen nicht fürchten bzw. nicht fürchten dürfen, weil dagegen kann man nichts machen: totale Reizüberflutung und ein Wechselbad zwischen Gewalt und Kitsch aus allen Rohren, also aus dem Fernseher etc. Konsum-Diktat und Markenwahn und Glücksfutter von der Süßwarenindustrie schon ab dem Buggy-Alter, was praktisch einer Gehirnwäsche mit eingebauter Suchtgefahr gleichkommt. Cola-Weihnachtsmann und Computer-Christkind als Ersatzreligion.

Heiliger Strohsack, wie war der Nikolaus früher einmal zum Fürchten schön. Das Herz, das vor Aufregung bis zum Hals geschlagen hat. Das Gedicht, das man aufsagen durfte; anders war an die Gaben nicht heranzukommen. Der Knecht Ruprecht, der arme Hund, der immer draußen warten musste. Und die Schokolade, die nicht aussah wie aus der Fernsehwerbung, sondern wie direkt im Himmel eingepackt.

Arme Kinder heute, mit dem Schreckgespenst Nikolaus, zugleich von so viel realem Schrecken umgeben. Heiliger Nikolaus, bitte komm weiter ins Haus. Und zieh dich so um, dass die Kinder es nicht merken. Sonst lachen sie dich aus.

*1. Dezember 2006*

## Langweilig war mir nie

Früher muss ich auf dem Mond gelebt haben. Noch gar keine Ewigkeit her, aber sehr weit fort. Wie war denn das? Wir hatten kein Telefon. Wir hatten kein Auto. Wir hatten keinen Fernseher. Wie habe ich das ausgehalten?

Eh ganz gut. Bus oder Fahrrad oder zu Fuß. In der ganzen Nachbarschaft und bis hinunter ins »Unterdorf« kannte ich keinen Menschen, der dauernd sagte, dass er im Stress sei. Termine wurden praktisch immer eingehalten, weil ohne Telefon, geschweige denn ein Handy, wie soll man da ständig alles verschieben. Langweilig war mir und Konsorten nie. Weil wenn man gesagt hätte, Mama, mir ist langweilig, dann hätten die Mütter sofort eine Idee gehabt: Unkraut jäten, Äpfel schälen, Stiegenhaus kehren. Also war man gern immer sonst wo beschäftigt. Buben ärgern auf dem Sportplatz, irgendein Spiel ausdenken, streiten beim Tempelhupfen, in den Wald gehen. Bevor es dunkel wird, bist du wieder daheim, riefen die Mütter aus den Fenstern.

Manchmal eine Meckerei beim Essen. Gibt's schon wieder Palatschinken? Ja, weil Freitag ist. Echt wahr, fragen die Kinder heute, bei euch hat's am Freitag kein Fleisch gegeben? Ja, und kein Frühlingsgemüse im Herbst und keine Erdbeeren im Winter. Es lagen zu Ostern auch keine Nüsse mehr herum, die man dann den Wildschweinen bringen muss. Alle Früchte immer aufgegessen nach Jahreszeit.

Die Einkaufstaschen, die die Mutter heimtrug, sahen so klein aus im Vergleich zu heute. Wieso eigentlich, wir haben doch immer gut und genug gegessen? Ja, eh klar, zwei Drittel heute sind nur Verpackung. Und erst der Kopf-Müll, der uns erspart geblieben ist. Ohne Fernseher & Co. Damals, als wir noch auf dem Mond lebten oder dahinter. Arme Kinder heute. Total zugemüllt.

*7. November 2006*

die traurigen Eltern von Madeleine waren beim Pap
hm das Bild ihres entführten Kindes anvertraut, de
die Eltern und das Kind in seine Gebete einschließ
ndere Menschen beten auch für die Familie, oder si
las Kind und die anderen Eltern. Gute Gedanken
uch eine Art von Gebet.

# 9 | Tragödien & Wunder

*»Es gibt Schmerzen,
die sind ohne Glauben
nicht zu ertragen.«*

Der Papst, der Heilige Vater, die höchste himmli
uf Erden, betet für das Kind. Es möge ein Wunde
Das Wunder, dass ein gestohlenes Kind lebend gef
Wunder, gibt's die? Und wie kann der Papst wirklic
ler verzweifelten Suche nach Madeleine?

Der Papst kann die weltlichen Bemühungen der l
ler freiwilligen Helfer und der Spender nicht mit ein
lirigieren. Der Papst kann nicht hellsehen und nich
Magie die Spuren erhellen. Was kann dann der Paps
ind was kann der Glaube?

Der Glaube kann Berge versetzen. Die Hoffnung
lie schrecklichen Nächte mit Zuversicht erhellen.
hat tatsächlich schon Wunder vollbracht.

Vielleicht geschieht das Wunder, und das verloren
gefunden. Dann werden die einen sagen: Der P
Wunder vollbracht, und die anderen werden die M
ler modernen Fahndungstechnik oder den glückl
ɔreisen.

Und wenn sie das Kind nicht finden? Dann ist
hoch der einzige Trost, den es gibt. Es gibt Schmer
ɔhne Glauben nicht zu ertragen.

Der Schmerz der Ungewissheit, der die Eltern
geschickt hat. Die schmerzliche Gewissheit, mit

## Kind ohne Schutzengel

Das Kind ist aus dem Fenster gefallen. Das Kind ist tot. Schon wieder ist ein Kind aus dem Fenster gefallen. Dauernd ist zu lesen, dass Kinder aus Fenstern gefallen sind. Manchmal dann dieses riesengroße Glück. Das Kind lebt. Das Kind ist so *glücklich* gefallen. Die Schutzengel. Der Zufall. Überlebt.

Der arme kleine Bub und seine unglückseligen Eltern, vor Kurzem, in Wien. Er hat nicht überlebt. Er hatte keine Schutzengel und keinen glücklichen Zufall. Eben hat er noch gelebt, gelacht, seine Eltern glücklich gemacht. Dann …

Dann fragen sich die Leute, wie so etwas passieren kann. Warum so was immer wieder passiert. Was für Eltern, vor allem was für Mütter das sind, denen so etwas passiert. Wie verantwortungslos die sind. Wie man sie bestrafen soll.

Solche Menschen gibt es, ja. Die solchen Eltern, solchen Müttern in der Stunde des größten Schmerzes Vorwürfe machen. Die *Gott* spielen wollen und *Gerechtigkeit*. Die nicht verstummen bei so einem Drama. Die ganz sicher sind, *so etwas* könnte ihnen niemals passieren.

Wie kalt und böse und selbstgerecht müssen solche Menschen sein. Wie ahnungslos, wenn sie glauben, *ihnen* kann ein großes Unheil nicht geschehen. Weil sie passen ja auf. Sie lassen ihre Kinder *nie einen Augenblick* allein. Oder sie würden ihre Kinder nie einen Augenblick allein lassen, wenn sie Kinder hätten.

Lasst diese armen Eltern, diese armen Mütter in Ruh. Es ist alles zu spät. Es gibt nichts mehr, was sie noch strafen könnte.

So oft liest man davon, dass ein Kind aus dem Fenster gefallen ist. Vielleicht kann man in Zukunft etwas dagegen tun, dass es nicht passiert. Keine offenen Fenster? Schutzgitter? Ein Kind keinen Augenblick unbeobachtet lassen?

*23. Juni 2012*

# Die Stunde der bitteren Entscheidung

Als sie dann kaum noch Hoffnung haben konnten, hatten sie nur noch diesen Wunsch: ihre Männer, ihre Väter, ihre Söhne, ihre Brüder begraben zu dürfen. Irgendwann wussten sie: Die kommen nie wieder. Bei manchen Angehörigen kam die Gewissheit früher, bei anderen später ins Bewusstsein. Über jede traurige Logik hinweg haben manche noch gedacht: Vielleicht gibt es ein Wunder. Vielleicht ... Ihre Toten zu bergen und begraben zu können, war der letzte Wunsch. Sie an einem Ort zu wissen, der den Toten gehört. Blumen an ihr Grab bringen können. Den Namen auf das Kreuz schreiben. Lichter anzünden. An ganz traurigen Tagen dort stehen und Zwiesprache halten. Dieser Trost, den ein Friedhof noch im größten Schmerz gibt.

Die Toten werden geborgen, unter allen Umständen, hieß es. Koste es, was es wolle. Wer hätte es gewagt, noch die zynische Frage des Geldes zu stellen? Wer hätte die Menschen nicht verstehen wollen, die ihren Toten in Würde ein letztes Geleit geben möchten? Der Bürgermeister von Lassing sagte gestern, er bezweifle, dass das jemals noch möglich sei. Einige Familien hätten sich bereits damit abgefunden, dass der Berg die Opfer nicht mehr freigibt. Was für eine schmerzhafte Entscheidung das sein muss.

Erste Weihnacht nach der Tragödie von Lassing. Die Toten haben ihren Frieden bestimmt schon gefunden. Die Lebenden müssen die Kraft finden, das zu glauben, auch wenn ihnen sogar die Zeremonie des Abschiednehmens versagt bleibt.

Weihnacht in Lassing verlangt von den Menschen dort mehr als von den meisten anderen. Der Friede hat es dort ziemlich schwer, einzukehren.

*20. Dezember 1998*

# Eine bessere Welt für den Enkel

Das ist eine von den tieftraurigen Geschichten, die durch Mark und Bein fahren, wenn man sie morgens in den Nachrichten hört, und die den ganzen Tag nicht mehr aus dem Kopf gehen. Da mag die Politik spannend wie ein böser Krimi sein, und stündlich mögen frische, bizarre Meldungen erstaunen: Aber eine traurige Geschichte wie diese schiebt die sogenannten wichtigen Geschichten auf die Seite.

Eine 69-jährige Großmutter aus Knittelfeld hat ihren siebenjährigen Enkel im Schlaf erdrosselt und sich gleich danach der Gendarmerie gestellt.

Scheusal und Bestie sind meistens die ersten Worte, die gesagt und geschrieben werden, wenn ein Mensch, den dann niemand mehr Mensch nennen will, ein Kind umgebracht hat. Die Großmutter, ein Scheusal, eine Bestie?

Sie hat das Kind sehr geliebt, und sie wollte, dass das Kind es besser hat als auf dieser Welt, sagte sie beim Verhör. Sie hatte solche Angst um die Zukunft des Kindes, dass sie dem Kind die Zukunft ersparen wollte.

Erste vage Angaben zu den familiären Umständen, unter denen das Kind lebte oder litt: Die Tochter der Täterin habe sich vom Kindesvater getrennt, und dem Kind sei es nie gut gegangen. Wie gern das Kind weitergelebt hätte, hat die Großmutter nicht mehr gespürt.

Vor Gericht wird man dann alles belichten und analysieren, wie es zu der Tragödie kam. Bis dahin seien Opfer, Täterin und die Mama und der Papa von Spekulationen verschont.

Dahinter, hinter der Tragödie, die große Schlagzeilen macht, sind aber vielleicht noch viele kleine leise, traurige Geschichten: von Großmüttern, denen es wehtut, dass ihre Enkel es nicht schön haben. Und denen es wehtut, dass sie nicht helfen können. So ähnlich hat vielleicht auch dieser Fall begonnen.

*17. Februar 2000*

## Fühlen mit einer fremden Hand

Siebzehn Stunden haben sie in Innsbruck dem Briefbomben-opfer Kelz zwei neue Hände angenäht. Die Hände eines Toten, die einmal ein ganz anderes Leben handhabten.

Die Sensation ist groß, obwohl es schon so alltäglich ist, dass Menschen mit fremden Herzen oder fremden Nieren leben. Als Professor Barnard das erste Herz verpflanzte, war das ein Welt-wunder wie die Mondlandung. Organtransplantationen sind inzwischen medizinische Routine. So viele Menschen verdan-ken dieser Kunst ihr Weiterleben.

Organhandel wiederum ist ein barbarisches Geschäft. Alle paar Wochen eine schauderhafte Aufdeckung aus dem mafiosen Milieu. Unfreiwillig gespendete menschliche Ersatzteile. Ein grausiger Schwarzmarkt.

Aber solche Geschichten spielen sich ja nicht in Österreich ab, das sind nur Geschichten von fernen bösen Ländern. Und aus ganz armen Ländern, wo Menschen ein Stück ihres Körpers verkaufen an verbrecherische Händler.

Der Patient Kelz ist schon aufgewacht und hat sogar einen fremden Finger ein wenig bewegen können, sagen die Ärzte. Warm und lebendig fühlen sich seine neuen Hände an, auch wenn der Patient selbst das noch nicht spüren kann.

Die Hoffnung, in ein paar Monaten, in einem Jahr vielleicht, mit den fremden Händen greifen und spüren zu können wie jeder gesunde Mensch auch, muss ein großes Glück sein für Kelz. All die Strapazen, die er schon hinter und noch vor sich hat, ist ihm das wert.

Wunder der Medizin, und der Laie staunt in Achtung vor die-sen Göttern. Jeder Schritt der Operation und der Nachbehand-lung ist wissenschaftlich erfassbar und wird dokumentiert. Aber das Gefühl, zum ersten Mal eine fremde Hand zu rühren, wird wohl unbeschreiblich sein.

*11. März 2000*

## Alle sind unschuldig

Wie viel wiegen die Akten, die nach der Katastrophe Kaprun geschrieben wurden und irgendwann ins Archiv kommen? Wie viel Geld, Zeit und Tränen hat das alles gekostet? 155 Tote, eine Trauer, die nicht zu ermessen ist, und jetzt die Wut. Dass es das gibt: lauter Freisprüche, niemand ist schuld. Der Heizstrahler ist schuld.

Wenn man nichts zu tun hat mit diesem Leid, wenn man niemanden kannte, der dort sterben musste, wenn man dort keinen Sohn und keine Tochter verloren hat, dann können einem die Freisprüche egal sein. Wem würde das noch nützen, niemand würde wieder lebendig, wenn irgendjemand zur Verantwortung gezogen worden wäre.

Schuld! Wer hat den Heizstrahler eingebaut, wer hat das zugelassen, angeordnet, es ist also egal. Es soll nie wieder so etwas Furchtbares passieren, sagen alle, die nicht verantwortlich sind. Es war alles so schrecklich, aber jetzt müssen wir in die Zukunft schauen, sagen die, die nicht verantwortlich sind.

Die Angehörigen, die ihre Söhne und Töchter, ihre geliebten Menschen, verloren haben, sind fassungslos. Empört. Tränen des Zorns. Niemand ist schuld. Keiner hat einen Fehler gemacht.

Wenn irgendjemand ins Gefängnis hätte müssen: Wem hätte das genützt? Niemand. Lauter Freisprüche. Gratulation. Na also. Was macht man als Angeklagter nach so einem Freispruch? Geht man auf ein Gulasch und ein Bier? Ist man froh?

Man ist erleichtert. Man hat den Beweis, dass man nichts dafür konnte, dass 155 Menschen getötet wurden. Freispruch! Und was tut man dann? Vergessen? Die Tränen und Schreie der Mütter und Väter aus dem Kopf streichen? Die Gaudi geht weiter. Das Leben geht weiter. Alle sind so unschuldig.

*20. Februar 2004*

## Christopher macht keine Schlagzeile mehr

Christopher darf nun übers Wochenende nach Hause. Christopher ist einer von den »Eisbuben«, das Kind, das mit seinem Bruder erschütternde Schlagzeilen machte. Die schönste Schlagzeile war dann: Beide überleben. Christophers Bruder ist sogar schon richtig gesund.

Christopher selber wird nach ärztlicher Einschätzung nie mehr richtig gesund. Kleine Schritte macht er. Nicht mit den Beinen; er braucht einen Rollstuhl. Die kleinen Schritte bedeuten: Man kann sich mit ihm über die Augen verständigen, mit einem Brummen, mit Berührungen.

Falls Christopher doch noch jemals gesund werden könnte, dann wär das ein Wunder. *Noch ein Wunder* wäre das, denn schon sein Überleben war ein Wunder.

Richtige Schlagzeilen wird Christopher also wohl nicht mehr machen. Seine Eltern, seine Familie, haben ihn wieder. Mit all den Sorgen, mit all dem Leid haben sie ihn wieder. Wenn Christopher ein kleines Zeichen der Lebensfreude gibt, wenn er mit seinen Augen vielleicht *Danke* sagt, dann sind alle glücklich.

Ein Kind, schwer behindert, in einem Rollstuhl. Manchmal sieht man so ein Kind auf der Straße. Man weiß nicht, wo man hinschauen soll. Tut es den Eltern weh, wenn man hinschaut, oder tut es den Eltern weh, wenn man wegschaut?

Mit welcher Kraft solche Eltern ihre Kinder lieben. Irgendwo auf einer Terrasse sitzen solche Eltern mit ihrem kranken Kind, schenken dem Kind ein paar Sonnenstrahlen, füttern das Kind mit Eis.

Erfolgserlebnisse sind dann ganz winzige Geschichten. Vielleicht ein Blick oder dass das kranke Kind die Hand seines Vaters drückt. Wie ungeduldig ist man oft mit seinen gesunden Kindern. Wie undankbar ist man oft für das Glück, dass ein Kind gesund ist.

*7. Mai 2004*

## Galtür im Winter danach

Da ragt noch ein Kran in den Wintersonnenhimmel, und dort drüben schindet ein Bautrupp, dass den Männern fast das Weiße aus den Augen tritt. Galtür im Endspurt vor der Saisoneröffnung. Galtür im ersten Winter nach der Lawinenkatastrophe. Es wird nie wieder so sein, wie es war.

Die Spuren des Unglücks sieht man nicht mehr. Unter Tränen und in aller Trauer haben die Menschen von Galtür den Ort saniert. Manche von ihnen hatten nichts mehr zu verlieren, denn sie hatten schon alles verloren. Die Menschen, die sie liebten.

In schlaflosen Nächten haben sie sich tausendmal gefragt: Hat das alles noch einen Sinn? Für wen? Die Existenz in Trümmern, die Bilder von all dem Leid nie mehr zu vergessen.

Nun sind die ersten Kamera-Teams nachschauen gekommen, wie Galtür sich bettet für den Winter danach. Alles Menschenmögliche wurde getan, um die Menschen zu schützen. Galtür, können die Experten jetzt sagen, ist sicher. Die Menschen von Galtür sagen das auch; mit einer großen Demut. Sie wissen, dass das Menschenmögliche niemals eine Garantie ist. Auf keinem Platz der Welt.

Galtür erstrahlt im schönsten Winterglanz. Und die Buchungen, das kommt dort vielen Menschen wie ein Wunder vor, sind gut. Sehr gut. »Es waren vor allem unsere Gäste, unsere treuen Gäste, die uns den Mut und die Kraft zum Wiederaufbau gegeben haben«, sagt ein Wirt mit sehr gesenktem Blick.

Die Dankbarkeit, die er dabei empfindet, ist mehr als ein Danke an die Kundschaft. Es ist ein Danke an alle Menschen, die Galtür nicht im Stich gelassen haben in seinen schrecklichsten Stunden. Das Leben geht weiter. Es muss.

*21. November 1999*

## Glückliche Kinder werden keine Killer

Wenn man einen Sinn finden möchte darin, dass der 14-jährige Kevin durch das Messer eines Mitschülers hat sterben müssen, dann vielleicht diesen: Es wird wieder heftig über das Thema Kinder, Jugendliche, Gewalt diskutiert.

Ganzjährig, das Leben lang, mahnen Experten wie der Kinder- und Jugendpsychiater Prof. Max Friedrich und andere auch. Sie mahnen und erklären und analysieren nicht nur, sie bitten, betteln, appellieren.

Manchmal muss das frustrierend sein. Dass Medien und Menschen immer dann erst richtig die Ohren spitzen, wenn wieder etwas passiert ist. Möglichst traurig, möglichst schrecklich, wie der Tod von Kevin. Als wäre der Ruf und der Rat der Experten sonst weniger wichtig. Oder zu langweilig gar.

Es klingt tatsächlich geradezu langweilig, was die Experten erklären. Warum Gewalt unter Kindern und Jugendlichen immer mehr eskaliert. Verantwortlich sind Eltern, Schulen, also die Gesellschaft. Gewaltverschärfend wirken brutale Video-Spiele, trostlose Perspektiven. Geradezu langweilig sind die Argumente. Weil sie eh auf der Hand liegen. Weil das, gewissermaßen, eh klar ist. Kleinere Schulklassen, mehr Psychologen an den Schulen als Frühwarn- und Feuerwehr-System, mehr Zeit und Zuwendung von den Eltern. Zuwendung nicht in Form von Wohlstandsklumpert. Zuwendung als Vorbild.

Reicht Kevins Tod nicht, das zu begreifen und umzusetzen? Dann hätte Kevins Tod so etwas wie einen Sinn. Vielleicht reicht es wenigstens, das zu begreifen: Kinder verrohen nicht, »weil es ihnen zu gut geht, den Gfrastern«. Sie verrohen, weil sie unglücklich sind. Glückliche Kinder werden keine Killer.

*21. September 2005*

## Die unbarmherzigen Schuldgefühle

Und niemand kann den Eltern helfen. Ihr kleiner Sohn, der wunderbare Bub. Gestorben wegen einer bitteren Verwechslung. Der Knollenblätterpilz, den sie für einen Parasol hielten. Warum hat das passieren müssen? Ein Leben lang müssen die Eltern den Satz mit sich tragen. Warum hat das passieren müssen?

Und niemand kann die Eltern trösten. Was kann man sagen? Wie kann man ihnen helfen, die Schuldgefühle zu entgiften? Es gibt nichts Schlimmeres, als hinter dem Sarg des eigenen Kindes hergehen zu müssen. Noch am Leben zu sein, ist wie ein großes Schuldgefühl. Warum lebe ich noch und nicht das Kind?

Die unbarmherzigen Schuldgefühle darüber hinaus: Es hätte ein schönes Familienessen sein sollen. Es hat für das Kind den Tod bedeutet. Diese entsetzliche Verwechslung. Dieser Fehler, den sich niemand verzeihen will.

Hoffentlich hilft jemand den armen Eltern, das Blei aus der Seele zu nehmen. Die Schuldgefühle. Sie helfen niemandem. Sie ziehen die Lebenden in den Abgrund und lasten auch auf der Seele des toten Kindes. Diese Seele, von der man doch sagt, dass sie unsterblich sei.

Die Psychotherapie hilft mit den modernsten Erkenntnissen über die Seele des Menschen, Leid und Schmerz tragbar zu machen. Gegen Schuldgefühle, gegen tonnenschwere Trauer, gegen das Gefühl, es sei unmöglich, weiterzuleben.

Und darüber hinaus gibt es noch einen heilvollen Gedanken, der wissenschaftlich nicht erfassbar und wissenschaftlich ohne Bedeutung ist: Der kleine Bub ist jetzt ein Engel. Generationen von todtraurigen Müttern hat der Gedanke geholfen. Es ist ein starker, großer Gedanke. Wenn man die Gnade hat, an ihn zu glauben. Mitten im unfassbaren Leid.

*2. September 2006*

## Kinder haben flinke Hände

1,4 Milliarden Kinder sind arm. Das sind so viele, dass die Summe ihres Leides unvorstellbar ist und dass sogar das Mitleid resigniert. Zum Glück leben die Kinder weit genug entfernt, dass man ihnen nicht begegnen muss. Die Fotos von einzelnen armen Tröpfen ist man auch schon gewöhnt, sodass Geschichten über Kinderelend schnell durchgeblättert sind.

200 Millionen Kinder arbeiten in Bergwerken. Fünfjährige Kinder, die in Bergwerken arbeiten. Gleich alt wie die süßen Fratzen, die bei uns in den Kindergarten spazieren, pausbäckig und mit gefüllten Jausentaschen. Gleich alt wie unsere Kinder, die in kuscheligen Betten in den Armen ihrer liebsten Stofftiere selig schlafen. Drei Millionen Kinder werden in Bordellen missbraucht. Die meisten Kunden sind reiche Männer aus dem Westen. Viele von diesen Männern haben selber auch Kinder daheim.

Von den Kindern, die es vergleichsweise noch gut erwischt haben, schuften Millionen in stinkenden Textilfabriken, in giftdampfenden Produktionsbetrieben für Waren aller Art. Die meisten von ihnen sind kaputt, bevor sie erwachsen sind. Das einzige Spielzeug, das sie je zu sehen bekommen, sind die Einzelteile jener Teddybären oder ferngesteuerten Autos, die sie im Akkord zusammenbauen. Kinder haben ja so geschickte Finger und kosten so wenig Geld und brauchen so wenig Kost. Das Spielzeug, die Haushaltsgeräte, die Teppiche und die Textilien, die aus den Kolonien der kleinen Arbeiter kommen, sind deshalb besonders preiswert, wenn sie in den Kaufhäusern des Westens feilgeboten werden.

Wahrscheinlich gibt es in jedem westlichen Haushalt irgendetwas, das einmal durch flinke Kinderhände ging. Man weiß es natürlich nicht genau, und deshalb braucht man auch kein schlechtes Gewissen zu haben. Helfen kann man diesen Kindern ja eh nicht. Manche sind sogar schon tot, bis ihre Produkte auf einem westlichen Wühltisch landen.

*29. November 1995*

## Wie viel Verzweiflung passt in ein Kind?

Wie schön eine Kindheit sein kann und wie schrecklich. Kleine Prinzessinnen und Prinzen, und Kinder, die den Horror lernen und leben müssen. Manchmal endet so ein Martyrium mit dem gewaltsamen Tod. Manchmal hat so ein Kind Glück im Unglück. Sehr viel Glück im Unglück.

Das zehnjährige Mädchen, das am Samstag aus dem dritten Stock eines Hauses in Wien-Wieden flüchten wollte. Wie schlecht muss es einem Kind gehen, dass es zwischen Leben und Tod um die Freiheit spielt.

Aber jetzt, jetzt könnte alles anders werden. Nie mehr eingesperrt werden in der Wohnung. Nie mehr geschlagen werden. Nie mehr missbraucht werden. Schutz vor dem 15-jährigen Halbbruder der Mutter, der das Mädchen einsperrte. Und der hoffentlich noch nicht zu alt ist, um eine bessere Richtung im Leben zu erwischen. Schutz vor der überforderten Mutter, für die jede Form der Unschuldsvermutung gilt. Alle Mütter lieben doch ihre Kinder, eigentlich.

Was für ein Glück dieses Kind hatte. Aufgefangen im allerletzten Moment von einem Polizisten und einem Passanten. Schon wieder aus dem Spital heraußen.

Alte Wunden entdeckten die Ärzte an dem Kind. Alte Blutergüsse: Die seelischen Wunden sind ja unsichtbar. Woher stammen die Blutergüsse? Vom wilden Spielen, sagt die Mutter. Ich bin geschlagen worden, sagt das Kind. Die Mutter und ihr Halbbruder wurden jedenfalls angezeigt.

Und jetzt? Beunruhigend, der Gedanke, das Kind sei schon wieder zur Familie zurückgekehrt. Wirklich gut genug geprüft, ob die traute Familie keine weitere Gefahr bedeutet? Man will ja Familien nicht auseinanderreißen. (Außer vielleicht so unerwünschte Familien wie die von Arigona.) Man will das Beste für so ein armes Kind. Nach Hause! Manchmal heißt das: zurück in die Hölle. Und ab und zu bedeutet es den Tod.

*7. Jänner 2008*

# Man möchte nur noch schreien

Ein Experte redet in Schachtelsätzen von Ressourcen, als wäre Erdöl das Thema. Halt, Herr Doktor: Es geht um Menschen, und es geht um ein totes Kind.

Ein Bezirkshäuptling findet vor allem schlimm, dass die entsetzlichen Misshandlungsfotos des kleinen Luca an die Öffentlichkeit geraten sind. Die Fotos könnten nämlich, bitte alle herhören, die Fotos könnten zu Verwirrung führen!

Ja, das tun sie. Und mehr noch. Sie entsetzen, und sie machen unendlich traurig und wütend. Und wenn auf den Fotos nur die Augen von Luca zu sehen wären und nicht seine Misshandlungen: Wie kann ein Arzt, ein Jugendwohlfahrtsbeamter, eine Therapeutin oder eine Sozialhelferin, wie kann *ein Mensch* solche Augen voller Schmerz und Todesangst sehen und *nichts* tun? Außer eben feig die nötigsten »Bestimmungen« erfüllen.

Der »Runde Tisch« nach der »ZiB 2« Donnerstagabend. Es sagte Moderator Hans Bürger, er glaube, auf der falschen Veranstaltung zu sein, wenn wieder alle unschuldig sind. Man hätte diesen Satz und noch viel Gröberes in den Fernseher hineinschreien wollen. Schreien, dass diese Experten und »Zuständigen« endlich aufhören mit ihrem unerträglichen feigen Expertenvokabular. Samt der zuständigen Ministerin, die zwischen Mitleid und beleidigter Leberwurst den Spagat nicht schaffte. (»In Österreich ist es derzeit modern, Schuldige zu suchen!«) Soll nach so einem Drama vielleicht alles vertuscht und zugedeckt bleiben?

Der wichtigste Satz kam von Kinderarzt Dr. Pollack: Man müsste dieses System beleuchten. Eine gedanken- und pietätlose Bemerkung ausgerechnet von einem Kinderpsychiater: Man dürfe das Kind nicht mit dem Bade ausgießen. Eh nicht, weil es ist schon tot.

*24. November 2007*

## Darf man sich *einmal* ein Wunder wünschen?

Die traurigen Eltern von Madeleine waren beim Papst. Sie haben ihm das Bild ihres entführten Kindes anvertraut, der Papst wird die Eltern und das Kind in seine Gebete einschließen. Millionen andere Menschen beten auch für die Familie, oder sie denken an das Kind und die armen Eltern. Gute Gedanken sind immer auch eine Art von Gebet.

Der Papst, der Heilige Vater, die höchste himmlische Instanz auf Erden, betet für das Kind. Es möge ein Wunder geschehen. Das Wunder, dass ein gestohlenes Kind lebend gefunden wird. Wunder, gibt's die? Und wie kann der Papst wirklich helfen bei der verzweifelten Suche nach Madeleine?

Der Papst kann die weltlichen Bemühungen der Fahnder und der freiwilligen Helfer und der Spender nicht mit einem *Wunder* dirigieren. Der Papst kann nicht hellsehen und nicht mit weißer Magie die Spuren erhellen. Was kann dann der Papst überhaupt, und was kann der Glaube?

Der Glaube kann Berge versetzen. Die Hoffnung stärken und die schrecklichen Nächte mit Zuversicht erhellen. Der Glaube hat tatsächlich schon Wunder vollbracht.

Vielleicht geschieht das Wunder, und das verlorene Kind wird gefunden. Dann werden die einen sagen: Der Papst hat ein Wunder vollbracht, und die anderen werden die Möglichkeiten der modernen Fahndungstechnik oder den glücklichen Zufall preisen.

Und wenn sie das Kind nicht finden? Dann ist der Glaube noch der einzige Trost, den es gibt. Es gibt Schmerzen, die sind ohne Glauben nicht zu ertragen.

Der Schmerz der Ungewissheit, der die Eltern in die Hölle geschickt hat. Die schmerzliche Gewissheit, mit der so viele Eltern leben müssen, die ein Kind verloren haben. Darf man sich *einmal* ein Wunder wünschen?

*31. Mai 2007*

## Drogentod im Kinderzimmer

Drogenszene Karlsplatz, die kennt man. Ständig die Berichte, wie schrecklich es da zugeht. Mitten in Wien, so schlimm, dass viele lieber einen Umweg fahren, um nicht die dortige U-Bahn-Station zu passieren. Es regen sich alle schon so auf: die Geschäftsleute, die Fahrgäste, die Spaziergänger. Wut, Angst und Mitleid. Die bösen Kinder vom Karlsplatz. Die armen Kinder vom Karlsplatz.

Ja, das kennt man. Aber was viele nicht so genau wissen: Drogenszene Karlsplatz ist nicht der einzige traurige Platz. Nur der spektakulärste. Hundert andere Orte sind genauso traurig. Nur stiller. Kleiner.

191 Menschen sind 2005 in Österreich den Drogentod gestorben. Unmittelbar an Drogen gestorben. Da sind jene ungezählten Opfer, die an Folgeschäden zugrunde gingen, nicht mitgerechnet.

Die allermeisten von ihnen sind nicht rund um den Karlsplatz gestorben. Sie sind gestorben in Linz oder irgendwo in Niederösterreich oder auf einem kleinen Bahnhof in St. Nirgendwo. Sie sind armselig auf einer Toilette gestorben oder in einer Notunterkunft oder daheim im Kinderzimmer. Ja, immer mehr Kinder und Jugendliche sterben den Drogentod.

Sie kamen aus guten und aus sogenannten schlechten Familien, aus begüterten und aus armen. Aus Patchworkfamilien und aus dem klassischen Idyll. Viele von ihnen, die meisten sogar, waren besonders klug, besonders sensibel.

Sie sind nicht am Karlsplatz zugrunde gegangen, sondern am Leben. Zu wenig oder zu viel beschützt. Zu viel geliebt auf keinen Fall. Der Karlsplatz ist ein Thema. Aber eines, das in ganz Österreich wohnt. Bald jeder fünfte 15-Jährige hat übrigens schon Cannabis probiert.

*24. November 2006*

## Die ganze Welt ist voller Wunder

Früher dachte ich, dass Blumen ein Wunder sind, besonders die Himmelschlüssel, weil der Name ja alles sagt. Die ganze Welt war voller Wunder. Bis auf den Storch, der die Kinder bringt. Diese Geschichte gefiel mir gar nicht. Ich wünschte mir, Kinder würden aus zwei Herzen herauswachsen. Und wenn mir selber der Storch einmal Kinder bringen möchte: Was wäre, wenn er in den Sturm geräte und die Kinder fallen ließe?

Ich dachte, dass auch der Mond und die Sonne und die Sterne Wunder seien. Wer zündet an, wer macht aus der Sichel eine Kugel und wer löscht das Licht aus, da oben?

Manchmal lagen die Ostereier im Schnee; wenn das kein Wunder war, dann war es zumindest wundersam. Und ich war sauer auf Petrus, der mir den Frühling versaut hatte. Oder ein Fehler von Frau Holle? Nicht jeden Ärger gleich auf Gott abladen, sagte die Großmutter. Dafür gibt es genug andere Gestalten.

Ein Wunder war auch, dass die Nachbarin so einen dicken Bauch hatte und dann plötzlich nicht mehr. Dafür hatte sie dann Zwillinge (zwei Buben, die später rotzfrech waren zu mir). Zwillinge, obwohl weit und breit kein Storch zu sehen gewesen war!

Die Himmelschlüssel. Die Vergissmeinnicht. Die Genesung der uralten Großtante, von der sie sagten, dass sie den Winter nicht mehr überleben würde. Und dann kam der Frühling.

Die ganze Welt ist voller Wunder. Nein, es ist alles nur Biologie und Physik und Chemie. Egal, ein bisschen Glauben habe ich gerettet. Ein paar kleine Wunder behalte ich. Die redet mir auch kein Nobelpreisträger mehr aus. Nicht in diesem Leben, das ohne kleine Wunder so trostlos wäre.

*23. März 2008*

# 10 | Krankheit & Wahnsinn

*»Die Erde abschlachten, wie die Kuh, die Milch bringt – das bringt nur der Mensch zusammen.«*

## Harmlose und gefährliche Narren

Es gibt Pferdenarren und Faschingsnarren und Kindernarren und eine Salbe, die ist narrisch gut für die Füße. In der Mode spricht man von der Narrenfreiheit, wenn in Ascot die Frauen Hüte tragen wie fliegende Untertassen. Alles ganz harmlose Narreteien. Menschen, die irgendwas oder irgendjemand ein bisschen mehr mögen, als die anderen normal finden.

Jedenfalls tun sie keinem etwas zuleide. Je gehört, dass ein Mensch erschlagen wurde von einem Hut wie einer fliegenden Untertasse? Und dann gibt es noch die Autonarren und die Waffennarren. Und die sind eher nicht lustig. Sie fräsen Leute nieder; ein paar Hundert im Jahr. Die einen mit dem Gasfuß, die anderen mit dem Finger am Abzug. Vorgestern hielt wieder so ein Waffennarr einen ganzen Bezirk in Atem. Er schoss aus dem Fenster, etwa dreißigmal, und dann schoss er sich in den Bauch. Die Nachbarn sind mit ein bisschen Todesangst davongekommen. Hätte alles noch viel übler ausgehen können. Man wird nun prüfen, wieso der Mann überhaupt eine Waffe hatte und wozu. Waffenschein? Durchaus möglich.

Der Vater des unglückseligen Amokläufers, der seine Lehrerin erschoss, hatte auch einen Waffenschein. Um gegebenenfalls einen Einbrecher erschießen zu können. Waffe griffbereit im Schlafzimmer. Sein 15-jähriger Sohn hat zugegriffen.

Gestern rief ein leicht verärgerter Mann an. »Ich habe auch eine Waffe«, sagte er. »Und Kinder.« Und dass er seine Kinder so erziehe, dass die das Ding nie angreifen. »Wo kommen wir hin«, sagte er, »wenn die Kinder tun, was sie wollen?«

Auch ein Waffennarr. Einer von vielen. Halt leider kein harmloser Narr. Waffennarr! Das klingt wie eine liebe, kleine Marotte. Gemeingefährlicher Psychopath, müsste man sagen.

*9. Mai 1997*

# Was für eine Krankheit ist das?

Brummt eh ganz gut, das Weihnachtsgeschäft, aber nicht über alle Kunden darf man sich wirklich freuen. Die Zahl der Kaufsüchtigen oder immerhin -gefährdeten: rasant gestiegen. Eine Meldung wundert sich darüber, dass das möglich ist: erhöhte Fieberwerte im Kaufrausch, trotz Wirtschaftskrise. Wie passt denn das zusammen?

Das passt leider perfekt. Kaufsucht ist bekanntlich eine Krankheit wie Spielsucht, Nikotinsucht, Alkoholsucht. Wenn alle Alkoholkranken mit Logik und Verstand zu heilen wären! Super wär das! Geht aber nicht. Klar merkt ein Kranker, dass ihm der Alkohol/das Nikotin/das Spiel/das Kaufen nicht guttun. Aber die Teufel wird man nicht so leicht los.

Größte Risikogruppe angeblich bei der Kaufsucht: junge Frauen. (Mädchen holen übrigens auch bei Alkohol und Nikotin schrecklich auf.)

Kaufsucht. Was für eine Krankheit ist das überhaupt? Muss mit Frust zu tun haben, mit enttäuschter Liebe und verletzten Gefühlen. Mit Gefühlen, nichts wert zu sein, und mit dem Versuch, sich ein wenig zu belohnen. Trauriger Zustand.

Ich kaufe, also bin ich. Glücklich für einen Moment oder ein paar Stunden. Der Kater kommt gern schon auf dem Heimweg aus dem Shoppingcenter. Wozu brauch ich das? Und was wird die Bank sagen?

Ein Aspekt der Kaufsucht, den sich vorerst noch niemand erklären kann: In Österreich sind doppelt so viele Menschen betroffen wie in Deutschland.

Weihnachten ist eine Hochrisikozeit für alle, die unter Kaufsucht leiden. Dabei wäre gerade Weihnachten eigentlich ideal, um die Krankheit zu bremsen. Mit etwas Liebe. Es darf auch ein bisschen mehr sein. Dieses Defizit ist offenbar noch größer als die schwarzen Löcher auf vielen Konten.

*19. Dezember 2009*

## Das bricht einem doch das Herz

Trostlos, mit ganz kleinen Lichtblicken: die Reportage »Am Schauplatz« über arbeitslose, absturzgefährdete Jugendliche. Irgendeine Siedlung in Österreich. Wie hundert andere Siedlungen auch.

Kein Job, kein Geld, kein Bock, keine Zukunft. Total von den Schienen, noch bevor sie das erste Mal auf eigenen Füßen waren. Sie sind unzuverlässig, sie sind provokant. Was sollen sie sonst sein, sagte eine Sozialarbeiterin. Sie kennen nichts anderes. Sie können nichts anderes.

Früher, noch vor zehn, fünfzehn Jahren, hätten sie ein bisschen bessere Chancen gehabt als heute. Heute ist es mit den Jobs für junge Menschen so: Sogar die »Anständigen und die Tüchtigen« finden keinen. Alarmstufe Rot bei der Jugendarbeitslosigkeit. Da haben die, die man Problemkinder nennt, sowieso keine Chance. Absolut keine Chance.

Wie Kinder kaputtgehen, ein ganz globales Thema. Heute ist »Welttag der psychischen Gesundheit«, da will die UNO »das Schweigen brechen«: Millionen Kinder vernachlässigt, missbraucht, einfach fertiggemacht. Millionen Kinder Gewalt ausgesetzt; einer Gewalt, die nicht unbedingt sichtbare Narben hinterlässt.

Es mag Länder geben, in denen alles viel schlimmer ist als in Österreich. Schlimm genug ist es hier auch. Wie eine schleichende Epidemie ist das: immer mehr Kinder psychisch und sozial total verwahrlost.

Rezession überall, trübe Zukunftsaussichten. Gibt es noch Jobs und Branchen mit Zukunft? Ganz sicher. Sozialarbeiter, Kinder- und Jugendtherapeuten zum Beispiel. Von denen wird man mehr und mehr brauchen. Und die werden eine hervorragende Ausbildung brauchen. Damit sie wenigstens ein paar von den Kids, die verloren gehen, noch retten können. Das bricht einem doch das Herz, was man an jeder Straßenecke sieht: diese armen kaputten Kinder.

*10. Oktober 2002*

# Dazu zünd' ich mir eine Zigarette an

Weltnichtrauchertag. Darüber sollte man sich Gedanken machen, vielleicht ein Thema für eine Kolumne, denke ich. Dazu zünde ich mir eine Zigarette an, dann kann ich besser nachdenken.

Jedes Jahr sterben auf der Welt 4,9 Millionen Menschen wegen der Raucherei. Keine zwei Jahre, und Österreich wäre ausgerottet. So viele Tote kann man sich gar nicht vorstellen. Auf jeden Fall sind AIDS und SARS schwache Sensenmänner gegen das Nikotin. Ich wollte gerade an meiner Zigarette ziehen. Ich lege sie zurück in den Aschenbecher, wie ertappt.

Die Mutter eines alten Freundes hat heute, am Weltnichtrauchertag, den 84. Geburtstag. Ausgerechnet. Sie ist bei guter Gesundheit. Sie raucht nicht unter zwanzig Stück am Tag. Und das ist sicher untertrieben. Alle Raucher lügen sich selber an. Na also. Jetzt nehme ich doch wieder einen Zug.

Jemand anderer hat mir erzählt, wie eine Raucherlunge ausschaut. Wie Selchfleisch in einem Kamin müsse man sich das vorstellen. Wer das einmal gesehen habe, könne nie wieder zum Tschick greifen, sagte besagte Person. Jetzt mache ich, bei diesem Gedanken, meine Zigarette auf der Stelle aus. Ich rauche sowieso nie bis ganz zum Filter. Das ist gesünder, angeblich. Jedenfalls nicht ganz so ungesund.

Der eine/die andere Nichtraucher/Nichtraucherin fällt mir ein aus dem Bekanntenkreis. Teilweise unsympathische Menschen. Diese Besessenheit, mit der sie *nicht* rauchen und Raucher demütigen und ständig darauf verweisen, wie fit sie sind. Es sind auch schon Nichtraucher gestorben, sagt man dann. Man lächelt verlegen, man weiß, was man gerade wieder für einen Blödsinn gesagt hat.

Soll ich jetzt noch eine rauchen? Für den letzten Absatz? Oder überhaupt die letzte, weil der Weltnichtrauchertag so ein schönes Datum zum Aufhören wäre? Ich wäre wirklich stolz auf mich, würde ich das schaffen. Gestern war Weltnichtrauchertag. Ehe die Zeitung gedruckt war, hatte ich schon wieder einen Tschick im Mund.

*1. Juni 2003*

## Amerikanische Verfettung

Jung, stark, schön, amerikanisch. Amerika liebt das Selbstporträt seiner Bürger, die fit wie ein Turnschuh sind. Amerika hat einen Präsidenten, der sich jeden Hamburger beim Joggen und bei noch ganz anderen Sachen aus dem Leibe schwitzt. Amerika schickt uns Bilder aus Hollywood: für immer jung. Und schlank. Und nie einen Tschick zwischen den Lippen. So schaut's aus.

Die allermeisten Amerikaner existieren offenbar unter Ausschluss der Öffentlichkeit. Drei Viertel von ihnen sind übergewichtig. Viele davon richtig fett. Wo verstecken sie sich? Sie schau'n wahrscheinlich in der verdunkelten Wohnlandschaft den schönen Menschen im Fernsehen beim Joggen zu.

Couch-Potatoes heißen die. Man kennt die Leute schon lange: Hängen wie faule Kartoffeln herum, stopfen Chips und Mayonnaise in sich hinein. Junkfood bis zum Platzen. Man kennt solche Leute. Man wusste nur nicht, dass es so viele sind. Drei Viertel der Amerikaner sind zu fett. Die Kinder auch. Der Frust, der Vitaminmangel, der innere Schweinehund. No future, außer in der Mattscheibe. Einziger Sport: die Fingerübungen auf der Fernbedienung.

Gesundes, rauchfreies Amerika. Milliarden haben die Amis ausgegeben, um einander das Qualmen abzugewöhnen. Essen sie drum so viel? Sie essen und rauchen. Es ist zwar überall verboten. Aber: Ein Viertel aller Amis ist nikotinabhängig. Junges, schlankes, schönes Amerika. Vielleicht der größte Selbstbetrug des Jahrhunderts. Sogar Arnold Schwarzenegger muss seine Zigarre verstecken, wenn eine Kamera kommt. Er ist ja einer der beliebtesten Cover-Helden für das bessere Leben.

Ist der Mensch unbelehrbar? Wahrscheinlich schon. In Österreich fröhliche Resignation bei Schweinebraten und Bier. Verqualmte Wirtshäuser. In Amerika alles verboten. Fett und krank sind sie dort trotzdem. Unheimlich fett sogar. Aber heimlich.

*2. April 1998*

## Alte Menschen in Windeln

Im Alter, sagt man, kehrt man zurück in die Kindheit, in ganz frühe Empfindungen, und vor dem Sterben haben Menschen manchmal Erinnerungen, die ein ganzes Leben lang verschollen waren. Es ist, als könnte man vor dem großen Abschied noch einmal zurück an den Anfang gehen.

Ganz alte Menschen sind so hilflos wie ganz kleine Menschen, nur dass ganz alte Menschen die anderen Menschen nicht so rühren. Die kleinen Menschen, natürlich die ausgesucht schönen, hält man uns in der Werbung ins Gesicht; man zeigt ihre sogenannten süßen Popos her, man lässt sie quietschend glücklich sein, und das größte Kinderglück überhaupt in der Werbung ist die neueste Komfort-Windel. Ganz alte Menschen brauchen auch Windeln, wenn sie mit ihren ausgemergelten Körpern in Pflegeheimen liegen. Manchmal weinen diese ganz alten Menschen, weil sie sich schämen dafür, und manchmal leiden sie nur still und apathisch, weil sie dafür, dass sie am Ende ihres Lebens wieder zu Kindern werden, gedemütigt und gequält werden. Wie sagte einer der Betreuer, der im Zusammenhang mit dem Pflegeheim-Skandal vernommen wurde: Die Striemen am Körper einer Patientin seien die Folge eines schnellen Windelwechsels. Viele ganz alte Menschen müssen schon froh sein, dass man sie nicht in ihrem Dreck liegen lässt. Es zahlt sich ja nicht mehr aus, viel für sie zu tun.

Viele ganz alte Menschen nehmen als letzte Erinnerung in den Tod das Gefühl mit, dass man sie einfach weggeworfen hat. Viele ganz alte Menschen verlassen diese Welt als eine Hölle.

Dabei haben sie diese Welt einmal mit großen, glücklichen Augen betreten. Aber da waren sie eben noch süße, kleine Kinder und nicht unnütz gewordenes Menschenmaterial.

*16. Februar 1995*

## Spielt Amys Lieder, Kinder

Bewunderung, tiefer Respekt für die Eltern von Amy Winehouse. Der frische, tiefe Schmerz um die verlorene Tochter, aber die Eltern haben schon die Kraft, »die Dinge zum Positiven zu verändern«, sagte der trauernde Vater, Mitch Winehouse. Amys Todeshaus soll eine Entzugsklinik werden. Die Amy-Winehouse-Stiftung will auch ein Kinderspital finanzieren. Amy konnte vor ihrer Suchtkrankheit nicht geschützt und nicht gerettet werden. Aber das Leben soll weitergehen. Das Leben anderer.

Das Blumenmeer vor Amys Haus ist kaum verwelkt. Die Alkoholflaschen hoffentlich entfernt. Es gab Fans, die fanden es angebracht, dem Suchtopfer Amy Alkohol auf die letzte Reise mitzugeben. Haben sich vermutlich nichts Böses dabei gedacht. Sind vielleicht selber schnapskrank.

Es wird noch viel Geld hereinkommen für die Amy-Winehouse-Stiftung. Ihre Musik war zu Lebzeiten Weltklasse, Amys Tod ist eine Verkaufsrakete. So ist das, wenn Genies früh in die Ewigkeit eingehen.

Und hoffentlich ist es auch so, dass Amys Tod ganz, ganz viele junge Menschen aus der Achterbahn mit Alk & Drogen zurück ins Leben wirft. Amys Eltern jedenfalls geben sich alle Mühe, dem Leben der weltberühmten Tochter nach dem Tod einen tiefen Sinn zu geben. Tiefer noch als deren musikalische Bedeutung: wenn Amys tragische Erfolgsgeschichte Leben rettet.

Und was könnte man sonst noch tun gegen Komasaufen und Drogendramen? Die Worte schrecken ja kaum noch jemanden auf. So viele Kinder, die vor den stumpfen Augen der Öffentlichkeit kaputtgehen. So viele Sport-Sponsoren, die eigentlich das Saufen propagieren. So viele Party-People, die den Code für die nächste Generation definieren: Das Leben ist nur schön mit einer Flasche in der Hand.

Amy Winehouse ist tot, tot, tot. Spielt ihre Lieder, Kinder. Und rettet euch vor Drinks & Drogen. Dann ist sie nicht umsonst gestorben.

*7. August 2011*

185

# Sie ist fett, und sie stinkt

Wenn es nur Facebook wäre! Neue Plattformen gibt's, da kannst du dich super verstecken und jeden Dreck ins Netz rinnen lassen. Ideal für den fiesen Feigling von heute.

Bei der Jugend besonders beliebt. Nichts gegen die Jugend. Das Zeug, das manche Zitter-Typen posten, ist auch sehr eitrig. Lynchjustiz, Hass-Anfälle, Niedertracht in jeder denkbaren Form. Rechtschreibung auf Schimpansen-Niveau. Pardon, nichts gegen die Schimpansen.

Mobbing, Verleumdung, Bedrohung und Beleidigung sind eigentlich strafbar. Ein Fall für den Staatsanwalt. Theoretisch. Nicht leicht, die Dreckschleudern ausfindig zu machen. Und es sind ja so viele.

Mobbing kann Leute fertigmachen. Da lacht der Teufel, die Teufelin im Versteck. Mobbing kann Menschen in den Tod treiben. Kinder.

Sie ist fett, und sie stinkt, und sie hat grausige Pickel. Abgewatscht und mit Dreck überschüttet im virtuellen Klassen-Kampf. Und morgens muss sie in die Schule. Falls sie sich überhaupt noch traut.

Wir waren auch nicht besser. Wir waren hundsgemein, wie Kinder eben sind. Fette Sau, höhnte man den armen Werner. Monika, das Pickeltier. Fein waren wir nicht auf dem Schulhof. Aber du hast wenigstens die Gesichter gesehen. Und die Gemeinheiten, die waren nur Gequatsche. Natürlich gab es auch schon böse Postings: Hermine ist doof, mit Kreide auf die Schultafel geschmiert.

Heute brauchst du eine dickere Haut. Zeitalter der Feiglinge, Zeitalter der Niedertracht. Volkssport Mobbing, und ab und zu treibt's halt jemand in den Tod. Ich würde gerne einmal so eine Dreckschleuder persönlich kennenlernen. Traut sich eine aus dem Versteck?

*3. Februar 2011*

## Dass man so was verbieten muss!

Da werden ein paar Kinder und Jugendliche jetzt aber sehr traurig sein. Stell dir vor, sie dürfen nicht mehr ins Solarium. Es ist wegen der Gesundheit. Minister Mitterlehner unterschreibt heute eine Verordnung, wonach sich Menschen unter achtzehn dann nicht mehr zum Grillen in den Käfig legen dürfen.

Er könnte bei dieser Gelegenheit gleich auch noch ein Verbot für Schönheitsoperationen bei Minderjährigen fixieren, aber das ist vielleicht zu kompliziert. Und außerdem: Neue Nasen, neuer Busen, entsorgter Babyspeck und Botox gegen die kleinen Sorgenfältchen von Teenagern sind ja nicht im Verdacht, krebserregend zu sein wie die Solarium-Griller. Seit ich allerdings im Fernsehen eine Für-immer-jung-Mami gesehen habe, die ihrer 16-jährigen Tochter die Botox-Spritze ins Gesicht rammte, frage ich mich schon, warum man bei so was nicht die Polizei rufen kann.

Vielleicht lebe ich aber auf dem Mond und kriege überhaupt nicht mehr mit, was alles cool und gut ist. Bis zur Nachricht vom Solarium-Verbot für Kinder und Jugendliche hätte ich es gar nicht für möglich gehalten, dass die jungen schönen Menschen so was überhaupt wollen. Ich dachte, die seien genug abgeschreckt von den ledrigen Solarium-Fratzen, die man so sieht. Der berühmte Solarium-Politiker, die schrecklichen Indianer-Bräute, die durch die »Seitenblicke« huschen – ist das nicht wirkungsvoller als jedes Verbot? Möchte sich ein einziger junger Mensch in die Gefahr bringen, jemals so auszusehen?

Seltsam, sehr seltsam. Aber bitte. Schönheit liegt ja im Auge des Betrachters. Die Solarium-Fuzzis und -Tanten sind offenbar alle ziemlich verliebt in ihr Spiegelbild. Schön, dass jetzt ein Gesetz wenigstens die Kinder vor solchen Irrtümern schützt. Und vor der Gefahr, sich einen Krebs anzugrillen.

*6. April 2010*

# Gott und Niki Lauda

Gott hat seine schützende Hand von der Formel 1 genommen, sagte Niki Lauda in der »Zeit im Bild«, und es lief einem kalt über den Rücken dabei. Gott kommt sonst nicht vor im Rennsport, in diesem rasenden Geschäft, in dem man nur an die Technik und an das Siegen glaubt.

Noch nie hat man Niki Lauda so nachdenklich reden hören. Und selbst er, der ewige Gewinner, sagte plötzlich, er sehe augenblicklich keinen Sinn mehr im Rennsport.

Gott und Niki Lauda freilich können die Raser nicht beirren. Das Blut von Senna war noch nicht vertrocknet im Asphalt, da rasten sie schon wieder ihre wahnsinnigen Runden. In dieser Wahnvorstellung, dass es immer nur die anderen erwischt.

Gerhard Berger hatte nicht mehr den eiskalten Nerv dazu. Gerhard Berger gab zitternd auf, und er schämte sich nicht, zu seiner Angst zu stehen.

Er wird sich in diesen Tagen und Nächten die Frage stellen: Hat das alles noch einen Sinn? Er wird ans Aufhören denken, zumindest denken. Und wahrscheinlich wird er, wie alle anderen, doch weitermachen.

Das Risiko im Formel-1-Sport ist allen Piloten an diesem Wochenende bewusst geworden. Jeder muss dieses tödliche Risiko abwägen mit dem Lorbeer und dem Geld, das es zu gewinnen gibt. Man wird vielleicht ein wenig dazulernen nach diesen Tragödien, wird vielleicht die Sicherheit ein wenig verbessern können.

Aber der Tod fährt weiterhin mit.

Die Rennfahrer wissen das.

Die Raser auf den öffentlichen Straßen sollten das auch begreifen. All jene Wahnsinnigen, die sich auf Autobahnen fühlen wie bei einem Grand Prix.

Sie fahren nicht um den eigenen Kopf und Kragen. Sie bringen mit ihrer Raserei andere Menschen um. Drei sind gerade wieder verblutet auf der Westautobahn.

*3. Mai 1994*

## Ein neues Näschen zum Geburtstag

Wer so feig ist wie ich, hat es leicht, gegen Schönheitsoperationen zu sein. Der Gedanke, dass sie das Lid aufklappen, das Fett aufschneiden oder an einer Rippe herumsägen – nicht einmal, wenn ich nachher aussähe wie die Venus von Milo. Absolut undenkbar. Und immer dankbar, wenn es auch sonst keinen Grund gibt, unters Messer zu müssen.

Busen-Operation im Fernsehen. Einmal kurz hineingeschaut und tagelang von Phantomschmerzen gepeinigt. Also muss und werde ich lebenslang mit dem auskommen, was ich bin und wie ich ausschaue. Es ist ja bekanntlich so, dass man mit dem Alter erstens schrumpft und zweitens nicht schöner wird. Alte Gesichter sind schon eigentlich sehr schön, auf ihre Art, die Faltenlandschaften, die tausend Geschichten erzählen. Selber will man seltsamerweise nicht unbedingt auf diese Art schön werden. Schon gar nicht als Frau.

Es gibt gewiss Fälle, in denen Schönheitsoperationen sehr sinnvoll erscheinen. Christine Schubert, die Mutzenbacherin, zum Beispiel hat sich ein neues Gesicht machen lassen; das ist wie frische Berufskleidung. Superergebnis übrigens.

Eigentlich sollte einen das Thema überhaupt nicht mehr erschüttern. Soll doch jeder machen, was er will. Aber jetzt, der ganze Wahnsinn ist doch noch zu toppen: Immer mehr Kinder wünschen sich ein neues Näschen, andere Ohren oder eine Kontur, die nicht von der Natur kommt. Zum Zeugnis, zu Weihnachten, zum Geburtstag. Sie haben noch nicht einmal ihr eigenes Gesicht und wollen es auslöschen.

Wollen dürfen sie ja. Aber müsste man nicht Ärzte, die sich dafür hergeben, und Eltern, die es erlauben, anzeigen, aus dem Verkehr ziehen, die Erziehungsberechtigung absprechen? So kaputt kann kein Kind geboren sein, dass es auf eine so kranke Idee kommt.

*30. September 2004*

## Blonde Mähnen aus Indien

Tonnenweise, ja, tonnenweise Haare in Schachteln und Containern. Ein indischer Leuteschinder sagt sanft wie ein Seidenhase: Die Menschen schneiden sich die Haare ja freiwillig ab; ein demütiges Opfer, um die Götter gütig zu stimmen. Der Leuteschinder und Haarteil-Fabrikant hat Verwendung für die schönen Gaben: schön sortieren und bündeln und ab mit der Pracht nach Rom. Seine Arbeiterinnen sind folgsam und still.

In Rom kommen die Schöpfe in die Veredelungsanstalt. Nach Güteklassen bearbeiten, färben, schauen Sie nur, ein ganz besonders schönes kräftiges Teil.

Blond ist gefragt, ganz besonders, auf dem Weltmarkt der Haarverlängerungen. Schwedenblond, semmelblond, Monroeblond, was Sie wollen. Aber weil die indischen Frauen, die ihre Haare vor den Altären opfern, neuerdings ganz gern mit Henna den Kopfschmuck verschönern, ehe sie ihn kahl rasieren, gibt es immer wieder einzelne dunkle Strähnchen in der blondierten Ware. So was würde die spätere Kundschaft zwischen Hollywood und Wien niemals dulden. Also zurück nach Indien mit der Ware. Arme indische Frauen sind froh, wenn sie die einzelnen Henna-Haare aus den Mähnen zupfen dürfen.

Tausende Euro kostet so ein Luxus-Pepi, bis er dann endlich die Mähne irgendeiner Tussi veredeln oder verlängern darf. Natürlich bekommen die Spender, die in religiösen Opferritualen Haare lassen, keinen Cent. Würden sie gar nicht wollen. Das käme ihnen vor wie ein Frevel.

Später wehen ihre geopferten Mähnen dann über rote Teppiche oder zieren die hohlen Köpfe irgendwelcher Society-Weiber. Nein, geschmacklos finde sie so was nicht, sagte eine Blondine mit indischer Matte. Ein interessanter Ausschnitt zum Thema Ethik und Weltwirtschaft. Eine Kopie dieser Reportage sollte »Spiegel TV« den indischen Gläubigen schicken. Die würden staunen, was die Götter alles machen mit ihren Haaren.

*19. Februar 2008*

## Total erschöpft im Hamsterrad

Gestern war *Welterschöpfungstag*, viele haben es gar nicht bemerkt, so müde und gerädert waren sie. Keine schöne Wort-Schöpfung, diese Buchstaben-Kuriosität. Was genau ist damit gemeint? Dass die Welt, die gute alte Mama Erde, total erschöpft ist, oder die Menschen, die in den Hamsterrädern auf ihr herumturnen?

Wahrscheinlich beide Interpretationen möglich. Die Welt pfeift und schnaubt und seufzt aus allen Löchern. Die Erde ist in einem Zustand, dass sie generalüberholt werden sollte. Gib ihr, gib ihr, alle hauen auf die Mutter ein und holen das Letzte aus ihr heraus. Mit schweren Vergiftungen muss sie ihr Kreuz tragen, uns, die Menschen. Nicht einmal am Welterschöpfungstag hat man ihr eine Pause gegönnt. Wundert euch nicht, Leute, wenn sie irgendwann einfach nicht mehr kann.

Viele Ameisen-Menschen können auch bald nicht mehr. Voll auf dem Zahnfleisch. Arbeitswelten wie Foltergefängnisse. (Die armen Leute, die unsere T-Shirts nähen, unser Gold schürfen, unsere Fliesen und Mauersteine aus der Erde schlagen, auf vergifteten Feldern die Muttertagsrosen pflücken oder die Feuerwerke basteln, die wir dann in die Luft jagen.) Wissen all diese Menschen, dass gestern Welterschöpfungstag war?

Im goldenen Westen kreuchen auch schon wahnsinnig viele Menschen total kaputt herum. Armselige Löhne, die kaum zum Leben reichen. Überdruck in der Firma und Angst um den Job. Schwere psychische Schäden, die dem Körper melden, was der noch gar nicht weiß: Maschine Mensch am Kaputtgehen. Achtung, Totalzusammenbruch droht. Warum eigentlich? So schön, diese Welt. Luft zum Atmen, Wasser zum Trinken, Früchte der Erde. Für alle wäre genug da. Aber weil den Geiern, die die Welt beherrschen, *genug* nie genug ist, reicht es für ganz viele Menschen nicht mehr. Die Erde abschlachten, wie die Kuh, die Milch bringt – das bringt nur der Mensch zusammen.

*21. August 2013*

## All die gescheiten Leute und ihre Followers

Total netter Besuch, ich kenne jetzt ganz viele neue Postings und Herbst-Schnappschüsse und Getwittertes, das mir sonst total entgangen wäre. Faszinierend. Nicht dass der total nette Besuch und ich nicht auch schön Aug in Aug miteinander getratscht hätten. Aber während wir das taten, sprudelte es auch unerschöpflich aus dem iPhone des total netten Besuches.

Und da, schau, die Strickjacke, die bestell ich mir wahrscheinlich im Internet. Cool, nicht? Das da wär noch eine Option, kuschelkuschel, aber viel zu teuer. Was meinst du? Ich meine gar nichts. Ich will schöne Sachen nirgendwo anders als in einem möglichst kleinen Geschäft in gummibärenbunter Bummelgegend kaufen. (Ich weiß, wie egal das meinem Besuch und Millionen anderen Internet-Shoppern ist.) Ich kenne Menschen, nicht nur Frauen, bei denen muss drei-, viermal in der Woche jemand von Amazon mit einem selbstbestellten Geschenk auf der Matte stehen, sonst fehlt dem Tag und der Laune etwas. Du, hast du gelesen, was der Dings von der »ZIB« zur Causa P. getwittert hat? (Nein, mein total netter Besuch und ich reden nicht nur über Kuscheljacken und Hot Heels und die schrägsten Nachrichten aus der Welt der Hauptberufspromis. Wir reden auch über obergescheite Sachen aus dem ORF, dem Parlament, dem Burgtheater oder dem Naschmarkt. Voll wahr jetzt.) Nur würde ich bei unseren Talks so gerne ohne iPhone auskommen.

Ich will nicht undankbar sein. Ohne meinen total netten Besuch wäre ich weit hinterm Mond und hätte keine Ahnung, was all die Meinungs-Zirkusreiter und deren Followers dauernd so tun, denken, fühlen … auch was. Eigentlich muss ich gar nicht so viel so genau wissen. Und vor allem, entsorgen muss man den ganzen Infomüll dann ja auch noch. Wenigstens braucht man für diese Art von Gackerl kein Sackerl, es genügt ein gutes Buch oder eine Reinigungsmusik.

*14. Oktober 2013*

## Schmeckt Alkohol gut, Mama?

Das Kind ist elf Jahre alt. Soweit es zurückdenken kann, hat es Menschen gesehen, die Alkohol trinken. Den Vater, die Mutter, den Besuch, den größeren Bruder. Im Nachmittagsprogramm, im Vorabendprogramm, im Abendprogramm, immer wenn Erwachsene etwas zu feiern hatten, wurde Alkohol getrunken. Oder es wurde Alkohol getrunken, weil es *nichts* zu feiern gab: wegen Liebeskummer, wegen Ärger im Job, wegen Schulden, wegen Einsamkeit.

Wann immer das Kind einen einsamen Menschen gesehen hat im Fernsehen, war der Mensch dann, mit der Flasche Rotwein, mit dem Gin Tonic, plötzlich nicht mehr allein.

Schmeckt das gut, hat das Kind irgendwann gefragt. Mitten im Gastgarten, beim Grillfest mit den Nachbarn, bei den Eltern vor dem Fernseher. Nein, sagten die Erwachsenen, das schmeckt scheußlich, das darfst du nicht haben, das ist ungesund. Aber warum trinken dann alle Leute Alkohol? Das verstehst du noch nicht, Kind.

Für das Kind gab es Limos, süße Drinks, süße Snacks, süßen Kram. Da hast du, und sei jetzt still bitte. Immer etwas zum Nuckeln und zum Knabbern haben. Dann ist das Kind viel stiller.

Mit zehn hat das Kind zum ersten Mal erlebt, dass der große Bruder betrunken war. Erst fünfzehn, die Mutter war eher verzweifelt, der Vater eher gelassen, fast ein wenig stolz. Irgendwann muss der Bub seinen ersten Rausch haben, sagte er.

Das Kind ist elf Jahre alt. Vor ein paar Tagen hat es zum ersten Mal mittrinken dürfen. Das war nach der Schule, mit drei größeren Kindern, die sich in der Mittagspause immer Alcopops kaufen.

Es war ein tolles Gefühl. Endlich einmal ernst genommen werden von den Größeren. Es war ein Supergefühl. So leicht und lustig. Und es gibt immer noch Leute, die sich wundern, wie das sein kann: Elfjährige, die trinken. Einmal, zweimal, öfter, immer öfter, ständig.

*1. Juni 2006*

# Ich bin zu dick, Mama

Deutschland sucht das Supermodel. Die neue Show auf PRO 7 mit Heidi Klum. 32 Mädchen kämpfen um einen Model-Vertrag. Die Show ist ein Hit.

Irina, 19 Jahre alt, 1,76 groß, dürre 52 Kilo. Sie flog aus der Show, weil sie zu dick ist. Der ganze Körper, die Gliedmaßen, alles vermessen und für zu dick befunden. (Zwischenbemerkung: Sei froh, Irina, dass du aus dieser kranken Show geflogen bist.)

Heidi Klum & Co., die Hohepriester dieser schwarzen Messe der Eitelkeiten, erklären den Rausschmiss von Irina. Das Geschäft ist ja so hart, Mädchen. Nur die Dünnsten kommen durch, Mädchen. Designerfetzen müssen an Knochen über den Laufsteg flattern, Mädchen. Designerfetzen machen nichts her, wenn ein normal gewachsener Mensch sie trägt. Hungere dich kaputt, Mädchen.

Dünn, dünner, am dünnsten. Jetzt weiß es Irina, und jetzt wissen es Abertausend junge Mädchen. Du musst so dünn sein, dass es dich fast davonweht, Mädchen. Du darfst keine Hüften haben, Mädchen, sondern nur Knochen, die vom dürren Körper abstehen. Wenn du ganz nach oben willst, in den Olymp der dümmsten Eitelkeiten, dann musst du hungern, hungern, hungern, Mädchen.

So viele Mädchen wollen da hinauf. Wo die Luft so dünn ist, in der Topmodel-Szene, und wo die Körper so dünn und die Wangen so hohl sind, dass man einen Arzt rufen möchte.

Das Geschäft ist knallhart, Mädchen. Heidi Klum & Co. haben es dir gesagt, Irina. Dir und allen Mädchen, die so sein wollen wie die Topmodels. Herzliche Einladung zur Magersucht, hereinspaziert ins Drama der Bulimie.

Mama, ich bin zu dick. Das waren die letzten Worte von manchem Mädchen, das den Schlankheitswahn nicht überlebte. Vielleicht würde Heidi Klum ihre dummen Sprüche und ihr deppertes Grinsen ablegen, wenn sie das kapieren könnte.

*28. Jänner 2006*

drdie Kerze anzünden; wie das wehtun kann. D

e, die Florian anzünden würde und nicht mehr a

h. Acht Jahre alt, von einer Schultafel erschlagen.

mittag ist das irdische Lebenslicht des kleinen Flor

n.

# 11 | Liebe & Hoffnung

eute muss Florians Familie die dritte Adventkerz

>>Ein grausam schöner Satz.
Dass also das leiblich tote Kind Erwartung und Hoffnung ste
ein Schutzengel sein würde.<< an liebten, fast das Herz zerre

Tagen ist Weihnachten.

ielleicht hatte Florian schon den Wunschzettel gesc

iner Volksschulschrift, mit einem schönen Stift. V

seine Geschenke schon verpackt worden, oder ma

ste Woche die Besorgungen machen für das Christ

ie dritte Kerze müssen sie heute anzünden in Floria

nd nächsten Sonntag, mit unvorstellbarer Kraft un

die vierte. Und ein Christbaum! Kann man sich

tellen, in Florians Familie, einen strahlenden Chri

gebrochenem Herzen den Glanz sehen, der sich in

en nicht mehr spiegeln kann?

viele Herzen und Kerzen hatten sich entzünd

ete, dass Florian dieses Unglück überleben möge

Wunder. Kein Christkind.

ls ich ein Kind war, habe ich einmal erlebt, wie um

uert wurde. Und dass eine alte fromme Frau zur ze

er dieses Kindes sagte: Ich gratuliere dir zu deine

n weinten beide.

n grausam schöner Satz. Dass also das leiblich tote

tzengel sein würde. Der Satz muss Florians Famili

vehtun. Aber der Satz hat trotzdem ein Licht. Dass

## Still verbünden mit unbekannten Menschen

Es gibt Tage, da möchte man mit denen, die einem nah sind, um einen Tisch sitzen und reden und denken an jemanden, der nicht mehr da ist. Kein Fernseher. Keine E-Mails. Kein Handy. Keine Fröhlichkeiten von weit her. Keine Dschungelcamp-Idioten. Keine Weltkrisen und nichts Neues über den deutschen Bundespräsidenten, bitte.

An solchen Tagen etwas kochen, das der Mensch, der nicht mehr da ist, gern hatte. Seine klugen und liebevollen Sätze als Echo hören, auch die Sätze, die nicht schön waren oder die traurig waren.

Auf der Straße sieht man Menschen, für die ist einfach nur Mittwoch, der elfte Jänner. Keine besonderen Vorkommnisse. Fröhlich oder lausig gelaunt wie immer. Wann ist Feierabend? Warum ruft der Kollege nicht zurück? Was kommt im Fernsehen?

Kollektiver Alltag oder kollektive Feiertage. Man ist den Umständen und Anlässen entsprechend durchschnittlich gelaunt oder hat massenhaft fröhlich/besinnlich in Urlaubs- oder Faschingslaune zu sein. Und wenn man Geburtstag hat: Immer finden sich Leute, die gern mit einem anstoßen. Und wenn es Passanten von der Straße sein müssten, weil jemand niemanden hat, der mit ihm Geburtstag feiert.

Trauertage sind einsam. Die Welt möchte man aufhalten, aber die lässt sich nicht aufhalten. Die Welt will nicht Pause machen wegen dem Schmerz eines Einzelnen. Kann sie nicht. Muss sich drehen, und alle müssen in Schwung sein.

Manchmal denke ich, wenn mir Menschen entgegenkommen auf einer Straße, da ist vielleicht einer dabei oder eine, die hat einen Schmerzenstag. Einen Trauertag. Erinnerungstag an einen furchtbaren Abschiedstag. Ich denke das, weil ich diese Tage kenne und fürchte. Man behält seine Trauer für sich. Das gehört sich so. Aber man ist still und tief und unbekannterweise verbunden mit allen, denen es auch so geht.

*11. Jänner 2012*

## Die Liebe ist wie eine blühende Rose

Ein glückseliger Spruch auf einem Deko-Stück, zwei Herzen im Gleichklang, und schon weißt du, wo du daheim bist. Da, wo Elizabeth T. Spira ihre Liebesgeschichten gar köstlich anrichtet. Schmatz.

Herzlichen Glückwunsch also an Hansi, 44, Laborant und Feuerwehrmann. Es hat eingeschlagen! Zusammen ist man weniger allein, das Leben hat einen Sechser an den richtigen Ort geschickt.

Auch der Maler und Grafiker Karl Erich, er hatte die Wahl aus 435 hochinteressierten Damen, hat aus dem großen Angebot punktgenau die Richtige erwischt. Schad', dass sie ein bisschen gschamig ist, man hätte das Glück gern im Zweierpack gesehen.

Dafür wurde man von Herrn Charles und seiner frisch gefangenen Annemarie mit einem Panorama-Kuss der Sonderklasse belohnt. Cabrio in den Weinbergen, der Himmel spielt Geige, und unten glitzert der Fluss. Sie knutschten, was das Zeug hielt, in glühend roten Outfits, das hatte Spielfilmqualität.

Und dann war da noch Agnes, die Lehrerin, von einer frischen Liebe verjüngt und beseelt. Und der Mann, der einen Mann sucht, diesen aber noch nicht gefunden hat. One-Night-Geschichten hätte er genug haben können nach der Zuschriftenflut. Aber es soll ja Liebe sein.

Der Peppi aus dem Südburgenland sagt jetzt plötzlich *wir* statt *ich*, und er kämpft tapfer gegen die Schmetterlinge, die in seinem Bauch tanzen wollen. Für den Anton aus Tirol hat Silvia ihren Campingwagen von Grado auf dessen Platz überstellt. Es gibt nichts Schöneres, als wenn ein Mann einem sagt, dass man die große Liebe ist, sagt sie. Noch schöner ist eigentlich nur, diesen glücklichen Menschen im Fernsehen zuzuschauen. Die Liebe ist wie eine blühende Rose, und bei Spira muss man sich dafür nicht nackig ausziehen. Danke schön.

*10. Juli 2013*

# Die Stadt merkt sich keine Gesichter

Der vierte Tag, und keine Spur von Natascha. Vielleicht sogar ein gutes Zeichen. Irgendetwas, und wenn's nur ein Knopf oder ein Schuh wäre, hätte man doch finden müssen. Irgendeinen Hinweis auf ein Verbrechen.

Den ganzen Bezirk haben sie durchkämmt. So viele Menschen befragt. Nataschas Bild in den Zeitungen, im Fernsehen und auf Plakaten. Niemand erinnert sich, das Kind gesehen zu haben auf dem Schulweg. Aber das Kind muss doch Menschen begegnet sein. Menschen auf dem Weg zur Arbeit, Menschen, die ihren Hund spazieren führten.

In der Stadt sieht man einander nicht. In der Stadt rennt und schaut man aneinander vorbei. Gesichter und Geräusche, die gar nicht ins Bewusstsein dringen. Irgendwo schreit jemand, keiner hört's. Irgendwo leidet jemand, keiner merkt es.

Die Kinder, die einem begegnen, kennt man nicht. Vielleicht kreuzen sie tagtäglich den Weg, den man selber geht. Man merkt sich nicht ihre Gesichter und ihr Lachen und ihre Schultaschen. Man hat keine Ahnung, in welcher Gasse sie wohnen, in welche Schule sie gehen. Die Stadt lässt jeden allein und merkt sich keinen. In der Stadt kann man spurlos verloren gehen.

Kann sich denn wirklich niemand erinnern, Natascha gesehen zu haben? Offenbar nicht. Niemand hat sich das pausbäckige Gesicht gemerkt. In der Stadt ist man achtlos. Nur im Dorf merkt man sich, wem man begegnet ist. Dort grüßt man einander, auch wenn man einander nicht kennt.

Die Wege, die man gestern gegangen ist in der Stadt: Kein einziges Gesicht ist in Erinnerung geblieben. Keinen Menschen würde man auf einem Foto wiedererkennen.

Am Haustor verliert sich die Spur von Natascha. Und noch immer ist da diese Hoffnung, dass das Kind einfach trotzig davongelaufen ist. Eine Hoffnung, die jeden Tag kleiner wird.

*6. März 1998*

## Falls Sie Zeit für so was haben

Wenn man die Menschen, die schon auf der anderen Seite sind, fragen könnte. Die Menschen im Himmel, bei Gott, im Nichts, in der Ewigkeit. Die Menschen, die man furchtbar vermisst, in akutem, heftigem Schmerz. Die Menschen, die schon lächelnde Erinnerung geworden sind, und die Menschen, von denen wir nicht einmal wissen, dass sie je gelebt haben.

Wenn man die Menschen auf der anderen Seite des Seins fragen könnte. Ob sie Hass oder Liebe mitgenommen haben in die Ewigkeit. Ob sie von ihrer Wut noch geheilt worden sind. Ob ihnen das Licht, die Liebe heimgeleuchtet hat. Ob sie bereuten, das Leben zu stumpf, zu gierig, zu kalt oder zu oberflächlich gelebt zu haben.

Du stehst am Grab, und du möchtest noch so viel fragen und sagen. Innere Antworten gibt es manchmal. Liebe und Gedanken an die Toten, Nachdenklichkeit über das eigene Leben. Der verdrängte Gedanke daran, dass der Tod eine solche Gewissheit ist.

Allerheiligen, Allerseelen. Wird nicht mehr so ernst und tief genommen. Ein langes Wochenende. Überladenes Fernsehprogramm, laute Freizeit, voll das Leben. Was gehen mich die Stille an und die Vergänglichkeit. Party-Laune ganzjährig, als ob's ewig Sommer wäre. Der Tod ist aus dem Leben gestrichen. Die Kinder besuchen nicht die Großeltern auf dem Friedhof, sondern eine Halloween-Sause.

Aus schmerzlicher Erinnerung und mutigem Bewusstsein der Endlichkeit wachsen manchmal kostbare Gefühle und Gedanken. Wie unwichtig vieles von dem ist, das so wichtig erscheint. Und wie bedeutsam die kleinen Dinge des Lebens sein können. Niemals verlorene Zeit sind die. Schöner als die allergrößte Spaß-Sause, wenn eine Hand, ein Blick, ein Fünklein Liebe dich berühren. Stilles, inniges Wochenende! Falls Sie Zeit für so was haben.

*30. Oktober 2010*

## Dass Florian jetzt ein Schutzengel ist

Die dritte Kerze anzünden; wie das wehtun kann. Die dritte Kerze, die Florian anzünden würde und nicht mehr anzünden kann. Acht Jahre alt, von einer Schultafel erschlagen. Gestern Vormittag ist das irdische Lebenslicht des kleinen Florian erloschen.

Heute muss Florians Familie die dritte Adventkerze anzünden. Das Licht, das für Erwartung und Hoffnung steht, muss den Menschen, die Florian liebten, fast das Herz zerreißen. In zehn Tagen ist Weihnachten.

Vielleicht hatte Florian schon den Wunschzettel geschrieben. In seiner Volksschulschrift, mit einem schönen Stift. Vielleicht sind seine Geschenke schon verpackt worden, oder man wollte nächste Woche die Besorgungen machen für das Christkind.

Die dritte Kerze müssen sie heute anzünden in Florians Familie, und nächsten Sonntag, mit unvorstellbarer Kraft und Trauer, noch die vierte. Und ein Christbaum! Kann man sich das noch vorstellen, in Florians Familie, einen strahlenden Christbaum? Mit gebrochenem Herzen den Glanz sehen, der sich in Florians Augen nicht mehr spiegeln kann?

So viele Herzen und Kerzen hatten sich entzündet, und Gebete, dass Florian dieses Unglück überleben möge. Es gab kein Wunder. Kein Christkind.

Als ich ein Kind war, habe ich einmal erlebt, wie um ein Kind getrauert wurde. Und dass eine alte fromme Frau zur zerstörten Mutter dieses Kindes sagte: Ich gratuliere dir zu deinem Engel. Dann weinten beide.

Ein grausam schöner Satz. Dass also das leiblich tote Kind ein Schutzengel sein würde. Der Satz muss Florians Familie furchtbar wehtun. Aber der Satz hat trotzdem ein Licht. Dass Florian jetzt ein Schutzengel ist.

*14. Dezember 2003*

## Frau Juhnke, sehr dezent

Fast siebenhundert Tage trocken und zwanzig Jahre jünger als am Ende seiner Alkoholikerkarriere. Harald Juhnke, der Mann, der dem Tod von der Schaufel gesprungen ist. Wie hat er das geschafft?

Allein schon den Spott zu ertragen ist mehr, als einer allein aushalten kann. An jeder Straßenecke das zerfetzte Gesicht im Kiosk-Aushang sehen müssen. Und überall, wo er hinkam, hielten sie ihm die Schampusflasche unter die Nase. Und noch immer zielen sie auf ihn, wo immer er auch auftaucht. Kameras an, vielleicht haut's den alten Jungen doch wieder um.

Fast siebenhundert Tage steht er aufrecht. Er weiß: Ein Schluck würde ihn umbringen. Er wusste das schon immer. Aber jetzt kann er's. Leben und Nein sagen.

Grad so schlimm wie aller Hohn muss das Mitleid gewesen sein. Das Mitleid mit seiner Frau, die sich auf Seite 1 irgendwelche Schlampen auf Juhnkes Schoß anschauen musste. Die seine Krankheit ertrug und seine Ängste und den ganzen Wahnsinn.

Sie war immer still und hat auf keine Gemeinheit geantwortet. Hat niemals in einer Talkshow herumgeheult und nicht für Schmerzensbilder posiert. Sie war einfach nur da.

Er ist durch die Hölle marschiert und sie mit ihm. Ganz kaputt muss die Ehe gewesen sein, und jetzt ist sie wieder gesund. Ihr verdankt Juhnke das Leben. In einem Interview haben die beiden nun erstmals gemeinsam darüber geredet. Sie ein bisschen dezenter als er. Sehr dezent.

Menschen, die einen so kranken Menschen wie Juhnke daheim haben, werden Susanne Juhnke schon verstanden haben. Und die anderen, die können sich das sowieso nicht richtig vorstellen. Auch nicht das Glück, wenn der Albtraum vorbei ist.

*5. Mai 1999*

## Am Ende sagten sie nur: »Ich liebe dich.«

Eine richtige Stadt war das. Zweimal Bregenz, ungefähr. Größer als ein kleiner Staat, wie Liechtenstein zum Beispiel. Eine schlanke Turmstadt; ein Kirchturm hätte daneben wie ein kleines Spielzeug ausgesehen. Statt Straßen hatten sie in dieser Stadt in Manhattan Aufzüge; 99 in jedem Turm.

Drinnen saßen 50 000 Menschen, außer an den Wochenenden, da hatte die ganze Stadt frei. Während die tüchtigen Leute da drin das Geld vermehrten mit ihren Geschäften, fuhren die Touristen im Turm an ihnen vorbei, hinauf auf die Plattform, auf das Dach der Welt.

Kinder und alte Menschen gab es kaum in dieser Stadt. Es war ja eine Dollarstadt, kein Spielplatz und kein Ort, um krank oder schwach zu sein. Die besten Business-Menschen der Welt saßen da drin. Höher konnte man gar nicht hinauswollen.

Tausende Liebesgeschichten haben sich, trotzdem, da drinnen abgespielt. Auch der härteste Arbeitsplatz der Welt ist ein Ort der Gefühle. Liebesgeschichten und Rosenkriege und Grabenkämpfe und eiserne Ellbogentechnik, um die nächste Sprosse auf der Karriereleiter zu nehmen.

In den letzten Minuten des Lebens, in dieser kurzen Ewigkeit, ist dann alles so unwichtig geworden. *Überleben!* Und dann wissen müssen, dass es kein Überleben gibt.

Am Ende sagten fast alle, die noch per Handy die Chance hatten, Abschied zu nehmen: »Ich liebe dich.« Einfach nur: Ich liebe dich.

Nun ist die ganze Stadt ausgelöscht. Die ganze Liebe, die letzte Hoffnung unter den Trümmern begraben. Auf manchen Handys ist noch der Satz gespeichert, den man viel zu selten sagt: Ich liebe dich.

*19. September 2001*

## Willkommen zurück im Leben, Natascha!

Sie lebt, sie lebt, sie lebt. Es war die Hölle, nein, es war unvorstellbar. Ja, es werden Narben bleiben. Die Seele, das Vertrauen, die Fähigkeit für soziale Kontakte, alles schwer beschädigt.

Die Beamten, die Nachbarn, die Menschen mit den offenen Mündern vor dem Fernseher. Der eigene Vater, die eigene Mutter, die das alles nicht fassen konnten. Ich glaube es erst, wenn sie vor mir steht, sagte die Mutter, einem Nervenzusammenbruch nahe.

Was dieser Wahnsinnige ihr alles angetan hat. Die Kindheit gestohlen. Im Keller gehalten. So viel Angst, so viel Gewalt, die ein Kind nur überleben kann mit der Fähigkeit, sich an das Allerschlimmste zu gewöhnen.

Im Schwarzen Loch gelebt. Der elfte, der zwölfte, der dreizehnte Geburtstag. Die schimmernde Zeit, in der ein Kind zum Mädchen und ein Mädchen zur Frau wird. Flügge werden; mit abgeschnittenen Flügeln. Die Mutter, der Vater, die Schwester, die in 3097 Tagen zu Fremden verblassen. *Draußen* ist das Leben weitergegangen. *Draußen* haben die Eltern weiterleben müssen, mit einem Loch im Herzen. *Draußen* sind die Plakate vergilbt, auf denen Natascha verzweifelt gesucht wurde, und die Freundinnen haben die Sonne, die Welt und den ersten Liebeskummer gespürt.

Ja, es wird schwer sein, wieder zueinander zu finden. Natascha wird nie mehr unbelastet sein. Niemand kann Natascha die gestohlene Kindheit zurückgeben. Gewiss, die therapeutische Betreuung wird so schwer werden wie eine Operation am offenen Herzen.

Trotzdem. Irgendwie ist das alles jetzt egal. Natascha lebt. Natascha lebt. Natascha lebt. So verzweifelt waren die Eltern, dass sie einander die schlimmsten Sachen vorgeworfen haben. Fallt euch um den Hals und freut euch über euer Kind, das jetzt eine junge Frau ist. Willkommen im Leben, Natascha.

*24. August 2006*

# Die Größe eines Mannes

Man sieht ihm die Angst an und dass er sich an gewisse Hoffnungen klammert. Jeden Morgen geht er von seinem Hotel hinüber ins Krankenhaus. Dort liegt seine Frau, Raissa Gorbatschowa. Er bleibt den ganzen Tag bei ihr; zehn Stunden, zwölf Stunden. Ihr Zustand ist bedrohlich; der Krebs.

Das Knochenmark ihrer Schwester wird sie vielleicht retten. Dieses *vielleicht* ist in Michail Gorbatschows Gesicht, wenn die Reporter ihn auf dem Weg vom Hotel ins Krankenhaus fragen, wie es steht um seine Frau.

Jahrzehnte einer Ehe, die Krisen und die Höhepunkte einer Liebe. Zwei, die einander versprochen hatten, gemeinsam durch alles zu gehen, in diesem Fall auch durch die Politik. Der mächtige Mann, den sie im Westen sehr mochten. Seine Frau, die im Westen sehr modern wirkte im Vergleich zu allen Vorgängerinnen.

Der Mann, der vom Hotel hinüber ins Krankenhaus geht, ist jetzt nur noch der Ehemann. Er bangt um diese Frau, die ihn begleitet hat durch ein ganzes Leben. Er erinnert sich an die junge Raissa, die ihn bezauberte in den siebenten Himmel hinauf. Er erinnert sich an die Kraft, die sie hatte und die sie ihm gab. Power für seine Weltpolitik.

Hatten sie oft Streit? Gab es Affären? Sah es in manchem Gewitter manchmal so aus, als würden sie lieber getrennte Wege gehen? Wie unwichtig das jetzt alles ist. Der Tod steht in der Tür, und wenn er nicht umdreht, wird Michail Gorbatschow ein kleiner, trauriger Mann sein.

Jeden Tag ist er bei ihr. Es geht ein bisschen besser, sagte er mit vorsichtigem Optimismus. Alles auf der Welt gäbe er, würde seine Frau nur gesund. Die Größe eines Mannes, der den Mut hat, mit aller Liebe und Kraft bei seiner kranken Frau zu sein.

*22. August 1999*

## Endlich nicht mehr lügen

Also auch der Bulle von Tölz. Wer hätte das gedacht, dass auch der ein Doppelleben führt. So dick, so gemütlich. Und so eine nette Frau, mit zwei netten Kindern dazu.

So, jetzt ist es heraus. Wenn die Ehefrau den Mann mit der Freundin auf den Titelseiten sieht, helfen keine Ausreden mehr. (Nur eine gute Bekannte, eine Seelenfreundin, interessiert sich fürs Fernsehgeschäft, hilft mir beim Aufstehen aus dem Liegestuhl.)

Ja, die andere ist jünger. Ja, die andere ist hübscher. Ja, die andere macht Schmetterlinge in der Leibesmitte. Und nun wird reiner Tisch gemacht, natürlich nicht, ohne die Öffentlichkeit auf dem Laufenden zu halten.

Auch der Bulle von Tölz also. Wieder eine Fernsehillusion weniger. Dicke sind treuer und gemütlicher als andere? Offenbar haben sie es faustdick hinter den Ohren. Dicke sind dankbar, wenn man sie lieb hat, weil sie es sowieso schwerer haben auf der Pirsch? (Aber nicht, wenn sie berühmt sind.)

Ja, und dann sei alles sehr schnell gegangen. Geständnis, Aussprache, Bullen-Tränen und aus. Endlich nicht mehr lügen, endlich nicht mehr im Geheimen lieben. Frau Fischer wirft ihren Mann hinaus, die Kinder müssen sich vom Schock erholen.

Endlich nicht mehr lügen müssen und daheim so tun *als ob*. Der Bulle von Tölz, auch nicht anders als Tausende andere Männer. Du, Schatz, ich muss heute länger arbeiten, du Liebling, ich bin auf Geschäftsreise.

Nun steht dem neuen Glück nichts mehr im Weg. Nun muss vielleicht auch ein neues Bullen-Image her. Das brave dicke Bärli ist nicht mehr. Schad für seine Familie und fürs Publikum. Und alles Gute, Frau Fischer. Nicht mehr angelogen werden, das ist auch etwas wert.

*18. Juni 2006*

## Morgen ist auch dieser Tag überstanden

Das ist der Tag, an dem es alle Menschen gut meinen. Jeder möchte glücklich machen und glücklich sein. Wie leicht das ist, wenn halbwegs, nur halbwegs alles passt. Wie schwer es ist, wie stumm, wenn Weihnachten im Schmerz sein muss.

Wenn man zaubern könnte! Ein Licht und eine Hoffnung am Horizont für alle, die mit schwerer Krankheit kämpfen müssen. Noch schwerer: ein geliebter Mensch, auf der Intensivstation statt im Familienkreis.

Wenn man trösten könnte! Die Menschen, die in diesem Jahr jemand für immer verloren haben. Die erste Weihnacht allein. Die Kerzen vor dem Bild. Die Kraft, die nötig ist, um Glauben und Hoffnung nicht zu verlieren.

Wenn man allen Frierenden Wärme geben könnte! Den Obdachlosen, die tausend Menschen in Österreich, die auf der Straße hausen. Ein Gedanke an den armen Menschen, der im Papier-Container schlief und erstickte.

Wenn man die Liebe wirklich lernen könnte! Keinen Menschen verachten, weil er anders ist. Keinen Menschen allein lassen, weil er Fehler machte. Kardinal Schönborn hat Weihnachten auch im Gefängnis gefeiert.

Wenn man ertragen und verzeihen könnte! Kein Streit, das ist der größte Weihnachtswunsch der Österreicher. Einander die Zeit, diese Kostbarkeit, nicht kaputt machen. Es ist wie Mord auf Raten, wenn Menschen einander fertigmachen.

Wenn man einen einzigen Menschen glücklich machen könnte! Oder wenigstens weniger unglücklich. Das wäre Weihnachten. Das ist Weihnachten. Ein Licht in die Dunkelheit denen, für die der Heilige Abend vielleicht der schwerste Tag des Jahres ist. Morgen ist auch dieser Tag überstanden.

*24. Dezember 2005*

## Sie ist jetzt Oma

Bei meinen Nachbarn ist der Storch gelandet. Was heißt Nachbarn, es sind Freunde. Danke, dass ich das neue Kind besuchen durfte. Ja wirklich, es ist wunderschön. Es duftet wie Milch und Honig, und die Haut ist Pfirsich. Der goldene Flaum auf dem Köpfchen. So lange kein Baby mehr auf dem Arm gehalten. Ist das schön.

Die Frau, die noch mehr aus dem Häuschen ist als die junge Mutter und ich, das ist die Oma. Eine glückliche Frau, tüchtig im Job und ziemlich gut verheiratet. Aber so glücklich habe ich sie noch nie gesehen.

Wie sie zupft am Häubchen der kleinen Enkelin. Die winzigen Füße in ihrer Hand wärmt. Verliebte können nicht verrückter sein vor Glück als diese Frau. Hat das Baby nicht geseufzt soeben? Mir scheint. Liegt das Baby nicht unbequem auf einem Ärmchen? Komm, kleiner Schatz, so ist es besser. Schau, wie schön sie schläft. So schön ist sie im Schlaf. Pssst, seid leise.

Wir reden sonst gern auch über Gott und die Welt, aber jetzt gibt es nur noch dieses Thema. Die Oma hat sich Urlaub genommen für die kostbaren ersten Wochen des neuen Lebens. Doch, doch, die Tochter wäre auch ohne Omas Hilfe gut zurechtgekommen.

Nein, sie wird ihren Job nicht aufgeben, um ganz beim allerersten Enkelkind zu bleiben. Aber tagträumen wird man noch dürfen, sagt die Oma. Ist das Leben nicht schön?

Letztes Jahr um diese Zeit war das Leben schrecklich. Allerseelen in frischer Trauer um einen ganz nahen Menschen. Nie mehr wird diese Trauer aufhören, hatte die Frau gedacht. Das Leben geht weiter, hatten ihr Angehörige und Freunde zugeredet. Es muss ja.

Wehmut ist noch da zu Allerseelen. Aber hell überstrahlt davon, dass das Leben *wirklich* weitergeht. Schau. Dieses Baby. Und die Oma, die ist übrigens erst 42.

*2. November 2007*

## Die Sterne über dem Meer von Lampedusa

Das Wort, das auch bei dieser Geschichte ganz am Anfang steht, heißt Hoffnung. Egal, wohin das Leben, wohin die Reise geht. Hoffnung ist wie ein Himmelsmantel für den Menschen. Für kranke Menschen. Für Menschen, die an ihre Zukunft glauben wollen und an die ihrer Kinder.

Das Wort auf diesem Schiff war das Wort Hoffnung. Der Mantel, das Licht in der Nacht. Die Sterne dort oben: *Hoffnung.* Wie in einer Gute-Nacht-Geschichte, die man Kindern erzählt, damit sie gut schlafen. Ohne Angst. Ohne böse Träume.

Die Menschen auf diesem Schiff. Illegale Menschen. Unerwünschte Menschen. Wahrscheinlich böse Menschen, so leicht, böse Menschen zu sagen über Menschen aus der Ferne, die man nicht kennt, nur hasst oder fürchtet. Es gibt Menschen, die leben legal, und solche, die leben illegal. Haben eigentlich gar kein Recht zu leben. Jedenfalls nicht dort, wo sie hinwollten. Wo sie glauben, dass das schöne große, gelobte Land ist: Das ist ja nicht ihr Land. Das gehört den anderen Menschen.

Hunderte Menschen, Hunderte Hoffnungen auf diesem Schiff. Dunkle Nacht, sehr kalt, Sterne über dem Schiff. Schon ganz, ganz nah waren sie dem gelobten Land. Lampedusa, das tödliche Nadelöhr der Hoffnungen.

Die Menschen machten Feuer, um auf sich aufmerksam zu machen. Oder vielleicht einfach, weil es so kalt war. Weil sie nicht erfrieren und nicht ertrinken wollten so kurz vor dem gelobten Land. Die Menschen verbrannten, die Menschen ertranken. Zeitungen waren voll mit großem quotenstarken Mitleid und mit wahnsinnig viel politischem Blabla. Wie gescheit die große Medienwelt nicht immer wieder ist. Der Papst sagte einen einzigen Satz, den man sich als Mensch merken muss: Das ist ein Tag der Tränen, sagte der Papst.

*5. Oktober 2013*

# Warum ist diese Liebe Sünde?

Über einen Dompfarrer stand etwas in den Zeitungen, da ist man gleich ganz elektrisiert und denkt an den lieben Toni Faber zu St. Stephan.

Aber es geht um seinen ebenfalls sehr beliebten Kollegen aus Eisenstadt. Der hat seine Brüderlein und Schwesterlein im Glauben mit einer ganz besonderen Nachricht überrascht. Traurig und schön zugleich.

Der Dompfarrer von Eisenstadt, er fackelte und faselte nicht lang herum, hat außer Gott jetzt noch eine andere große Liebe. Es ist eine Frau. Die zwei wollen ihr Leben ab sofort teilen. Gute Tage, schlechte Tage, keine Lügen, kein falsches Spiel.

Da gehört Mut und ziemlich viel Kraft dazu. Wie viele andere Priester müssen, wollen sich lieber durch ein mühsames Doppelleben gfretten, immer in Sorge, dass ihnen Gott oder die Frau oder beide böse sind.

Den Mut, eine klare Entscheidung zu treffen, hat nicht jeder. Bemerkenswerterweise sind es bei Priestern, die in die Weltlichkeit wechseln, immer ganz besonders beliebte Persönlichkeiten. So wie jetzt der Dompfarrer von Eisenstadt. Die Leute freuen sich mit ihm und sind traurig, ihn zu verlieren.

Die Brüder und Schwestern gönnen ihm das Glück, zu dem er sich jetzt an der Seite einer Frau aus Fleisch und Blut bekannte.

Und viele fragen sich, warum eigentlich ein Priester nicht Gott *und* eine Frau lieben kann. Was soll daran die wirkliche Sünde sein? Versteht ein Priester, der die süßen und die schweren Stunden der Liebe kennt, nicht auch besser die Menschen um ihn herum? Seelsorge mit eigenem Erfahrungswert wäre das. Sogar der Papst denkt offenbar schon darüber nach, wie das wäre, wenn ein Priester auch mit Haut und Haar ein Mensch sein könnte.

*25. September 2013*

## Der Prinz ist tot

Der macht doch alle gleich, der Tod, sagt man. Nichts zählt mehr von dem, was wichtig war. König oder Bettelmann. Alt oder jung. Gut oder böse. Der Tod räumt mit allem auf. Außer mit der Liebe, sagt man.

Der Prinz ist tot. Johan Friso, gestorben nach achtzehn Monaten, in denen er schon mehr drüben als auf der Welt war. Achtzehn Monate Hoffnung. Nur ein ganz, ganz dünnes Licht. Solange ein Mensch atmet, oder beatmet wird, hoffen die Menschen, die ihn lieben.

Alle Macht der Ärzte, alle Macht des Namens und des Geldes hat nicht gereicht, um die Flamme des Lebens zu erhalten. Die königliche Mutter war dem Drama genauso ausgeliefert wie jede Mutter, die bangt und hofft und betet ... Wie alle Menschen, die um einen Menschen bangen, der zwischen Leben und Tod gefangen ist. Der Tod, eine Erlösung? Diesen Gedanken bringen nur Menschen zusammen, die nicht betroffen sind.

Sie haben Prinz Johan Friso dann doch loslassen müssen. Letzte Tage im Familienkreis. Bewusst Abschied nehmen oder vom Abschied überrascht werden. Die Hoffnung, dass der Mensch auf die endgültige Reise noch Liebe und Wärme mitnehmen kann.

Man hatte keine guten Prognosen. Aber die Hoffnung stirbt zuletzt. Jetzt ist sie gestorben. Prinz oder Bettelmann, arm oder reich, es ist eine sehr traurige Geschichte. Auch wenn es in den Medien so ausschaut, als wären selbst im Tod nicht alle gleich: Sie sind es.

Irgendwo war die Schlagzeile zu lesen: »So starb der Prinz.« Als ob man dabei gewesen wäre. Die letzte Stunde, keine Intimzone mehr. Und wenn man es erfinden muss: Hauptsache, der Live-Ticker ist bis ins Jenseits hinüber aktiviert. So gesehen ist ein prominenter Prinz doch ärmer als ein Bettelmann.

Und seine Mutter auch.

*14. August 2013*

## Heimkommen müssen ohne das Kind

Es gibt Geschichten, die schnüren einem den Magen zu, auch wenn man die Menschen, denen sie passierten, gar nicht kennt. So traurig, dass man froh ist, wenn die Sonne nicht scheint.

»Bub stirbt beim Eisessen«, die kurze Nachricht auf dem Teletext. Ein achtjähriges Kind, das in Italien nach ein paar Löffeln Eis zusammengebrochen ist. Tot. Die kleine Familie aus Trofaiach, die in Duna Verde ihren Urlaub verbringen wollte. Vater, Mutter, Kind.

Das Quartier war noch nicht fertig, da kauften die Eltern dem Kind ein Eis. Ein Eis ohne die Zutat Milch, denn das Kind litt an einer Allergie. Ein Eis, um dem Kind die ungeduldige Vorfreude auf den Einzug ins Familienquartier zu versüßen.

Die Eltern und ihr einziges Kind. Ein Kind mit Handicaps, ein behindertes Kind. Ein Kind, das sich über Kleinigkeiten vielleicht doppelt so heftig freuen kann wie andere, gesunde Kinder. Ein Kind, das seinen Eltern vielleicht doppelt so viel Freude macht wie andere Kinder anderen Eltern. Grad weil sie es auch schwerer haben als andere.

Diese Eltern haben das Drama um ihr sterbendes Kind erleben müssen. Mitansehen müssen. Der plötzliche Tod, der für die Eltern immer unerklärlich und unfassbar bleiben wird, auch wenn das Rätsel medizinisch gelöst wird.

Es hätte der Beginn einer schönen Zeit sein sollen. Es wurde der schrecklichste Tag im Leben der Eltern, die nun allein zurückbleiben müssen. Heimkommen müssen ohne ihr Kind.

Irgendwann, irgendwann wird es den Eltern ein winziger Trost sein, dass ihr Kind noch glücklich war an diesem schrecklichen Tag. Aber wann ist *irgendwann* für Eltern, die ein Kind verloren haben? Ein Tag, so schrecklich, dass man sich wünschen möchte, dass die Sonne nicht mehr scheint. Auch wenn es die Geschichte von Menschen ist, die man gar nicht kennt.

*15. Juli 2008*

## Wer glaubt, ist nie allein

Das müsste eine faszinierende Begegnung sein: Natascha Kampusch trifft den Papst. Die junge Frau hat den Heiligen Vater sogar in der Weltrangliste des öffentlichen Interesses auf die Plätze verwiesen. Und diese junge Frau mit ihrer faszinierenden Sprache und Denkungsart wäre selbst für den Papst eine Herausforderung.

Der Papst, soeben eingetroffen in München. Sein Besuch in der alten Heimat steht unter der tröstlichen Ansage »Wer glaubt, ist nie allein«.

Was für eine Dimension und Bedeutung dieser Satz hat, wenn man an das Schicksal von Natascha Kampusch denkt. Vielleicht ist es erst in zweiter Linie von Bedeutung, *woran* ein Mensch glaubt.

An das Bild, das sich ein Mensch von Gott macht, oder an die Kraft, die einem Menschen innewohnt. Natascha Kampusch hat an sich geglaubt, daran, das Kind zu retten, sobald sie groß genug und stark genug sei.

Sie hat an die Liebe geglaubt, als unauslöschliche Verbindung zur Mutter, zum Vater. Und sie hat an ihre Zukunft geglaubt, an eine Zeit *nach* dem Martyrium.

Ob sie in all den Jahren auch viel gebetet hat, darüber haben wir, leider, gar nicht viel geredet. Aber ich wüsste nicht, auf wen der kluge Satz des Papstes mehr zutreffen könnte als auf Natascha Kampusch: *Wer glaubt*, ist nie allein.

Wenn Natascha Kampusch den Papst treffen könnte. Was sie ihn wohl fragen würde? Oder er sie. Ein Dialog auf höchstem Niveau wäre das. Aber der Heilige Vater müsste auf allerhand gefasst sein, bei diesem Eigensinn.

Ich habe das Gefühl, die beiden würden einander sehr spannend finden. Widersprüchlich, aber absolut einig in diesem Satz: Wer glaubt, ist nie allein.

*10. September 2006*

## Willkommen in der besseren Welt

Rückblende in die Zeit, bevor der Name Amstetten ganz schrecklich berühmt wurde. Der Vater war noch der Biedermann, der sich Sorgen um Tochter und Enkel machte. Plötzlich lag da wieder eine Enkelin vor der Tür. Ein mysteriöser Fall, dachte man. Was muss das für eine Mutter sein, die eine lebensgefährlich erkrankte Tochter einfach vor die Tür des Vaters und Opas legt.

Vater und Großvater ist dieser Mann fatalerweise zugleich. Und eine Geschichte, unvorstellbar schrecklich, wurde aufgerollt. Das Drama um die kranke junge Frau hat Glück im größten Unglück gebracht. Die Familie des Inzestvaters muss nicht mehr im Kellerlabyrinth leben.

Und nun, nach Wochen des Hoffens und Bangens, hat man die kranke Tochter aus dem Koma holen können. Die Welt von vorher gibt es nicht mehr. Die junge Frau wacht auf in einer (hoffentlich) viel, viel besseren Welt.

Es muss ihr vorkommen wie ein Traum, ein Wunder. Wie das Erwachen aus einem Albtraum. Sonne, Bäume, Stimmen, Gerüche und Glücksmomente in der schönen neuen Welt. Geschützt vor dem Inzestvater, den sie hoffentlich nie, nie, nie mehr sehen und fürchten muss. Geschützt hoffentlich auch vor den Paparazzi, die fette Beute mit diesem Opfer machen möchten.

Willkommen in einer besseren Welt. Die Familie des Inzestvaters ist erst jetzt wieder komplett. Durch das Mädchen, das beinahe hätte sterben müssen, haben sie die Freiheit gewonnen. Wie schön, wie unendlich schön, dass jetzt auch dieses Mädchen leben und frei sein darf. Und wie sehr es alle verdient hätten, in Ruhe gelassen zu werden.

*11. Juni 2008*

## Witwe Jägerstätter

Die Seligsprechung des Märtyrers Franz Jägerstätter im Linzer Dom. Sein Glaube war ihm wichtiger als die Nazi-Diktatur. Er hat es mit dem Leben bezahlt. Sie köpften ihn, wie die Märtyrer aus uralten Heiligenlegenden, die uns der Katechet in der Volksschule erzählte. Von Märtyrern aus der Nazi-Zeit erzählte man damals an den Schulen noch nichts.

Franziska Jägerstätter, die Witwe des Seliggesprochenen, war anwesend im Dom. Immer wieder schwenkte die Kamera von der großen Zeremonie ab auf ihr Gesicht. Ich wäre gern stundenlang auf diesem Gesicht geblieben. Ich habe noch nie im Leben so ein schönes Gesicht gesehen.

Es erzählte von 63 Jahren Warten und Glauben und Hoffen und danken. 63 Jahre, seit der Hinrichtung ihres Mannes. Das Gesicht erzählte von Stolz und Dank, mit diesem Mann verheiratet gewesen zu sein. Das Gesicht erzählte, dass der Witwe Franziska Jägerstätter die Kraft und der Mut und der Glauben ihres Mannes mehr bedeutet haben als gemeinsames irdisches Glück.

So also schaut ein Mensch aus, wenn dieser Satz wahr geworden ist und gelebt wurde: Die Liebe ist stärker als der Tod. So also schaut ein Mensch aus, dem keine Demütigung und keine Entbehrung etwas anhaben konnte.

Franziska Jägerstätter ist jetzt 94 Jahre alt. Zart, wach, aufrecht. Als sie die Reliquie ihres Mannes, aufbewahrt in einer goldenen Schatulle, zum Altar begleitete, sah sie aus wie eine Braut. Die schönste Braut, die ich je gesehen habe.

Ich verehre diese Frau, die einem den Glauben an die Liebe zurückgeben könnte. Falls man diesen, vielleicht sogar leichtfertig, verloren hat. Und eine Zeile aus dem Jägerstätter-Lied möchte ich mir merken: Der Weg zur Quelle führt gegen den Strom.

*27. Oktober 2007*

# 12 | Historische & private Momente

*»Guten Morgen, Euro!*
*Wir werden uns schon*
*gewöhnen an dich.«*

## Mit dem Felix durch die Schallmauer

Doch an den Start. Bald. Später. Vielleicht gar nicht. *Ja!* Jetzt! Letzter Countdown. Ehrlich wahr. Na gut, dann schau ich halt doch *kurz* hinein in die Live-Übertragung. Felix fliegt ins All und springt dann zurück auf die Erde. So unnötig? So super? Der größte Werbespot aller Zeiten auf jeden Fall. Red Bull goes Universum.

Schau, jetzt startet der Ballon. Das wird jetzt noch circa zweieinhalb Stunden dauern, bis er oben ist. In der Zeit tun andere etwas Gescheiteres. Lesen ein Buch. Machen die Buchhaltung. Und ich, die ich von all dem überhaupt nichts wissen wollte, bleibe picken. Auf YouTube fahre ich mit Felix Baumgartner da hinauf. In keinem Kino ist mir die Zeit je so davongerast. Die Meter mitlesen auf dem Höhenzähler. Wie kalt und kälter es draußen wird. Draußen? Wo ist der Baumgartner jetzt eigentlich genau? Ist das noch Hoheitsgebiet Erde oder schon das Gottestor?

Und dieser gemütliche ältere Herr da (Mission Control), mit dem Kopfhörer und dem, sorry, Biertrinker-Gesicht, wie der entspannt redet mit dem Felix in der Wunderkapsel. Wie der Vater mit dem Sohn. Nerven haben die zwei. Müssen sie haben. Aber erst die Mutter. Mehr Stolz als Angst, als ihr Sohn da oben aus der Kapsel *springt*! Das musst du zusammenbringen. Als Mutter.

Die Schallmauer. Das ging mir zu schnell. Das habe ich gar nicht richtig mitbekommen. Oder hatte ich einen kleinen Schwächeanfall?

Ein Punkt, der durch die Dunkelheit erdwärts rast. Auf einmal, als wär' frisch die Sonne aufgegangen, der kleine bunte Schirm. Daran hängt ein Mann. Er plaudert. Es geht ihm gut. Er landet kerzengerade mit den Füßen auf der Erde.

Von irgendwo ein glücklich klirrendes Geräusch. Der Baumgartner-Mutter ist soeben das Herz zersprungen. Vor Freude.

Unglaublich, irre, nervenzerfetzend, was ich da gesehen habe. Ein zweites Mal würd' ich das nicht durchstehen. Hoffentlich war's das jetzt, Herr Baumgartner. Werden Sie nun einfach nur reich, glücklich und ruhig. Und gesund bleiben, bitte!

*15. Oktober 2012*

## Der arme King of Pop

Im ORF-Teletext war sein Tod schon so gut wie sicher, auf CNN kreisten noch die Gerüchte und die Helikopter um das Krankenhaus herum. Als wollte man es nicht glauben, nicht für möglich halten. Michael Jackson. Der kann doch nicht tot sein.

Erst fünfzig Jahre alt, aber schon 45 Jahre berufstätig. Voller Einsatz, volle Härte. Zwischen legendären Moonwalk-Videos immer wieder eingeblendet: der kleine Michael, Schwarz-Weiß-Aufnahme von einem scheinbar glücklichen, runden schwarzen Kind. Der Aufstieg des Familienbetriebes »Jackson Five« mit Michael als stärkstem Sympathie- und Dollarbringer.

Der Vater, dessen Gewalt und genialem Geschäftssinn der Megasuperstar die schlimmsten und die erfolgreichsten Stunden seines Lebens verdankte. Das späte Kindergesicht, aus dem Michael Jackson jede Ähnlichkeit mit sich selber und sogar die Hautfarbe hatte entfernen lassen.

Die jüngsten Jubelmeldungen: Michael Jackson geht wieder auf Tournee. Der Welt noch einmal zeigen, wer der König ist. Den erbarmungswürdigen Körper mit mumienartiger Schminke zusammenhalten. Kurz lächeln unter Schmerzen, damit die Leute glauben, dass der König unverwüstlich ist.

Die Geldschwierigkeiten. Es musste ja dringend wieder Geld herbeigeschafft werden. Wie vor 45 Jahren, als der kleine Michael zum ersten Mal auf die Bühne geschickt wurde. Auf CNN sagte ein Branchenkenner: In Sachen Geld und in Sachen Freundschaft sei Michael Jackson von den schlimmsten Ratten umgeben gewesen, die man sich denken könne.

Herzstillstand. Erste Meldungen über die Todesursache deuten auf den Missbrauch von schweren Schmerzmitteln hin. Schmerzmittel, um das malträtierte Leben zu ertragen. Schmerzmittel und bestimmt eine satte Liste von Goldgräbern, die den King, den armen King of Pop, auf dem Gewissen haben.

*27. Juni 2009*

## Kein Schwein ruft mich an

Auf einmal war es einfach nicht mehr da. Von einem Tag zum anderen. Verloren, verlegt, gestohlen – egal. Das Handy ist weg. Die ersten Tage danach sind die schmerzhaftesten. Wie bei der Raucherentwöhnung. Man greift in die Handtasche, kramt ganz tief hinunter, dorthin, wo es immer verschüttet gewesen war unter all dem unnötigen Handtaschenkram.

Manchmal starrt man in den ersten Tagen die Handtasche noch seltsam sehnsüchtig an. Sie klingelt nicht. Sonst hat man oft geflucht, wenn sie klingelte, weil man gerade im Lift stand und alle Hände voll hatte und weil einem die Hälfte auf den Boden fiel, während man das Handy aus dem Taschensalat kramte. Die Leute haben einen dann angeschaut wie nicht gescheit.

Und den Witz, dass man beim Billa vor dem Gemüse steht und von zu Hause wird noch Erdbeerjoghurt nachgeordert, den hat man auch am eigenen Leib erlebt. Und unter Haustoren ist man gestanden, hat ins Handy geschrien, dass man gleich wieder anrufen werde, momentan nichts verstehe (Sendeloch!); man werde es zwei Gassen weiter neu versuchen.

In den ersten Tagen vermisst man sogar so lächerliche Szenen. Ein, zwei Wochen lang hat man das Gefühl, dass man den Kontakt zur Außenwelt verloren hat, das Beste vom Leben versäumt. Wenn dann noch aus dem Radio der schräge Herr Raabe diesen Hit singt, den jetzt schon die Kinder wie die Spatzen pfeifen (»Kein Schwein ruft mich an, keine Sau interessiert sich für mich«), dann ist das Selbstmitleid groß.

Aber plötzlich, irgendwann, gibt es wieder ein Leben ohne Handy. So wie früher. Langsam beginnen einem die Leute, bei denen es dauernd piepst und klingelt, leidzutun. Und wenn man wirklich einmal telefonieren muss: Irgendwo ist immer ein Mensch in Rufweite, der ein Handy hat.

*6. November 1996*

## Heute, an deinem Geburtstag

Ein Mensch, unendlich geliebt, hätte heute Geburtstag. Hätte. Wie furchtbar traurig dieses Wort klingt. Wir würden miteinander feiern, die Kerzen auf der Torte anzünden, und ich wüsste genau, was ich ihm schenken würde.

Wir werden eine Kerze ohne ihn anzünden müssen. Wir werden Fotos von ihm anschauen, wenn wir den Mut haben, die Fotos aus der Schatulle zu nehmen, in die wir alle seine Bilder gebettet haben. Es tut scheußlich weh, die Fotos anzuschauen.

Wir werden Erinnerungen an ihn austauschen. Geschichten zurückholen, aus seiner Kindheit und seiner Jugend. Nicht nur an seinem Geburtstag. Die Geschichten sollen dableiben, die Geschichten sollen nicht verblassen. Weißt du noch!

Die Angst, dass Erinnerungen verloren gehen könnten. Der Schmerz aber, den Erinnerungen aufreißen. Es ist ein Schmerz, der sein soll. Das Herz soll bluten. Dumpfer, eingeschlossener Schmerz ist noch viel schlimmer als Trauer, die so wehtut, als hätte man ein Messer im Leib.

Noch sechs Wochen bis Weihnachten. Die Gewissheit, dass Weihnachten nie mehr so sein wird wie *davor*. Weihnachten ist etwas geworden, von dem man sich wünscht, dass es schnell und ohne großen Zauber vorbeigehe. Wie viel Zeit muss eigentlich vergehen, bis Wunden heilen? Alle Zeit müsste vergehen. Aber verändern tut sich der Schmerz. Wenn man zum allerersten Mal lächeln kann bei einer Erinnerung. Und kein Schmerz und keine Trauer kann so groß sein, dass man nicht doch dankbar wäre, den geliebten Menschen gehabt zu haben.

Hätte es den geliebten Menschen nicht gegeben, gäbe es keine Trauer. Dann lieber alle Traurigkeit der Welt und dafür der Schatz der Erinnerungen. Also bist du doch bei uns. Heute, an deinem Geburtstag.

*12. November 2008*

## Leere Kilometer und ein bisschen Leben

Du hast nie Zeit für mich, Kindermund, der ins Herz trifft. Du hast nie Zeit für mich. Und dazu Augen mit einem Hauch von Traurigkeit. Wenn es nur ein Hauch ist: Es tut weh.

Aber woher denn die Zeit nehmen. Schnell zur Schule hetzen oder in den Kindergarten. Dann zur Arbeit und zwischendurch in den Supermarkt. Zum Zahnarzt und in die Putzerei. Zur Post und zur Großmutter im Krankenhaus. Zum Elternabend und aufs Amt. Auf irgendein Amt muss man doch immer. Was abends vom Tag übrig bleibt, sind leere Kilometer.

Ich weiß nicht, wie meine Mama das gemacht hat oder mein Vater. Warum hatten die nur alle Zeit der Welt, für mich? Muss ein anderes Zeitalter gewesen sein und ein ganz anderes Leben. Klar waren sie auch müde. Der Vater, wenn er heimkam von der Schinderei. Aber nie zu müde für mich.

Warum waren wir so selten einkaufen? Es war immer alles da. Aus dem Garten, aus der Kammer. Das Brot und die Milch habe ich holen dürfen. Gleich um die Ecke beim Bäcker und beim Bauern.

Mama und Papa hatten so wenig Termine. Ein Wort wie Stress gab es nicht. Manchmal sind wir am frühen Abend noch eine Runde in den Wald gestiefelt. Regen egal, Kälte egal. Papa, ich friere! Dann gehen wir heim, an den Ofen.

Warum hatten sie nur immer Zeit? Für mich. Sogar dann noch, als der Fernseher ins Haus kam. Meistens blieb der Kasten kalt. Es kommt eh nichts Gescheites, sagte Mama. Schauen wir am Samstagabend wieder. Da kommt »Einer wird gewinnen«.

Aber sonst? Vielleicht die »Zeit im Bild«. Die musste auch nicht immer sein. Manchmal hat man einfach darauf vergessen. Vor lauter Reden oder Spazieren.

Du hast nie Zeit, Mama. Der Satz haut mich um. Da muss irgendwas falsch laufen. So viele leere Kilometer, und das bisschen dazwischen nennen wir dann *Leben*.

*16. Oktober 2001*

## Was ich in den Gedenkminuten dachte

Zwölf Uhr mittags in Europa. Stillstand der Geschäftigkeit und Öffnung der Herzen. Millionen, Millionen Menschen schicken ihre Gedanken in den Himmel. Gebete, Gefühle. Wenn es die Macht des Guten gibt, dann steigt jetzt eine ungeheure Kraft dort hinauf. Wenn es Gott gibt, dann wird er auch die Wut verstehen und verzeihen.

Wer glaubt, hätte in diesen Minuten in eine Kirche gehört. Aber in diesen Minuten war irgendwie überall Kirche. Unter dem Eiffelturm, in London, in Madrid, in Wien. Auf den Straßen und auf den Plätzen. Sogar vor den Fernsehern war Kirche. Die Stille, live übertragen.

Die Bilder aus dieser Stille hat man auch mit geschlossenen Augen sehen können. Bilder von Himmel und Hölle, von Licht und von schwarzer Nacht, von Blut und Verzweiflung, Bilder von der Hoffnung sogar.

Gebete gegen den Hass und gegen die Angst. Mütter nehmen kleine Kinder in die Arme. Rettungsleute sitzen einen Augenblick lang starr in den Trümmern und schöpfen Kraft dabei.

Minuten der Stille, die ersten Minuten des Begreifens seit Dienstag. Was ist das für ein Himmel, was für eine Welt? Was für ein Szenarium hat diese Zukunft? Hilft Beten?

Gott, wenn es dich gibt, hab Erbarmen mit den Toten und stütze jene, denen die Liebsten ausgelöscht wurden. Bewahre die Welt vor noch größeren Grausamkeiten. Bitte, keinen Weltkrieg. Und egoistisch, wie der Mensch ist: Bitte, lieber Gott, schütze besonders die Menschen, die ich liebe.

Was hilft so ein Gebet eines einzelnen kleinen Menschen? Millionen, Milliarden Menschen haben innegehalten. Es war das größte Gebet, das jemals gebetet wurde. Gott muss das einfach gehört haben, diese Stille.

*15. September 2001*

# Ein Gefühl wie Champagner

Heute ist mein zehnter Fasttag. Es geht ganz gut. Als Quereinsteiger hat man es leichter; die ganz Harten und Frommen haben schon am Aschermittwoch mit dem Kasteien begonnen. Die Regeln legt man ja selber fest. Am besten schriftlich; man vergisst so leicht. Auf dem Zettel an der Kühlschranktüre steht: kein Fleisch, keine Süßigkeiten, kein Alkohol. Von Zigaretten steht dort nichts.

Das mit dem Fleisch ist noch das Leichteste. Wenn man Fisch, Käse und Spaghetti so gern hat. Ab und zu eine Leberkässemmel-Attacke im Supermarkt, das ist der einzige Schmerz. Dieser Duft! Und dieser Schwimmreifen um den Bauch.

Die Süßigkeiten; na ja. Immer will man, was man nicht haben darf. Überall grinsen einem die Schokoladehasen ins Gesicht. Einem von ihnen ein Ohr abbeißen wäre schön. Noch 28 Tage bis Ostersonntag. Das ist viel.

Viel Tee trinken. Den Körper entgiften. In Kräuterpfarrer Weidingers Kolumnensammlung blättern. Der gute Mann hat ja so recht. Fasten macht frei und froh. Wenn nur der Kohldampf nicht wäre und dieses blutleere Gefühl im Kopf. Warum eigentlich fasten? Warum so gemein zu sich sein?

Die Waage sagt: darum. Drei Kilo sind schon weg. An strategisch eher ungünstigen Stellen. Triumph des Willens. Weitermachen! Freitagabend war sehr hart. Da trinken wir zum Feierabend im Büro immer Prosecco. Immer hat eine Kollegin einen guten Grund, eine Flasche mitzubringen: Liebeskummer, Liebesglück oder einfach weil Freitag ist.

Sei nicht so streng zu dir, Mädchen, sagten die anderen. Nur ein Schlückchen! Kein Schlückchen. Ihr kriegt mich nicht. Eintrag ins Tagebuch: Bravo! Gut gemacht! Schon zehn Tage durchgehalten. Ein Gefühl wie Champagner. Und keine wurstigen Wellen mehr an den Oberarmen.

*15. März 1998*

## Auf der Flucht gestorben

Falco ist tot, sagten sie im Radio, und durch den Kopf begann ein Videoclip zu rasen aus hektisch überschnittenen Bildern und Fetzen eines Liedes, »Junge Römer«.

Falco ist tot, sagten sie noch einmal im Radio; der Videoclip riss plötzlich ab an einem Bild; ein eher verschwommenes, altes Bild. Es muss aus den frühen achtziger Jahren sein; vage Erinnerung an eine kurze Begegnung. Falco auf dem Weg zum Superstar, von allen Pop-Sendern ehrfürchtig begleitet. Ein Interview mit Falco: Er trug einen verheerend schlurfigen Jogging-Anzug und eine unfassbar freche Lippe; er war als Erster so, wie später alle sein wollten und wie man inzwischen nur noch in schäbig kopierten Fernsehwerbungen ist: cool.

Er hatte dieses Gesicht, das er später verloren hat wie jeder, der ganz weit hinaufkommt: das hungrige Gesicht. Die absolute Lust auf Risiko. Später: Last des Erfolges, schwer unterschätzt, ein Mühlstein um den Hals.

»Der Kommissar« und »Rock me Amadeus«. Nie ist einer aus Österreich so weit gekommen wie Falco. Nie hat einer so lang und so heftig versucht, dem allen auch wieder zu entkommen.

Die Bilder aus den Fluchtjahren: Falco, dem alle zuschauen, ob er es schafft oder ob er zugrunde geht. Fluchtversuche in den Alkohol und in zusammengelogene Lieben. Nie ein richtiger Absturz. Immer bereit zum Schmerz; durch nichts wirklich zu betäuben.

Fluchtpunkt Sonne; die Dominikanische Republik. Weit weg von allem, um zurückzufinden. Er war gut drauf, sehr gut drauf, sagte Rudi Dolezal im Radio.

Er war gut drauf, und dann hat es ihn einfach erwischt. Radikal, unberechenbar, wie er selbst war. Videoclip gerissen, auf der Flucht gestorben, Österreich hat einen frischen Unsterblichen, und eine Mutter hat ihren einzigen Sohn nicht mehr.

*8. Februar 1998*

## Dem Täter in die Augen schauen

Nach all den Jahren ein blutiger Zufall, und der Briefbombenterror steht vor der Aufklärung; Ende der Serie des Wahnsinns. Dieser hauchdünne Zufall, dass zwei Frauen dieser unfassbare Mensch auffiel. Dieser Entschluss, sofort die Polizei zu holen, statt die seltsame Geschichte zu verdrängen: dass ein Mann mit einer Lichthupe zwei Frauen Angst macht.

Kommissar Zufall, genialer als jede Rasterfahndung. Und diese düstere Rache des Schicksals, dass am Ende eine Bombe dem Bombenbauer die Hände in Stücke reißt.

Die Briefbombenserie und der Mordanschlag von Oberwart: Über Österreich lag Angst und Misstrauen und eine Ungewissheit wie giftiger Smog. Und dieses resignative Gefühl, dass man den Täter, die Täter, vielleicht niemals finden würde. Tausende Hinweise und Millionen leere Kilometer, und immer weniger Chancen, die Fälle zu klären. Die Opfer, deren blutüberströmte Körper man auf Titelseiten sah, mussten einsam lernen, mit dem Schock und mit den verstümmelten Händen zu leben. Das Unbegreifliche akzeptieren oder daran kaputtgehen.

Franz Fuchs, der einsame, psychopathische Bombenbauer, ist gefasst. Sein Schweigen ist der letzte Rest dieser giftigen Smog-Wolke, die über dem Land lag.

Eines Tages vielleicht wird er sagen, welcher Hass und welcher Wahnsinn ihn zum Bombenbauer machten. Kein politisches Motiv, nur der Irrsinn eines schwer gestörten Einzelgängers.

Was für eine Erleichterung für das Land. Was für ein kleiner Trost wenigstens für die Opfer, die vielleicht weniger Albträume haben, wenn sie eines Tages dem Attentäter in die Augen schauen können. Franz Fuchs, ein Allerweltsgesicht mit einem Allerweltsnamen, das sich so lange mitten unter uns verstecken konnte.

*5. Oktober 1997*

## Dianas Söhne haben einen Freund

Die Prinzen, die so gefasst hinter dem Sarg der Mutter hergehen mussten. Die Sonne, die Dianas letzten Weg so golden bestrahlte. Die Liebe, die so mächtig über das kühle Protokoll gesiegt hatte: Fahne auf halbmast über dem Buckingham-Palast.

Die Worte, die am tiefsten in die Herzen drangen: die Abschiedsworte von Dianas Bruder, Lord Spencer. Wie kostbar ihm der letzte Besuch der Schwester gewesen sei. Und dass es ihnen gelungen sei, diese Kostbarkeit vor den Kameras der Paparazzi zu beschützen. Und schließlich das Gelöbnis an seine tote Schwester: Er werde ihre geliebten Söhne bewahren vor dem Schicksal der Mutter, an der öffentlichen Neugier zugrunde zu gehen. Worte an die Welt und an das Königshaus: Dianas Kinder werden dem Protokoll und den Jägern nicht hilflos ausgeliefert sein. Dianas Kinder sollen haben, was ihnen die Mutter gab: Herz und Liebe. Erziehung nicht nur zum Wohle des Königreiches. Dianas Kinder haben einen echten Freund.

Das Bild, das am tiefsten in die Herzen drang: ein kleines weißes Blumengebinde auf Dianas Sarg. Darin ein Kuvert mit der Aufschrift »mummy«. »Mummy«, das wichtigste Worte jedes Kindes. Auch wenn das Kind ein Prinz sein muss.

Zwei Milliarden Menschen sahen den letzten Weg der Prinzessin. Kein schäbiger Voyeurismus. Es war wohl die größte Gemeinschaft, die sich jemals in den Worten »Glaube, Liebe, Hoffnung« gefunden hat. Ein anderes Bild, auch noch ganz frisch und schon Geschichte: Die junge, große, schöne Prinzessin hält die kleine alte Mutter Teresa an der Hand. Nun sind beide tot. Wenn der Himmel so ist, wie sich das Kinder denken, dann sind die zwei jetzt als Engel der Barmherzigkeit über uns.

*7. September 1997*

## Liebes neues Jahr

... bitte, sei ein gutes. Einigermaßen. Und einigermaßen gerecht. Statt großer Wünsche und verrückter Träume, von Lotto-Sechsern und solchen Sachen, diesmal nur, bitte: Sei wenigstens kein schreckliches Jahr. Und wenn es geht, bitte, sei gerechter als andere Jahre.

Was bist du überhaupt, Jahr? Nur eine Zahl und eine Zeit. Noch völlig unbeschrieben, ohne Leid und ohne Katastrophen. Einfach nur 365 Tage, die wir füllen werden, mit Leben und Liebe und auch traurigen Sachen. Nein, sogar 366 Tage bringst du. Schaltjahr. Lass ein paar Sonnentage dabei sein. Und lass manche Tage nur schön langsam passieren.

Zahlenspiele und Prognosen und solche Sachen, das haben wir gern, wir Menschen. Jetzt schon Dinge in dich hineindenken, neues Jahr, von denen kein Mensch weiß, ob sie kommen oder nicht.

Hundert Sachen wissen wir schon. Was bringt zweitausendvier? Astrologen, Politiker, die Großtante, die Zukunftsforscher, die Bleigießer haben schon jede Menge vorausgesagt. Aufschwung! Ja, hoffentlich. Aber nicht nur in der Wirtschaft. Ein Aufschwung, die ganz kleinen, menschlichen Dinge betreffend, wäre schön.

Willkommen, neues Jahr. Es tut einem immer wieder gut, immer wieder neu zu hoffen. Wir wären längst schon erledigt, ohne Hoffnung. Hoffnung darf auch eine Prise Selbstbetrug haben, ein bisschen schöner sein als die Wirklichkeit.

2004, du bist nur eine Zahl, aber eine schöne. Schaut gut aus, die Zahl, geschrieben. Zahl und Zeit, und jetzt fangen wir an, dich zu füllen. Und zu erfüllen, was uns bestimmt ist. Von irgendwo, von irgendjemand, den man Gott nennt.

Willkommen, großes, langes neues Jahr. Was immer auch geschieht: In all der Zeit, der unendlichen, bist du wieder nicht mehr als ein Wimpernschlag. Nicht einmal das.

*1. Jänner 2004*

## Dreh sofort den Fernseher auf!

Je nach Jahrgang fragen die Leute einander: Wo warst du damals bei der Mondlandung oder als Kennedy erschossen wurde? Die nachwachsende Generation hat sich ein Ereignis gemerkt, das nicht einmal einen Namen braucht, nur ein Datum: *Nine-Eleven*. Der elfte September 2001. Das Datum, das sich in die ganze Welt eingeschnitten hat.

Heute vor fünf Jahren. In unserer Zeitzone war früher Nachmittag. Altweibersonnig und mild, jedenfalls in diesem Stück Österreich, in dem wir grad waren. Der Fernseher ist tonlos gelaufen, statt Bildern war eine Teletextseite aufgeschlagen. So nebenher und ohne Aufmerksamkeit; das Standbild der laufenden Ereignisse.

Dann hat eine Freundin angerufen, schalt sofort CNN ein, da passiert etwas Furchtbares. Ich weiß auch nicht, was da los ist, aber da fliegt ein Flugzeug in ein Hochhaus, in New York.

Auf CNN die Bilder und dazu ein Kommentator, der immer wieder stumm wurde, weil er selber nicht begriff und nicht glauben konnte, was er sah. Überall auf der Welt haben die Menschen zu dieser Zeit einander angerufen: Schalt den Fernseher ein, dreh das Radio an.

Die unheiligste Live-Reportage aller Zeiten. Da drinnen die Hölle und das Sterben, und Millionen schauten zu. Dann ist auch schon das zweite Flugzeug gekommen. Ein dunkler Punkt von Weitem und schon der Aufprall und die Explosion. Wir haben diesen Turm einstürzen gesehen, wir haben den Rauch, das Feuer, das unglaubliche Geschehen miterlebt. Live, auf der ganzen Welt.

Was wirklich geschehen war, wusste man nicht in irgendeinem Wohnzimmer oder an irgendeinem Autoradio. Aber jeder hat gewusst: Die Welt wird nicht mehr so sein wie vorher. Nach *Nine-Eleven*.

*11. September 2006*

# Mit dem Vater auf dem Friedhof

Dick eingepackt, denn meistens war schon Frost oder Schnee. Kalte Hände unter den Fäustlingen, und das Schwierigste war: brav sein. Still sein. Es ist Allerheiligen. Der Friedhof überfüllt. Psst. Leise sein. Die Hände falten. Die Menschen wollen ihre Toten besuchen. Wollen beten. Manche weinen. Leise sein. Andächtig sein.

Wo sind denn die Toten, fragte ich meinen Vater. Im Himmel oder im Grab. Sind die Menschen, die in der Hölle sind, auch tot? Kommt man in die Hölle, wenn man auf dem Friedhof laut ist?

Psst, sagte der Vater. Ich erzähle es dir nachher, wenn wir auf dem Heimweg sind. Bis dahin gab ich mir Mühe. Es war so kalt. Die Blumen verschneit oder abgefroren. Fast alle Erwachsenen trugen Schwarz. Die Kinder so dunkel angezogen wie möglich. Weinen musste ich nicht. Ich kannte keinen einzigen Menschen, der schon tot war. Es lebten doch alle meine Verwandten. Und wenn sie schon gestorben waren, dann vor meiner Geburt. Die Körper der Toten sind in den Gräbern, sagte der Vater auf dem Heimweg. Und die Seelen sind im Himmel. Die sterben nicht. Kann man die Seelen sehen? Nein, kann man nicht. Wo sind die dann? Sie leben einfach weiter, in den Menschen vor allem, die an die Toten denken. Dann erzählte mir der Vater diese kleine Geschichte:

Von einer traurigen Mutter, deren Sohn gestorben war. Ein Zauberer sagte: Ich kann deinen ganzen Schmerz wegzaubern, indem ich zaubere, dass dein Sohn nie gelebt hat. Dann sagte die Mutter: Lieber ertrinke ich im Schmerz, als dass die Erinnerung an meinen Sohn gelöscht wäre.

Danke, Däti, für diese Geschichte. Und heute komme ich dich natürlich besuchen am Grab. Dich und alle, die nie gelöscht sein sollen. Es ist mild und sonnig auf dem Friedhof. Auch von der Wärme von *damals*.

*1. November 2006*

# Guten Morgen, Euro!

Wie sieht er aus, wie wird er sich anfühlen? Die Bilder von ihm sind noch gar nicht vertraut. Der Klang der Münzen, wenn sie in den Klingelbeutel fallen. Eine ganz neue Musik wird das sein. Aber das dauert noch. Der Euro steht vorerst nur auf dem Papier. Die ersten Zahlscheine 1999 – es wird auch nicht lustiger mit dem neuen Geld. Obwohl es viel besser klingt als das alte: Die Telefonrechnung wird so klein klingen. Tausend Schilling sinnlos verplappert? Kostet keine hundert Euro. Man wird sich oft überlisten lassen. Von diesem Gefühl, dass da eh nur so eine kleine Zahl steht. Nicht einmal drei Nullen. Ein Klacks. Aber der Lohnzettel sieht dann auch sehr mickrig aus. Der wird den Euro in der häuslichen Währungspolitik zurechtrücken.

Man hat so lang die Geburt des Euro verkündet. Jetzt ist er da; kommt trotzdem wie eine Überraschung daher. Jetzt ist er da, und man wird ihn lieb haben müssen.

Was wird ein Espresso in Italien kosten? Ein viertel Kilo Butter im Supermarkt? Zeit zu üben ist noch jahrelang. Schlaue Füchse haben längst begonnen damit. Eisern notiert Tante Hilde alle Euro-Preise schon seit Wochen. Obwohl noch nicht einmal der genaue Kurs fixiert war. Sie hat allen Supermärkten geschworen: Ich werde mich nicht neppen lassen.

Viele Leute sind mürrisch. Wollen den Schilling einfach nicht loslassen. Der Euro macht ihnen Angst. Als ob der Euro ein Stück von ihrer Vergangenheit auslöschen würde. Und weil sie bald nur noch mit dem Taschenrechner einkaufen gehen können.

Guten Morgen, Euro! Wir werden uns schon gewöhnen an dich. Müssen wir ja. Vielleicht bringst du sogar ein bisschen Glück. Der Finanzminister sagt: Es wird aufwärts gehen. Groß und stark wie der Dollar wird der Euro auftrumpfen auf der Welt. Hoffentlich ist alles wahr.

*1. Jänner 1999*

## Tief betrübtes Österreich

Dann sagten sie, um Mitternacht, was sie seit Stunden befürchtet hatten. Die Kunst der Ärzte hat keine Brücke zurück ins Leben bauen können. Der Bundespräsident ist tot.

Im Kreise seiner Familie, versehen mit der Letzten Ölung. Im Kreise seiner Familie und, wie es in der »ZiB 2« hieß, mit »ganz Österreich an seinem Krankenbett«, das sein Sterbebett war.

Nicht ein Politiker, der über die traurigen Wortmeldungspflichten hinaus nicht tief betrübt erschien. Manche hatten das Wasser in den Augen, manche hatten brüchige Stimmen. Funktionäre, Wegbegleiter, vormalige Gegner und Kritiker: so viel echte, tiefe Trauer. Erschütterung. Und immer die Frage: Warum hat er seinen Abschied vom Amt nicht mehr zelebrieren dürfen? Wenigstens das. Wenn ihm schon kein Lebensabend vergönnt war.

Tief betrübtes Österreich; so viele Menschen, die ihn nur von Ferne kannten und denen der Mensch Dr. Thomas Klestil trotzdem so nahe war. Anerkennung, die er sich gewünscht hatte. Zu seinen Lebzeiten ist manchmal das Wort »Eitelkeit« gefallen. Vielleicht weiß man es jetzt besser.

Dass er ein Mensch der Gefühle war. Himmelhochjauchzend für Österreich im Einsatz. Und manchmal eben betrübt. Und dann und wann auch stolz. Auch auf sich selber. Er hatte allen Grund dazu.

Jetzt sagen es ja alle, selbst jene, die nicht immer im besten Einvernehmen zu ihm standen. Was er alles geleistet hat. Geprägt hat. Erreicht hat für Österreich.

Wenn er das jetzt sehen könnte und spüren könnte. Die Rituale des Abschieds, die weit hinausgehen über jedes vorgesehene, standesgemäße Ritual. Er hat das bekommen, was er sich vielleicht am meisten gewünscht hat: nicht nur geachtet, sondern geliebt zu werden. Er hat es nicht mehr erfahren dürfen. Aber die Frau, die er liebte, wird es stärken in der Trauer. Und in der Zukunft.

*8. Juli 2004*

ven von Erdäpfelgulasch; nebenbei rennt in der
tenblicke«-Revue. Mit einem Ohr und einem Auge
über irgendeine Luxus-Messe aufgeschnappt. S

# 13 | Geld & Glück

*»Irgendwo auf dem Planeten gurrt
bestimmt ein Luxusweibchen:
muss ha-ben!«*

Preis. Ein Büstenhalter wie
Geschirr mit vielen, vielen Steinen. Muss das quetsc
ein Teil umschnallt.

schi aus was weiß ich was für Diamante
ein Gschnas-Accessoire. Wenn ich mich nicht verh
et das Teil 1,7 Millionen Euro. Irgendwo auf dem
t bestimmt ein Luxusweibchen: *muss ha-ben!* Und
findet sich ein Typ, der das kauft.

nd dann? Wie fühlt sich das an? Mit so einem Hanc
ieren zu gehen? Welchen Schmuck und welchen Si
t man dazu? Angst vor Räubern, die das Teil vom A
en möchten? Unwahrscheinlich. Das Taschi schaut
Werbegeschenk aus dem Drogeriemarkt.

as Gefühl, mit so einem Taschi herumzugehen. Sch
ellen. Denkt man sich schöner, jünger und begehre
it? Ist es das Trophäen-Gefühl für die viele, viele A
en Leben einer Tussi-Lady?

Vie ertränkt man das Schamgefühl, dass für das Tas
viele Menschen weniger leiden müssten? Champa
dsplittern vielleicht?

e, pass auf, das Erdäpfelgulasch brennt an! Oh ve
war kurz weg. Im Traumland. In der Luxusweibche
Und vorher war ich im VinziMarkt. Dort sind sie
Essensreste der Überflussgesellschaft. Harte Kontr
e Bandagen.

## Kein Bonus für den Mistkübler

Der Müllmann geht mir nicht aus dem Kopf. Am Sonntag in der »Krone« hat er seine Geschichte erzählt. Wie sie ihn gefeuert haben, weil er zu viel Müll in den Container stemmte. Da und dort noch ein Drecksackerl mitgenommen, das nicht mitdürfen hätte. Ab und zu auf einen Kaffee eingeladen worden oder auf einen kleinen Schwatz.

Josef Wimmer, *61 Jahre alt, der sich lieber* Mistkübler als Müllmann nennt. Sein Foto in der ausgeborgten orangen Montur, weil selber hat er keine mehr. Gefeuert.

Da steht er in seiner Verzweiflung. Man sieht ihm die Arbeit an, die jahrzehntelange Arbeit. Es ist eine unglaublich anstrengende Arbeit. In der Hitze, in der Kälte, bei Sturm, bei Regen, bei Schnee. Ich weiß, wie anstrengend das ist. Mein Vater hat auch so einen Job gehabt. Wie müde, wie fertig der oft war.

Josef Wimmer vermisst seinen Job. Er hat gerne als Mistkübler gearbeitet. Er wäre gerne als Mistkübler in Rente gegangen. Ein paar Jahre noch, und dann wohlverdient. Mit einer kleinen Abfertigung für das Lebenswerk.

Aber die Abfertigung haben sie ihm ja auch gestrichen. Alles rechtens. Der Mann war ja ein *Böser*, ist rechtskräftig verurteilt. Weil er zu viel Dreck von den Leuten mitgenommen hat. Zornestränen möchte man weinen. Eine solche Wut, dass es so was gibt. Ein Mensch, der sich um den Dreck der anderen gekümmert hat, noch dazu mit Liebe zum Beruf, wird wie ein Stück Dreck behandelt.

Zur gleichen Zeit wird diskutiert, wie viel Geld man Managern, Bankern und Weltwirtschafts-Hasardeuren noch in den Hintern schieben muss aus Dankbarkeit für manches Desaster, das sie hinterlassen haben. Und wann endlich Schluss ist mit großzügigen Boni für das Vernichten von Arbeitsplätzen. Wer hilft Josef Wimmer? Wie ungerecht ist das alles?

*12. März 2013*

## Kein kleines Kind mehr im Haus

Versuch einer Erinnerung. Die Gerüche am ganz frühen Morgen. Harzig, abgebrannte Kerzen, Wohnzimmerlandschaft aus kaum aufgeräumtem Geschenkpapier und Bändern. Jemand ist auf dem Sofa eingeschlafen und muss sich dann doch noch aufgerafft haben, in die Federn zu kriechen. Jemand hat die letzten Brösel vom Keksteller genascht. Es könnte der Hund gewesen sein.

Christtag-Morgen die *Erste* sein, ist das Schönste. Ein Kaffee im Pyjama, warten, bis das erste Kind schauen kommt, ob eh noch alle Geschenke da sind. Der Christbaum, der im Morgen-Dunkel steht, wie aus dem Zauberwald gerissen.

Heute steht dort nur ein sehr kleiner Topfbaum. Kein kleines Kind mehr im Haus, das sich barfuß und mit dem ganzen Heiligen-Abend-Glück in den Augen anschleichen wird. Weihnachten war doch immer so, als ob Weihnachten immer so bleiben würde. Mit ein wenig Streit manchmal, aber immer glücklich. Aber das stimmt ja gar nicht, dass das immer so bleibt.

Manchmal gab es zu viele Geschenke. Als ob man die Kinder überglücklich machen müsste. Geht ja gar nicht. Alle müssen sie draufkommen, dass es überglücklich nur ganz selten gibt.

Noch weiter zurück, als ich selber die kleine Gestalt war, die am Christtag-Morgen barfuß zum Baum schleicht. Der gelbe Puppenwagen, die schlafende Puppe. Doch, überglücklich gibt es schon. Und für ein paar Momente kannst du das immer wieder zurückholen. Die Bilder, das Lachen, das *Leisesein*. Das behagliche Gefühl mit dem ersten Kaffee am Christtag-Morgen. Und es ist erst Freitag! Drei Tage voll kostbarem Faulsein. Fast zu faul, um mit der Hand bis zum Keksteller zu kommen. Da müssten doch noch ein paar Vanillekipferl sein. *Hund*! Hast du schon wieder …

*25. Dezember 2009*

## Wie viel Kilo haben 100 Millionen?

Hundert Millionen. Bistdudeppert. Wie viel wäre das noch schnell in altem Geld? 1,4 Milliarden, wenn ich jetzt vor lauter Staunen nicht ganz danebenliege. Wobei, damals, als es noch das alte Geld gab, hat man fürs selbe Geld noch deutlich mehr bekommen als heute.

Egal, jetzt wollen wir nicht kleinlich sein, wenn es um so große Summen geht. Hundert Millionen Euro, das ist einfach irre viel. Sagenhaft. Wie viel wiegt so ein Geldsack überhaupt in großen Scheinen? Ein Geldsack genügt da bestimmt nicht mehr. Wäre die Summe überhaupt zu derschleppen, oder müssten ein paar Muskelmänner her für den Transport? Eh wurscht. Solche Transfers finden heutzutage vermutlich eh elektronisch statt und nicht in echten Scheinen.

Auf jeden Fall: Schwer genug war die Kaution, um Herrn Julius Meinl V. aus dem freudlosen Ambiente der Untersuchungshaft zu befreien. Die Stunden müssen ja die Hölle gewesen sein für einen Mann, der weiß Gott andere Umstände gewöhnt ist.

Hundert Millionen. Gestern war an jeder Straßenecke und beim Mittagsimbiss und beim Trafikanten überall ständig diese Frage zu hören: *Wie* kommt ein Mensch, selbst wenn es sich um keinen Geringeren als um Julius V. handelt, so blitzschnell an so viel Mäuse? So viel hat ja nicht einmal der Scheich von Dingsbums in der Handkassa. Staunen und Raunen überall.

Da musste unbedingt ein Experte befragt werden. Man wandte sich an einen gewissen Herrn Martin Jann, und der sagte zu dieser ganzen, eigentlich sehr uneleganten Angelegenheit einen sehr eleganten Satz: »Unter der Not einer engen Zeitdecke ist oft mehr möglich, als man sich vorstellen kann.« Diesen Satz muss man sich auf der Zunge zergehen lassen. Und gut merken. Für den Fall, dass die Zeitdecke und die Finanzen einmal eng werden. Kann ja jedem passieren, nicht nur dem berühmten Julius.

*4. April 2009*

## Harte Kontraste und harte Bandagen

Versuch, sich in ein Luxusgeschöpf hineinzufühlen. Beim Kochen von Erdäpfelgulasch; nebenbei rennt in der Kiste die »Seitenblicke«-Revue. Mit einem Ohr und einem Auge den Beitrag über irgendeine Luxus-Messe aufgeschnappt. Sagenhaft hässliche Sachen zum irrsten Preis. Ein Büstenhalter wie ein Ritter-Geschirr mit vielen, vielen Steinen. Muss das quetschen und wehtun, wenn man sich so ein Teil umschnallt.

Ein Handi-Taschi aus was weiß ich was für Diamanten dezent wie ein Gschnas-Accessoire. Wenn ich mich nicht verhört habe, kostet das Teil 1,7 Millionen Euro. Irgendwo auf dem Planeten gurrt bestimmt ein Luxusweibchen: *muss ha-ben!* Und vermutlich findet sich ein Typ, der das kauft.

Und dann? Wie fühlt sich das an? Mit so einem Handi-Taschi spazieren zu gehen? Welchen Schmuck und welchen Silberblick trägt man dazu? Angst vor Räubern, die das Teil vom Ärmchen reißen möchten? Unwahrscheinlich. Das Taschi schaut aus wie ein Werbegeschenk aus dem Drogeriemarkt.

Das Gefühl, mit so einem Taschi herumzugehen. Schwer vorzustellen. Denkt man sich schöner, jünger und begehrenswerter damit? Ist es das Trophäen-Gefühl für die viele, viele Arbeit im harten Leben einer Tussi-Lady?

Wie ertränkt man das Schamgefühl, dass für das Taschi-Geld ganz viele Menschen weniger leiden müssten? Champagner mit Goldsplittern vielleicht?

He, pass auf, das Erdäpfelgulasch brennt an! Oh verdammt. Ich war kurz weg. Im Traumland. In der Luxusweibchen-Fantasie. Und vorher war ich im VinziMarkt. Dort sind sie froh um die Essensreste der Überflussgesellschaft. Harte Kontraste und harte Bandagen.

*30. November 2008*

# Kleine und große Heimkehr

Samstagmittag saßen sie dann endlich im Flieger. Destination: Heimat. Alles Schreckliche weit zurück. Die Gefangenschaft, die Angst, die Hitze, die gestohlene Zeit. Acht Monate Geisel-Martyrium. Drei Jahreszeiten, schnell verflogen in Österreich. Eine Ewigkeit im Folterzustand in der Ferne. Wenn sie jetzt endlich daheim sind, ist fast schon wieder Winter. Wie soll jemand so ein Gefühl beschreiben können: Rückflug in die Freiheit. Sie saßen im Flieger und daheim saßen ihre Familien. Warten auf Andrea und Wolfgang. Unbeschreiblich schöne Wartezeiten. Wie ganz kleine Kinder, die sich auf das Christkind freuen. Aber es ist keine süße, geheimnisvolle Christkindlüge. Es ist wahr. Sie kommen. Wirklich. Sie sind da. Ziemlich gesund.

Die ersten Worte der Angehörigen. Was sagt eine Mutter, die bald ihre verlorene Tochter umarmen kann? Sie sagt: »Mir fiel ein Stein vom Herzen. Ich kann es kaum fassen.« Was sie aber fühlt, ist viel, viel mehr, als tausend Worte sagen können.

Jede kleine Heimkehr ist schon ein großes Glück. Ganz alltäglich, als wär es eine Selbstverständlichkeit. Kinder, die abends gesund heimkommen. Menschen, die nach einer kurzen Reise wieder am Familientisch sitzen. Man müsste sich jeden Tag wie ein Schneekönig freuen, wenn alle, die man liebt, *da* sind.

Diese große Heimkehr der Geiseln. Begleitet von gigantischem Medien-Trara. Manchmal sind es doch noch die *schönen* Geschichten, die Aufsehen erregen. Überlebensgeschichten.

Zum ersten Mal wieder im eigenen Bett schlafen. Die Lieblingsspeise essen mit den liebsten Menschen. Eine Glückseligkeit, die man nur nach großem Leid empfinden kann. Die meisten Menschen sind dazu nicht imstande. Weil man sein kleines Glück so selbstverständlich nimmt. Und aus jedem kleinen Ärger ein großes Drama macht.

*3. November 2008*

## Wo genau ist das Geld, das futsch ist?

Aha, jetzt auf einmal sollen Banken, Spekulanten, Börsianer und überhaupt der ganze Geldmarkt besser kontrolliert werden. Und eine neue Ethik soll kommen, dass zum Beispiel Leute, die ein paar Milliarden in den Sand setzen, nicht auch noch zum Abschied in Geld gebadet werden. Aha. Warum erst jetzt? Bisher hat man offenbar geglaubt, die Leute von der Wall Street seien die Masters of the Universe, mit der Fähigkeit der wundersamen Geldvermehrung.

Geld kann man eigentlich gar nicht vernichten, heißt eine Formel in der Geldwirtschaft. Wenn es futsch ist, dann ist es einfach nur anderswo.

Wo genau eigentlich? Wo genau ist mein Geld, und was geschieht damit, fragen sich zornig und deprimiert Menschen, die der großen globalen Geldvermehrung vertrauten und jetzt um das Geld bangen, das ihnen gehört (oder muss man schon sagen *gehörte*). 10 000 Euro, für die großen Gestalten der Geldwirtschaft ein Pipifax. Für andere ein Hauseck. Existenzbedrohend.

Ja, wenn man wenigstens etwas zu verlieren hätte, sagen viele Menschen mit galligem Humor. Sie haben keinen Cent zu verlieren, sie leben von der Hand in den Mund mit dem Monatsbudget einer mittelmäßigen Designerhandtasche. Sie haben Kinder, denen sie nichts zu bieten haben, und Sorgen, die sie erdrücken.

Die Börsenabstürze interessieren sie weniger, gegen die Auswirkungen können sie sich eh nicht wehren. Soll der *Dow Jones* im Keller sein, eine andere Nachricht ist für viele Leute noch viel schlimmer: Die Caritas hat auch kaum noch Geld. Nicht, weil deren Leute so schlecht gewirtschaftet hätten. Die Rechnung ist schlicht: weniger Spenden und viel mehr arme Menschen. Und der Staat? Der hat kein Geld für ganz arme Leute. Der muss den Großpleitiers aus der Patsche helfen. Das wird ein kalter Winter mit lausigen Weihnachten.

*8. Oktober 2008*

## Guter Rat von einem alten Mann

Es hätte ein höflicher Kurzbesuch werden sollen. Blumen bringen, eine Flasche Rotwein bringen, dem ehemaligen Nachbarn, den ich kenne, seit ich Kind war, zum neunzigsten Geburtstag gratulieren. Er lebt seit ein paar Jahren im Pflegeheim. Bleiben wir nicht lange, das wäre zu anstrengend für ihn, sagte ich. Und außerdem, der Hubert hat nie gerne geredet; er war immer so kurz, bündig, unsentimental bis ruppig.

Dann sind wir geblieben, bis es dunkel wurde. Er hat aus seinem Leben erzählt, von der Frau, die er schon lange verloren hat, von der Tochter, die als Baby sterben musste, von den Schlägen, die das Leben austeilt, und den guten Stunden.

Meine Frau, sagte der alte Mann, hatte immer einen guten Humor. Er selber sei oft grantig gewesen, den ganzen Tag die Arbeit im Elektrizitätswerk, am Abend noch der Garten oder die Werkstatt daheim, der Feierabend bestand aus nichts als Müdigkeit und wortloser Anwesenheit am Esstisch.

Wie dumm man oft sei im Leben. Am Ende kommt er drauf: Jeder Tag, an dem ihn nichts gefreut hat, ein verlorener Tag. Um jeden Tag sei es schade, an dem er wegen Kleinigkeiten Ärger zugelassen und Freude verweigert habe. Was einem alles wichtig ist, wenn man jung ist! Und dann merkt man, zu spät, sagte er, auf was es wirklich ankommt.

Die meisten Menschen sind zu blöd, um glücklich zu sein, sagte er. »Selber war ich genauso.« Dann bist du siebzig, achtzig, neunzig, und du merkst, dass die Zeiten davor gar nicht so schlecht waren. Ich wünsche euch etwas zu meinem Geburtstag, sagte der alte Mann: dass ihr nicht so dumm seid und die Tage nützt und das Glück. Auch wenn es nur in kleinen Portionen daherkommt. Wir nickten, dankten und gingen. Ob wir das schaffen? Ob wir das begreifen, was der alte Mann sagte?

*5. September 2004*

## Die Harry-Potter-Geldmaschine

Mitternachtsparty für den neuen Harry-Potter-Roman. Zur Geisterstunde standen in England die Leute vor den Buchhandlungen, wie bei »Starmania«. Drei Jahre hatten die Fans gewartet auf Potter Nummer fünf. Die Potter-Geldmaschine ist inzwischen jährlich 4 Milliarden Euro wert, die Autorin reicher als die Queen und alles zusammen einfach unglaublich. Richtige Wälzer sind die Bücher. Liegen praktisch in jedem Kinderzimmer herum. Schon ziemlich viele Leute haben versucht, mir die Potter-Magie zu erklären. Kapiert habe ich sie noch immer nicht. Und was ich sowieso nicht glaube: dass so viele Kinder mit sieben, acht, neun Jahren so dicke Bücher packen. Wälzer in Dostojewski-Dimension. Herzlichen Glückwunsch an Millionen Eltern von so klugen Kindern.

Also von den Test-Kindern, die bei uns daheim leben, hat sich niemand von einem Potter-Roman weiter als zwanzig, dreißig Seiten treiben lassen. Den Großen war das zu kindisch und den Kleinen zu kompliziert.

Das soll aber bitte wirklich nichts heißen gegen die Potter-Serie. Spricht eher gegen meine Kinder. Ich hätte das ja auch lieber, dass die sich in Büchern verkriechen, statt vor dem Computer und in noch Schlimmerem.

Bis 8. November muss noch gewartet werden auf die deutsche Potter-Nacht. Liebe Leute werden mir wieder erklären, warum der neue Roman so toll ist. Wahrscheinlich werde ich es wieder nicht kapieren. Vielleicht ist es mir überhaupt egal, das Potter-Phänomen.

Viel spannender: die Geschichte der Autorin selbst. Wie eine alleinerziehende Sozialhilfe-Empfängerin eine Geschichte von Milliardenwert in ihren Block schrieb. Und wie sie das alles jetzt verkraftet. Es ist sicher verdammt hart, plötzlich so reich zu sein. Aber es kann einem schon verdammt viel Schlimmeres passieren.

*22. Juni 2003*

# Kleines Gartenglück

Samstag-Stau in einem dieser gelb-roten Riesenmärkte, wo man alle Zutaten für den kompletten Hausbau bekommt, vom Mörtel bis zu den Balkongeranien. Entschlossene Männer schieben Rollwagen, so groß wie kleine Lastautos, durch die Gegend, greifen Hundert-Kilo-Säcke mit Putz aus den Regalen, als wäre es Watte. Söhne mit zwei linken Händen traben ratlos im Schlepptau, und die Mütter bleiben verklärt stehen vor den Sonderangeboten in der Abteilung Haushalt & Heimschmuck.

Die siebenteilige Blumentopf-Serie mit den aufgemalten Lilien, die wäre schön, sagt die Frau zum Mann. Der Mann, der wie alle Männer an das Wesentliche und nicht an das Unnötige denkt, brummt zornig, dass für solchen Plunder kein Platz und kein Geld da sei.

Großes Gedränge auch im Gartenparadies. Es grünt und blüht verlockend; mannshohe Büsche für die blickdichte Begrenzung zum Nachbarn, und zierliche kleine Pflanzen, aus denen einmal mächtiges Blattwerk werden soll.

Sonntags karrt man die preiswerte Pracht in die Gärten und auf die Balkone und zu den Schrebersiedlungen. Vom Fenster aus schaut man der Nachbarin zu, die emsig mit dem Rasenmäher ihre Bahnen zieht. Ein Haus weiter sät und pflanzt die ganze Familie einträchtig wie glückliche Bauersleute.

Nebst Tulpen und Narzissen und Steinblümchen sind auch wieder Nutzpflanzen Mode; selbst in den feinsten Gärten. Schnittlauch und Thymian und Melisse und Petersilie am Fensterbrett, und dort, wo man früher ein mondänes Blumenbeet hatte, wachsen jetzt Radieschen und grüner Salat und natürlich Knoblauch, um die Arterien frisch und die Vampire fernzuhalten.

Was für ein stilles, kleines Glück, die Gärten im Frühling. Und erst der Stolz, wenn die Früchte früher und dicker da sind als beim Nachbarn drüben.

*23. April 1995*

## Total verschuldet

Ein Kribbeln, wenn man das liest: Jeder Österreicher hat neuntausend Euro Schulden. Im Durchschnitt! Auf jedem Kind, auf jedem Urgroßvater klebt der Kuckuck.

Ich lege jetzt sicher nicht meine Karten auf den Tisch. Ich sage nur so viel: Bei uns kann ich gut und gern auch noch die Katzen und den Hund dazuzählen. Um statistisch im grünen Bereich zu bleiben mit den roten Zahlen. Tja. Wer den Film »Hinterholz 8« gesehen hat, wird wissen, wovon die Rede ist.

Die Österreicher sind sowieso Europameister mit ihrer Schuldenpolitik. Es gibt angeblich kein anderes Land, in dem so salopp auf Kredit gehaust wird wie bei uns. Schrecklich tüchtig in dieser Hinsicht auch die jungen Leutchen: Viele sind schon bankrott, bevor sie den ersten Euro selber verdienen. Das Handy. Die Fetzen. Die Disco. Herzlichen Glückwunsch allen, die so was ohne Magenzuckungen lesen können, weil sie samt Kind und Kegel aus dem Schneider sind. Da gibt es aber noch einen ganz anderen Schuldenberg. Kein Banker und kein Gerichtsvollzieher mahnt den ein. Steht auf keinem Blatt, kann man verdrängen bis zum Sankt-Nimmerleins-Tag. Ich sitze auch auf so einem Schuldenberg. Schuldigkeiten der Gefühle.

All die Leute, die einem etwas Gutes taten, und man hat sich nicht revanchiert. Im Hinterkopf verstaute Gedanken an diesen und jene, von dem ich weiß, dass es ihm nicht gut geht oder ihr. Herrgott, wie kann ich nur so herzlos sein. Der alten Tante H. noch immer nicht den Bohnensamen geliefert zum Beispiel, wo sie doch jeden Frühling sagt, es sei ihr letzter.

Drückt schlimmer auf das Gemüt als ein Kontoauszug von der Bank. Ich werde jetzt sofort Bohnensamen kaufen gehen. Ganz egoistisch. Mein Gefühlskonto ist so überzogen! Mein Schuldenberater, das Gewissen, droht schon mit Bankrott.

*27. April 2003*

## Geld spielt keine Rolle

Grün wie bei Rosamunde Pilcher war der Rasen, und wie der Wind die Mähnen der Blondinen kraulte, das hatte auch etwas von einem schwachsinnig schönen Liebesroman. Richtig etwas für das Gemüt. Aber die Nightwatch-Dokumentation »Geld spielt keine Rolle«, die war noch mehr: der pralle Wahnsinn in echt.

Bis ins Bett und ins Badezimmer verfolgte die Kamera ein Schüppel englischer Ladies bei ihrem aufreibenden Alltag. Geld haben sie alle genug, sagte eine süffisante Stimme, nur, was machen sie damit?

Sie gehen Fetzen kaufen und treiben sich bei Innenarchitekten herum, die ihnen gnadenlosen Kitsch in ehrwürdigen alten Landhäusern installieren. Mittags treffen sie einander zum Charity-Lunch; da fallen immer ein paar Brosamen ab für arme Kinder oder renovierungsbedürftige Kirchen.

Dann geht's an die Restaurierung der eigenen Fassade: den Biomüll aus den Tränensäcken pumpen lassen. Den Hals im Nacken festbinden, damit er vorne nicht so viele Falten wirft.

Später beim Polospiel busseln sie einander ein bisschen ab; gemütlich wie in der Schlangengrube geht es da zu. Richtig zubeißen darf keine von den Ladies, denn jede weiß von der anderen viel zu genau, wo deren Leichen im Keller und die Nahtstellen vom letzten Lifting sind.

Dann sah man die lustigen Weiber noch glänzen auf einem Ball; die Traurigste von ihnen sah in ihrer Lockenpracht und dem weißen Fetzen aus wie eine, der kein Chirurg und kein Psychiater mehr helfen kann.

Wenn reich sein wirklich so schrecklich ist, legst du dich gern auf dein ausrangiertes Sofa und bist froh, am nächsten Tag wieder buckeln zu müssen. Übrigens: In den »Seitenblicken« gibt es auch ein paar hübsche Society-Tulpen, die einmal eine ausführliche Betrachtung wert wären.

*6. Jänner 2000*

# Darf man eigentlich noch glücklich sein?

Peng, peng, peng. Katastrophen in der Endlosschleife. Die einstürzenden Twin-Towers, der Tsunami als Menschenfresser, die sterbende Stadt New Orleans. Manche Berichte haben schon einen Trailer wie ein Actionfilm, hereinspaziert ins Grauen. Peng. Peng. Peng. Noch mehr Leichen live auf dem Sender sowieso. Worte wie »unvorstellbar« und »unfassbar« sind ausgelaugt. »Bilder des Schreckens« heißt der Text zu den Bildern des Schreckens; einfach nur schweigen geht anscheinend nicht.

Ich ertappe mich dabei, dass ich Katastrophen-Konsument geworden bin. Gleich nach den neuesten Nachrichten noch neuere Nachrichten über »ein Unheil, das immer noch größere Dimensionen annimmt«. Das Unheil von gestern schon wieder übertrumpft.

Mitleid mit den armen Menschen; was denn sonst. Über Kontinente hinweg tatenloses Mitleid. Wie schlecht/wie traurig/wie kaputt die Welt ist. Da kann man nichts machen. Durch den Fernseher hindurch. Schrecklich. Und wie schön, dass alles so weit fort ist. Darf man eigentlich noch glücklich sein, halbwegs froh? Darf man Kaffee trinken, während man zuschaut, wie andere kaputtgehen?

Ich schalte den Fernseher aus. Ich gehe spazieren. Den Blättern zuschauen, wie sie vom Baum fallen, und den Hunden, wie sie übereinander herfallen im Spiel.

Den Rest des Nachmittags schenke ich jemand, dem es nicht gut geht, der ganz allein ist und nicht gesund. Nur ein paar Straßenbahn-Stationen entfernt ist der Mensch. Wir essen Kuchen. Wir haben es gut.

Kleiner Versuch, nicht vor dem Fernseher in fernem, fremdem Leid zu erstarren und abzustumpfen. Kleiner Versuch, das Leben rundherum zu spüren. Glücklich, traurig, echt. Kleiner Versuch gegen den Voyeurismus.

*4. September 2005*

# Nervenkrise vor lauter Geld

Es ist ein Mann, vermutlich ein Wiener, und das ist auch schon alles, was man über jenen Glückspilz erzählen kann, der Sonntagabend 62 Lotto-Millionen gewann. Zwei-und-sechzig Millionen. Zum Schwindligwerden viel. Aber der Gewinner ist offenbar schwindelfrei und ziemlich cool. Er rief bei der Lotto-Zentrale an, sagte, ich bin's, euer Jackpotknacker, und dass er den Herrn Populorum sprechen möchte. Dieser Mann mit dem Namensklang eines Glücksengels war aber leider grad auf Dienstreise. (Vermutlich unterwegs mit dem Koffer zu irgendeinem anderen frischen Millionär.) Soso. Dann ruf ich nächste Woche wieder an, sagte der Mann. Hinterließ nicht einmal eine Telefonnummer.

Jetzt sitzt der irgendwo und wartet, bis der Herr Populorum wieder da ist, und inzwischen muss er sich mit dem Gedanken vertraut machen, dass er steinreich ist. Alles hinwerfen und fristlos kündigen? Vielleicht hat der Mann einen Beruf, der ihm Freude macht.

Falls er eine Frau hat: Hat er ihr schon erzählt, dass die große Kohle ins Haus geschneit ist? Kinder? Brüder? Schwestern? Tanten? Das muss ein irrer Stress sein: Wem erzähle ich von meinem Gewinn?

Und dann die Pläne, die so ein Glückspilz schmieden muss. Wie Videoclips werden die Gedanken seinen Kopf durchfluten. Wünsche ins Bewusstsein holen, die man nie vorher zu wünschen wagte. Außer vielleicht in bizarren Tagträumen, über die man selber lachte.

Das Ärgste aber muss sein: Wo bewahre ich den Lottoschein auf, ein dünnes Fetzchen Papier, das 62 Millionen wert ist?

Wie wird der Mann das alles nervlich nur durchstehen? Nur nicht platzen vor Glück! Es ist bestimmt verdammt hart, plötzlich so reich zu sein. Aber wer würde es nicht gerne wagen, auch wenn es die Nerven zerfetzt.

*8. März 2001*

## Nach dem Gewitter

Dicke Luft in der guten Stube. Diese kleinliche Rechthaberei, wer die Fernbedienung zuerst in der Hand gehabt hat und wer gestern das Kellerfenster offenließ.

Die Katzen gehen aufeinander los, beißen einander in die Nacken und raufen, bis eine nicht mehr kann. Aus dem Garten eine Kreischerei unter den Kindern. Wem gehört der bessere Parkplatz fürs Fahrrad? Nervenzerfetzend.

Jetzt nur nicht auch noch selber kreischen; aber das ist schwer. Kann man hier nicht fünf Minuten in Ruhe telefonieren? Müsst ihr alle auf meinen Nerven herumtrampeln? Immer auf meine Nerven!

Laute Grobheiten auch aus der Küche. Dort will einer Spaghetti kochen und ein anderer faul eine Pizza ins Rohr schieben. Gott im Himmel, immer diese Hahnenkämpfe unter den halbwüchsigen Menschen. Und dabei hat man immer gehofft, wenigstens in der Familie den Friedenstraum der Bertha von Suttner leben zu können.

Schwüle Hitze drückt von draußen rein. Ein Gewitter braut sich zusammen. Wo wird es zuerst krachen und blitzen, am Himmel oder in der Küche? Heiliger-wie-heißt-du-nur, steh mir bei!

Ein Donnerschlag, als hätte es das Nachbarhaus erwischt. Ein Regen, der Lust hätte, jeden Moment Hagel zu werden. Das Kellerfenster ist natürlich schon wieder offen. Eine halbe Stunde lang ein Gewitter, als hätte sich Madame Teissier beim Weltuntergang im Datum geirrt.

Und dann zieht der Weltuntergang ein Tal weiter, die Luft ist so frisch-kühl wie aus der Wasserfall-Werbung für Duschgel. In der Küche gehen sich plötzlich Spaghetti und Pizza zugleich aus. Die Katzen liegen ineinander verschlungen auf dem Sofa.

Da, wolltest du nicht die Fernbedienung haben? Nimm sie! So ein Gewitter erfrischt den Himmel und die zänkischen Tiere und Menschen eigentlich ungemein.

*21. Juli 1999*

## So schmeckt das Leben besser. Mit einem Euro!

Aha, von Billionen reden die jetzt. Rettungsschirm. Billionen! Zum Schwindligwerden. Ich rede heute nur von einem Euro. Einem einzigen Euro.

Den habe ich gegeben. Und *Sie auch* und Sie und Sie. Jeder Österreicher hat einen Euro gegeben. Wurde schon abgesegnet im Ministerrat. Könnte sein, dass der eine oder andere das überhört und übersehen hat. Es ist ja so laut rundherum mit Riesensummen (die fehlen) und mit schrecklichen Geschichten aus allen Rohren.

Mein Euro und jeder andere Euro eines jeden Österreichers ist für Ostafrika. Bitte, nicht einschlafen auf der Stelle vor lauter Langeweile und, bitte, auch nicht bös sein. Wir haben eh selber kein Geld nicht, und dann schicken wir es auf Ostafrika? Was tut das Geld dort?

Es lässt ziemlich viele Kinder ziemlich lange überleben. Ja, zugegeben, die Hungersnot dort ist total aus den Schlagzeilen derzeit. Verhungernde Kinder – kann man nicht mehr hören und sehen. Augen zu.

Augen auf! Es ist nur eine kleine Geschichte im Windschatten von Fekters Budgetrede. Es ist die Geschichte, dass das beschämend mickrige Hilfspaket der Republik (Schlusslicht in Europa) versechsfacht wurde (jetzt sind wir im Mittelfeld). Außenamtsstaatssekretär Wolfgang Waldner hat die Finanzministerin dazu, hmm, höflich überredet.

Es ist dafür gesorgt, dass jeder Euro zu hundert Prozent so verwertet wird: Nahrung, die Kinder vor dem sicheren Tod bewahrt.

Ich geh mir nachher eine Leberkässemmel kaufen. Vielleicht geh ich auch noch auf einen Espresso. Was das wieder kostet! Und erst die Zigaretten. Aber alles schmeckt besser, wenn man einen Euro gegeben hat. Das Leben schmeckt besser, wenn ein Kind weniger verhungert.

*20. Oktober 2011*

## Da rattert der Geld-Film im Kopf

Wochenende der Jackpots. Die deutsche Begum bekommt 60 Millionen Euro von ihrem Exmann, dem Aga Khan. Er ist ein Gott oder Halbgott, sagen seine Gläubigen. Sie ist die Frau, die auf Society-Fotos nie jünger ausschaut als ihre Frau Mama. 60 Millionen als Abfindung für eine Ehe, die keine glückliche war. Wie nennt man so ein Geld? Schmerzensgeld? Spekulationsgewinn? Geld, das ein ewiges Lächeln ins Gesicht brennt? Ein Jackpot der Liebe ist das eher nicht.

Der andere Glückspilz kommt aus Oberösterreich, vielleicht ist es eine Glückspilzin. 16 Millionen aus dem Euro-Jackpot, das muss man einmal aushalten. Herr oder Frau Gewinner kann froh sein, dass mit zwei Belgiern geteilt werden muss. Sonst wären es fast 50 Millionen geworden. Da wird man ja verrückt.

Wie fühlt sich das an, wenn so viel Geld plötzlich wie eine Überdosis Adrenalin in den Körper und in die Seele strömt? Ich würde Riechsalz und Baldrian brauchen. Ich hätte einen Film im Kopf, in dem plötzlich meine Bleibe doppelt so groß ist, mit einem edlen Gartenzaun statt der Latten, die schon längst lackiert gehören.

Vielleicht wäre ich sogar so verwegen, mir ein supertolles Auto zu kaufen, obwohl ich mir aus supertollen Autos gar nichts mache. Und die Kinder! Die hätten dann ja ein Leben, in dem sie nie wieder arbeiten müssten. Wunschloses Leben. Schrecklich.

Mein Geld-Film im Kopf würde rattern und rattern, und dann wäre immer noch etwas übrig. Und dann müsste ich noch so tun, als ob alles wäre wie immer. Weil plötzlich Tausend Freunde, die mich wahnsinnig gern haben, das wäre mir zu viel.

Das Geld von der Begum wäre mir zu unglücklich. Aber so ein anonymer Glückspilz sein ... hm. Trotzdem irgendwie verlockend. Ich geh jetzt in die Trafik, Zeitungen und einen Quicktipp holen. Falls ich heute Abend den Geldrausch erlebe: Ich sage es sicher keinem.

*2. Oktober 2011*

## Ein Regenbogen ginge sich aus

Andeutungsweise eine Stimmung und ein Licht wie im Mai. Regennasses Grün aus einem Rosamunde-Pilcher-Film. Diese Filme haben nicht den besten Ruf, aber gegen dieses Grün lässt sich nichts einwenden. Auf dem Hügelland haben die Bauern schon die Schafe und die Kühe auf die Wiesen getrieben. Das wird würzige Butter geben und einen trüffelzarten Schafskäse! Lämmer unter einem großen Baum im Regen, ganz kleine Lämmer, was für ein Bild. So sieht doch der Friede aus, seit es Bilderbücher gibt.

Alles rast an der Lämmerwiese vorbei, sture Visagen hinter Scheibenwischern auf Taktstufe »rasant«. Früher war das ein buckliger Weg. Jetzt ist es der Zubringer der Autobahn. Einfach stehen bleiben und aussteigen und auf die Wiese gehen. Sollen die Schuhe nass werden und die Hosenstulpen auch. Ist doch wurst. Soll der verfrühte Mairegen in den Hals rinnen. Ist doch schön. Klatschnasse Himmelschlüssel pflücken und jemandem schenken, den man gern hat. Vielleicht jemandem, der schon tot ist und oben immer Frühling hat. Die Himmelschlüssel heißen so, weil sie überirdisch schön sind. Und gar nicht traurig.

Ein ganz kleines Loch in den Wolken und ein paar blassgoldene Stiche an der Sonne. Könnte sich ausgehen für einen Regenbogen, für einen ganz kleinen. Und für einen Augenblick tiefer Empfindung. Alles nur gedacht und nicht wirklich gerochen und nicht gefühlt und nicht begriffen. Einfach wieder nur vorbeigefahren an der regennassen dunkelgrünen Wiese. Blöd, wie der Mensch ist. Und im Herbst dann wieder diesem Frühling nachtrauern, für den man sich keine Zeit nahm und den man auch wieder nicht wirklich gelebt hat.

*25. April 1999*

## Im finalen Kaufrausch

Es war wie ein Warnschuss noch schnell vor Weihnachten. Die Arbeiterkammer hat eine dramatische Studie zum Thema Kaufsucht vorgelegt. Jeder vierte Österreicher ist gefährdet, sich zu ruinieren. Extrem gefährdet: die ganz jungen Menschen. In allen Altersgruppen am stärksten dem Kaufrausch verfallen: die Frauen.

Ich kaufe, also bin ich. Es ist ein Kick wie Liebe. Ein Trost gegen den Frust und eine Droge gegen die Mickrigkeit des Lebens. Es ist wie ein Streicheln und eine Herzerwärmung. Gegen die Kälte, die die Gefühle zum Erlöschen bringt. Und: Es ist so leicht, ein Stück Liebe zu kaufen. Die Kinder, die wir aufziehen oder schon aufgezogen haben, haben es am besten gelernt. Liebe ist eine Ware, die verlässlichste Form der Liebe ist Konsum. Was bin ich den Eltern wert? Ich bin ihnen Geschenke wert. Groß, größer, am größten. Schenken und ein Stück zur Seite schieben. Wann hat man ein bisschen Ruhe vor den Kindern? Wenn man ihnen etwas in die Hände drückt. Da, nimm und spiel und sei still.

Nichts als Glück verspricht die Werbung. Eine Verheißung, die immer unstillbar bleibt. Ein Putzmittel ist nicht einfach ein Putzmittel. Es ist das Lustprinzip, die schäbige Wirklichkeit ein wenig aufzumöbeln.

Und all das viele unsichtbare Geld. Das Gefühl, was ein Hunderter ist: nie gekannt. Wie lange hat die Mama dafür putzen müssen? Was hat der Vater dafür geleistet? Ein Zehner, ein Hunderter, eine Zahl, die kleine Karte mit Code, die immer Geld spuckt.

All der Krempel, der dafür ins Haus kommt. Ich möchte das Geld haben, das ich schon verglüht habe für Zeug, das mir nur im Weg stand. Jetzt, bar auf die Hand. Kann es zu spät sein, das zu begreifen? Wie lächerlich die Sehnsucht ist, Glück zu kaufen.

*22. Dezember 2004*

## Der Frühling kann schon wehtun

Alles wissenschaftlich erwiesen und vielmals selbst erprobt, wie gut der Frühling tut. An den Katzen studiert und an kleinen Kindern, wie glücklich die im Dreck wühlen und am Bauch auf der Erde in der Sonne liegen.

Die Verliebten, Tiere und Menschen, die einander jetzt an den Händen und an den Pfoten nehmen, der Frühling hat zwar, wissenschaftlich berechnet, keinen Einfluss auf das Paarungsverhalten der Menschen, aber das glaube ich nicht. Schaut euch um!

Die alten Leute, die milde lächeln und neue Lichter in den Augen haben. Wieder ein Winter überstanden, der Frühling ist eine neue Lebensrunde. Vergangene Jugend, die jetzt nachwirkt und einen kleinen Schub gibt. Früher waren es die luftig bekleideten Mädchen und die kecken Burschen, die einander Frühlingsgefühle entfachten. Viel später dann muss eine Blume genügen, die in der Sonne aufbricht oder ein Knospenzweig, an dem man das Leben sehen und riechen kann.

Die Sonne verdreht den Leuten die Köpfe so schön, sanftstarke Küsse sind das jetzt schon um die Mittagszeit, Augen zu, Ärmel hinauf und genießen.

Aber was für eine Wehmut der Frühling auch haben kann. Die traurige Nachbarin, die jetzt allein spazieren geht, weil ihr Hund nicht mehr da ist. Ein neuer Frühling, aber viel zu traurig für einen neuen Hund.

Die tapferen Menschen, die diesen Frühling ertragen müssen ohne den Menschen, der immer bei ihnen war. Noch schlimmer als im Herbst ist das im Frühling, wenn alles blüht, und der Mensch, den man so liebte, sieht das nicht mehr.

Dann muss man den Frühling ganz langsam wieder lieben lernen. Mit nassen Augen in der Sonne. Dann tut alles furchtbar weh, und trotzdem ist alles so schön.

*16. März 2007*

## Da muss man sich doch einfach mitfreuen

Schwer krank, Alleinerzieherin, Mindestrentnerin. Und dann die Million. Da muss man sich doch einfach mitfreuen. Allerherzlichsten Glückwunsch an die Siegerin der »Millionenshow«. Glück kann man zwar auch nicht mit einer Milliarde kaufen. Aber, wie schön das sein wird für diese Frau: endlich nicht auch noch jeden Cent umdrehen müssen. Mit diesem Schicksal, das sie eh schon trägt. So viel geübt und so stur wie ein Esel gewesen. Immer wieder der Anlauf, Kandidatin zu werden bei Assinger. Irgendwann haben die dann endlich *Ja* gesagt. Hat sie eine Stange Geld gekostet, die »Millionenshow«-Macher.

61 Jahre alt ist die Frau, eine Tochter hat sie, sehr viel Bildung und ein freches Grinsen. Lustige Brille, rassiger Kurzhaarschnitt, trotz aller Krankheiten nicht in die Knie gegangen.

*Oma* hat man sie in irgendeiner Zeitung genannt. Dass so was immer wieder sein muss: Alles, was eine Frau ist und schon ein paar Wochen älter als fünfzig, heißt *Oma*. Darf man das, gleich mit jeder Frau gewissermaßen *per Du*, *per Oma* sein, außer man ist allenfalls das Enkelkind der Frau? Zu flotten Hirschen männlichen Geschlechts sagt man das nicht einmal, wenn sie über achtzig gehen. Aber ansonsten: einfach eine Geschichte zum Mitfreuen. Schöner hätte die Million kaum fallen können.

Und jetzt wird die Frau ihre Ruhe haben wollen. Dass ja kein Neid aufkommt oder sonstige Belästigungen. Undenkbar, dieser Siegerin das Geld zu missgönnen? Leider nicht, es gibt sogar Leute, die sind einem das Zahnweh neidig. Aber das wird dieser Frau, die so viel Nerven und Grips zeigte, hoffentlich auch noch wurscht sein.

*20. September 2006*

# Hilfe, die Euro-Millionen!

Das Schönste am Spielen ist die Vorfreude. Wenn es noch Tage, wenigstens Stunden bis zur Ziehung dauert. Der Glücksspielforscher Gerhard Meyer (ein schöner Beruf muss das sein) sagt: Nach der Euphorie des Gewinnens kühlt das Gemüt wieder ab, mit der Zeit fühlt sich ein Lottomillionär auch nicht besser als jeder normale Mensch.

Seit gestern Abend sind wieder mehr als 60 Millionen Träume geplatzt. 96 Euro-Millionen wären zu holen gewesen. Statistisch hatte nicht einmal ein einziger Spieler die Chance abzusahnen. Sicherheitshalber habe ich gar nicht mitgespielt; so viel Geld wäre mir unangenehm. Falls es einen oder eine voll erwischt hat: herzlichen Glückwunsch. Und nicht vergessen, viel Gutes zu tun.

Falls ich bei diesem Spiel, es heißt »Werden Sie reicher als reich«, mitgetan hätte, wäre es das erste Mal gewesen. Nichts einzuwenden gegen einen Austro-Jackpot oder auch nur einen ganz gewöhnlichen Joker. Die Regeln sind einfach, die Gewinnsummen noch so weit überschaubar, dass man nicht überschnappen muss.

Aber, Hilfe, die Euro-Millionen! Das Anforderungsprofil beim Tippen ist anspruchsvoll. Fünf aus fünfzig, und dann noch zwei aus neun. Und ganz EU-Europa als Gewinn-Konkurrenz. Dann noch die Ziehung so spät, dass man sie verschlafen könnte.

Der Glücksspielforscher sieht das alles sowieso sehr entspannt. Wir alle, die Gewinner, und vor allem die vielen chronischen Verlierer, sind wie Ratten in seinem Versuchslabor. Ab und zu piepst halt eine vor Glück und Reichtum.

Am Sonntag wäre wieder ganz normale Lotto-Ziehung angesagt. Scheiß-der-Hund-drauf, ich werde ein Spiel riskieren. Ich wette mit mir selber, dass ich nicht gewinne. So schön kann Verlieren sein.

*23. Juli 2005*

## Schorsch, der Lotto-König

Man sieht sie nicht, man kennt sie nicht, manchmal glaubt man, sie seien nur eine Erfindung: die Lottomillionäre. Und dann sitzt man plötzlich mit einem am Tisch. Unlängst im Espresso sowieso begab sich das. Der Schorsch schaute auf einen Kaffee vorbei. Unser Schorsch!, sagte der Wirt, der auch Schorsch heißt. Elf Millionen hat er gewonnen. Ist trotzdem unser Haberer geblieben. Ganz normal. Schorsch, erzähl doch noch einmal, wie das war. Zum elfundachtzigsten Mal. Man kann die Geschichte des Geldes gar nicht oft genug hören.

Was soll ich sagen, sagte Schorsch. Ein Wahnsinn war das. Du denkst, das packst du nicht. Dann rufst du bei der Lotto-Zentrale an. Sagst zum Fräulein, T'schuldigung, ich glaub', ich hab' einen Sechser. Sagt das Fräulein, rufen Sie in einer Viertelstunde wieder an, lieber Herr. Die Zahlen sind noch nicht – amtlich, so ähnlich hat sie das gesagt. Es ist die Viertelstunde, in der du glaubst, du wirst wahnsinnig.

Schorsch, der auf dem Bau arbeitet, hat sich nur einen einzigen Tag freigenommen. Den Tag, als er das Geld holen ging. Schorsch hat sich gesagt: normal bleiben, ganz normal. Die Frau hat das auch gesagt.

Und dann musst du stark sein, ganz stark. Klar, dass man seiner Familie auch etwas gibt, den Geschwistern. Aber du musst aufpassen, dass sie dir nicht die Haare vom Kopf fressen. Am End' hast du kein Geld mehr und keine Verwandten.

Einen Toyota hat sich Schorsch gekauft und eine neue Küche. Der Rest ist angelegt, für die Kinder. So, das war's. Schorsch muss gehen; er hat morgen einen harten Tag auf dem Bau.

Soll man jetzt selber noch spielen? Die Wahrscheinlichkeit, dass in einem kleinen Wiener Espresso ein gemachter und ein zukünftiger Lotto-König zusammentreffen, ist wahnsinnig gering. Obwohl, alles ist möglich.

*2. Dezember 1995*

## Das macht 32 Euro 70, bitte

Für ein Kilo Schweinefleisch hat der Mensch so vor zwanzig, dreißig Jahren deutlich länger arbeiten müssen als heute. Das wird schon stimmen, aber wem hilft das, wenn er *jetzt* einkaufen geht.

Falls das ein Trost sein soll zur Teuerungswelle: Es ist kein Trost. Es zeigt höchstens, dass (Schweine-)Fleisch früher einmal ziemlich wertvoll war in der Nahrungskette. Damals, als die Regale noch nicht diese trostlosen Unmengen von Ekel-Importen tragen mussten.

Weil ich gern bis zurück in die Kindheit fahre: Für hundert Schilling hat die Mama einen Großeinkauf gemacht. Zwei fette Riesentaschen, die ohne Kinderarbeit nicht zu derschleppen waren. Lohn der Kinderarbeit: ein Himbeerzuckerl.

Irgendwann, schon im eigenen Haushalt, gab es die 500-Schilling-Schallmauer. Die Schmerzgrenze, wenn am Wochenende gaaanz viel Geld auf den Kopf gestellt wurde. Mindestens vier Leute mussten auf Besuch kommen, um das alles wegzuessen.

Zeitreise an die Supermarkt-Kassa heute. Da steht ein Herr mit gezücktem Zwanzig-Euro-Schein. Übers Band sind Waren gefahren, die einen sparsamen Single zwei Tage durchbringen können. Man gönnt sich ja nicht immer was.

32,70, sagt die Kassierin. Wie bitte? Haben Sie sich da vielleicht vertippt? Aber wirklich nicht. Der gute Mann war nur offenbar schon lange nicht mehr einkaufen. Oder er zahlt sonst immer mit Bankomatkarte.

500 Schilling! Was haben wir da früher nicht alles heimgekarrt. Fünfzig Euro – die sind heute weg wie nichts. Sparen kann man sich allenfalls die zwanzig Cent für die Tragtasche. Weil das bisschen Einkauf passt in jede Handtasche.

*22. April 2008*

# Glück ist Ansichtssache

Es ist oft nur ein kleines Stück Freiheit, was aber in so einem kleinen Stück Freiheit für Möglichkeiten wachsen, ist unvorstellbar frei und schön, wenn man den richtigen Zeitpunkt erkennen will. Denn dann richtet sich der Blick auf ein Stück Paradies, das aber natürlich allen gehören sollte und nicht nur ganz alleine dir oder mir oder, ätsch, keinem.

Das sind Schmuse-Gedanken, Labsal für die Seele, die nicht aus der Kleinlichkeit gewachsen sind, sondern aus dem starken Gefühl, dass Teilen mehr bringt als die Niedertracht, die praktisch immer vor dem Richter endet statt dort, wo die Architektur des Glücks angesiedelt sein sollte. Dann stehst du da in diesem Scherbenhaufen, der einmal der Hauptwohnsitz der schönsten Gefühle hätte sein sollen. Je öfter die Leute durch dieses Jammertal geschritten sind, umso eher begreifen sie es. Manche natürlich nicht. Denen kann das Pech und die sogenannte Liebe alles um den Schädel hauen, so viel es will. Begreifen tun sie es nie, verlorene Liebesmühe eben.

Aber wollten wir nicht über etwas reden und Gemeinsamkeiten finden, die man teilen kann, statt immer nur herummosern und jeiern und unzufrieden sein?

Dem Glück ein bisschen auf die Sprünge helfen, wenn es wieder zu spät oder zu langsam war, selber hinaufzukrabbeln. Das geht schon, aber versuchen muss man es noch immer selbst!

Ein bisschen Glücksromantik hat noch keinem geschadet! Daran kann man sich jeden Morgen in Grau und allen Schattierungen überzeugen. Und plötzlich siehst du ein Lächeln, das dir ungebremst das Gesicht erhellt. Tut gut, ein kleiner Gedanke von irgendwo nach irgendwohin. Dann weiß man, dass es sich lohnt, dir oder mir etwas Gutes zu tun. Warum nicht auch für sich selber einmal, zwischendurch.

*17. November 2013*

**Die Amalthea-Akademie**
Der beste Weg zum eigenen Buch

Schreiben ist eine Kunst.
Bei uns lernen Sie, wie man's macht. Und wie man Buchautor(in) wird.
Reinschauen und anmelden. Wir weisen Ihnen den Weg.

www.amalthea.at/akademie